Ursula Rogg

Nord Neukölln

Ursula Rogg

Nord Neukölln

Ein Frontbericht aus dem Klassenzimmer

Diederichs

Bibliografische Information der Deutschen Bibliothek

Die Deutsche Bibliothek verzeichnet diese Publikation
in der Deutschen Nationalbibliografie; detaillierte bibliografische Daten
sind im Internet unter http://dnb.ddb.de abrufbar.

Umschlaggestaltung: Weiss/Zembsch/Partner: Werkstatt/München
unter Verwendung eines Motives von plainpicture
Satz: EDV-Fotosatz Huber/Verlagsservice G. Pfeifer, Germering
Druck und Bindung: GGP Media GmbH, Pößneck
Printed in Germany

ISBN 978-3-7205-3075-0

Inhalt

Vorwort

Sehr geehrte Frau Rogg, Sie waren bisher in der Region Neukölln an der Oberschule beschäftigt. (...) Aus zwingenden dienstlichen Gründen werden Sie der D.-Oberschule im Bezirk Mitte/Wedding zur Dienstleistung zugewiesen.

Als ich dieses Schreiben Anfang Juli 2007 zugestellt bekam, bedeutete es das Ende einer langen Sprachlosigkeit. Irgendwann während der vier Jahre als Lehrerin an einem Gymnasium im Berliner Stadtteil Neukölln hatte ich aufgehört, meiner Familie und meinen Freunden zu erzählen, was ich im beruflichen Alltag erlebte. Ich hatte das Gefühl, man verstehe mich nicht mehr. Zunehmend koppelte sich das Leben und Arbeiten dort ab, wie ein Trabant, dessen Bewegung, Sprache und Regelwerk nur dem Einheimischen zugänglich sind. Alle anderen schienen die dortigen Vorfälle und Entwicklungen entweder gar nicht, oder als bizarre Episoden einer fernen Realität wahrzunehmen. Zwischen dem Ort jener Parallelgesellschaft, über die viel spekuliert und wenig gewusst wird, und dem prosperierenden Prenzlauer Berg, der in diesem Zeitraum einen Ausverkauf und beispiellosen Kindersegen erlebte, liegen nicht mehr als sechs Kilometer Luftlinie. Hier wie dort erreichen die Geburtenraten Spitzenwerte im europäischen Vergleich, Hier und Dort könnten unterschiedlicher nicht sein. Während »Rütli« und »Unterschicht« zu selbstverständlichen Begriffen unseres Wortschatzes wurden, pendelte ich zwischen diesen Welten hin und her, zu denen beiden ich immer weniger gehörte, je stärker der Kontrast zwischen ihnen wurde. Obiges Schreiben, das auf so spröde Weise meinem Versetzungsantrag entsprach, beendete dieses Pendeln und mein Unvermögen, darüber zu berichten nach vier Jahren. Es war der Moment aus dem dieses Buch entstand. Bald schon, nach anfänglichen Zweifeln, begann es sich selbst zu schreiben; Geschichte für Geschichte und Jahr für Jahr erzählte es sich mit der Distanz der Erinnerung, die ihrem Wesen gemäß Vorkommnisse vergrößert und verkleinert. Alle, die darin vorkommen, tragen geänderte Namen und ich bitte um Verzeihung, sollte der ein oder andere sich verzerrt dargestellt sehen. In diesem Bericht geht es an keiner Stelle um das Vorführen von einzelnen Persönlichkeiten, sondern um mein subjektives Erleben und Reflektieren einer Institution, deren Charakter die über 500 Menschen prägen, die sich darin bewegen.

Während die Bildungspolitik keinen Ausweg aus einer strukturellen Krise findet und Bildungsforscher in finnischen Klassenzimmern, nicht aber denen Berlins sitzen, während Schulen von Reformen und Prüfungsverordnungen überzogen werden, kämpfen wir mit einer Entwicklung im Klassenzimmer, die sich vor allem als ein zunehmender Verlust von Sprache und Aufmerksamkeit zeigt. Das Sprechen selbst nimmt an Lautstärke, Unreflektiertheit und Aggressivität zu, die Sprache selbst aber verarmt dabei. Viele Schüler beherrschen weder ihre Muttersprache noch das Deutsche; ihr Vokabular ist minimal und Grammatik sowie Satzbau werden durch Floskeln und Laute ersetzt. Der Zusammenhang zwischen Sprechen und Denken stimmt umso bedenklicher, als es sich hier nicht selten um Oberstufenschüler eines Gymnasiums handelt. Viele von diesen Schülern kommen aus Familien, in denen kaum ein Bewusstsein für Kulturtechniken besteht; ich spreche von Dingen wie Ernährung, Bewegung und grundlegende Höflichkeitsformen. Das Konsumverhalten im materiellen wie vor allem im medialen Bereich ist jenseits aller Kontrolliertheit, was einen grundlegenden Verlust an Aufmerksamkeit zur Folge hat. Den Bewohnern Nord Neuköllns ist die Aufmerksamkeit im Umgang mit sich, dem Nächsten und der umgebenden Welt abhandengekommen. In dieser Welt ohne Aufmerksamkeit und Fürsorge wachsen unsere Schüler, wächst unsere junge Generation heran. Schule machen in Neukölln bedeutete für mich, Aufmerksamkeit zu schulen. In jeder Stunde und mit jedem Thema habe ich mich darauf bezogen, und ob und auf welche Weise das im Kleinen gelungen ist und wie und woran ich gescheitert bin, davon handelt im Wesentlichen dieses Buch.

Was sich hinter den geschlossenen Türen von Klassenzimmern heute abspielt, könnte viele Bücher füllen, würden die Kolleginnen und Kollegen ihr kollektives Schweigen nicht so sorgsam wahren. Zwei Gründe könnten erklären, warum sie das tun. Erstens, sie haben keine Kraft mehr, zu sprechen, und zu wem auch, fragen sie sich. Zweitens hindert sie so etwas wie eine Scham. Eine Scham für ein System, das einen ernährt und sich in der Würdelosigkeit eines zunehmenden Kontrollverlusts so ignorant und intransparent zeigt. Die meisten von ihnen haben Ringe unter den Augen und kämpfen; jeder und jede auf ihre Weise hinter der verschlossenen Tür des Klassenzimmers. Manche werden dabei krank, manche seltsam und manche verzweifeln. Ein paar von ihnen aber sehen, dass Schule sich bei aller Härte des Berufs lohnt. Weil sie ein Brennglas ist, ein Zeitfenster, durch das man in die Zukunft sehen kann. Darin sehen wir die neue Gesellschaft, Resultat einer rasanten demografischen Entwicklung und die ebenso rasante Veränderung von Wertvorstellungen und Lebensformen; je nachdem, wo wir unser Vergrößerungsglas ansetzen, sehen wir andere nachwachsende Gesellschaften. In Freiburg sind sie anders als in Frankfurt und in Steglitz anders als in Neukölln. Aber überall ist ihnen etwas eigen, was sie zum bevorzugten Objekt unseres Interesses machen sollte: Sie sind unsere Zukunft, sie werden sein. Sie sind die, mit denen wir unseren nächsten Gesellschaftsvertrag eingehen. Und den werden wir nicht nur mit Felix, Zoe und Marie schließen, sondern auch mit Cömert, Jazar und Soufeina. Weder Angst noch Überheblichkeit ist ihnen gegenüber angebracht, sondern freundliche, zugewandte Neugierde, denn auf sie reagieren Kinder und junge Menschen noch. Vom Bürgermeister über Soziologen und Bildungsforscher, von den Eltern eines deutschen Schulkindes bis zum Leser dieses Buches möchte ich jeden einladen, das zu tun, was Künstler und Journalisten bereits tun: Gehen Sie an die Schulen, sehen Sie hin und mischen Sie sich ein. Lassen sie die Jugendlichen, die Kinder und ihre Lehrer nicht mehr allein mit Aufgaben, die für die Einzelnen zu groß geworden sind. Schauen Sie sich Schule an als einen der wenigen Orte, an dem Gesellschaft und Parallelgesellschaft sich überschneiden, und Sie finden einen Spiegel unserer zersplitterten urbanen Wirklichkeiten.

Dieses Buch ist geschrieben für die, denen Zuschreibungen und Statistiken allgemeiner Art nicht weiterhelfen. Für die, die eine Unruhe spüren angesichts der sich verändernden Lebensumstände in den Städten; für die, die aus dieser Unruhe nach Alternativen für sich und ihre Kinder suchen, auch nach Schulalternativen. Es ist nicht geschrieben für die, die sich für Privatschulen entscheiden und hierfür nach Argumenten suchen. Hingegen ist es besonders für die, die wissen, dass Bildung, ein stabiler Mittelstand und Demokratie etwas miteinander zu tun haben und letztere ohne Sorge und Aufmerksamkeit nicht zu haben ist.

Den vielen, die sich um das Thema Bildung für alle in diesem Land Gedanken machen, ist dieses Buch gewidmet. Es soll bei aller Misere vor allem anregen und Mut zum Handeln machen, denn die Krise, heißt es, kann ein produktiver Zustand sein. Man muss ihr nur den Beigeschmack der Katastrophe nehmen.

Eins

Leben hier: Alarm

An guten Tagen besticht auch der Hermannplatz durch dieses besondere Berliner Licht, das einer Stadt Größe verleiht. Es ist die etwas unmenschliche Größe der Städte im Osten, das Licht eine Spur zu grell; es führt zu heftigen Schlagschatten auf den Gesichtern und kurzen, schwarzen Schattenpfützen auf dem Beton. Trotzdem, es kann schön sein, schön wie Berlin – weit, hell und herb.

Das Tageslicht kann man aber auch umgehen, indem man das zentrale Haus am Platz direkt von unten betritt, aus der U-Bahn kommend, die übrigens die höchste und eine der schöneren Stationen Berlins ist, beginnende Moderne in Hellgrau und Gelb. Karstadt, das war und ist reine Kaufhausgotik. An die 50 Aufzüge für Personen sind gebaut worden, für Waren und sogar für »Automobile«; im Verborgenen sorgen sie für reibungslose Abläufe, während sich dem Kunden eine glänzend geordnete Warenwelt darbietet. Dieses Angebot und die Freundlichkeit der geschulten Verkäuferinnen bilden einen nicht zu erahnenden Kontrast zu dem, was außerhalb dieser Trutzburg bürgerlichen Konsums liegt.

An schlechteren Tagen ist das Licht von einer fast anämischen Blässe. Es taucht die Banalität schlechten Geschmacks in sachliches Hellgrau. Also raus aus der U-Bahn, rein in das, was hier Leben heißt. Hier leben heißt: Alarm. Eine einzige Rot-Grün-Phase an der Fußgängerampel könnte ausreichen, um aus gerade noch städtischer Normalität eine Ausnahmesituation zu machen. Spürbar ist, dass Fäuste, Füße und Gegenstände jederzeit in unkontrolliertem Gebaren aufeinander zurasen, pulverisieren und sofort wieder zurückschnellen könnten. Blitze und Bleche Körper durchbohren und Blicke zu gefährlich sein könnten.

Schräg gegenüber von Karstadt ist ein riesiges Bräunungscenter, das größte Berlins, wie man der Eigenwerbung entnehmen kann, und viele Handyläden. Es gibt eine türkische Bank und ein türkisches Reisebüro, türkische Arztpraxen und Anwälte, türkische Kulturzentren mit dem Charme und der Möblierung von Sportlerheimen, in denen man Frauen nur zum Saubermachen sieht und die »Mitgliedern vorbehalten« sind. In den Häusern kann man oberhalb der Geschäfte und Cafés riesige Wohnungen erahnen; auf ihren Balkonen Satellitenschüsseln, manchmal ein Kinderrad. Am Dienstag und am Freitag ist Markt. Dann reihen sich auf dem Platz mit dem teutonischen Namen Stände, die Rostbratwürste, Chinapfanne und Falafel anbieten, einträchtig nebeneinander. Es gibt fast alles was stark riecht und bunt und schlecht verarbeitet ist. Für drei Euro bekommt man wahlweise ein Paar Ballerinas, eine Kiste voll Nylons, eine Sonnenbrille, zwei Honigmelonen oder einen »halben Meter Bratwurst«. Jede Saison hat ihre Besonderheiten – diesen Sommer war es die Jodlerin. Eine Frau, die mehrere Röcke übereinander trug, zwischen den Buden stand und jodelte. Und gar nicht schlecht – wie exotisch muss dieser Gesang für die Bewohner des Hermannplatzes sein. Sie schien in losem Kontakt mit einer Gruppe von Sinti- oder Roma-Frauen zu stehen, die sich wie bunte Krähen während der Rotphasen der Ampeln über die Autos hermachten und sie in Sekundenschnelle mit weißem Schaum überzogen. Nicht nur die Heckscheiben schäumten sie ein, sondern Scheinwerfer und Motorhauben, Seitenfenster und -spiegel, sogar das Dach. Sie sprachen während der Arbeit ohne Unterlass und lachten ganz laut, offenbar hatten sie einen Riesenspaß. Fuhr eines der Autos an, ohne zu bezahlen, hauten sie mit der flachen Hand auf die Karosserie und pfiffen dem Wagen hinterher. Zahlten die frisch Gebadeten, gab es ebenfalls Pfiffe und einen Extrajodler hinterher.

An allen Tagen, an denen ich über den Hermannplatz gehe, den hellen, den dunklen und denen dazwischen, fällt mir auf, dass das normale Abstandhalten zwischen den Passanten nicht klappt. Der urbane Mensch bewegt sich mit zügigem Schritt und in die mittlere Ferne gerichtetem Blick an anderen Menschen vorbei, ohne dass es zu gegenseitigen Berührungen käme. Das Spielfeld dafür heißt Gehweg. In Neukölln ist der Gehweg eine Bühne, eine Arena oder auch ein Parcours. Ohne wirklich zwingende Gründe sieht man sich ständig gezwungen, stehen zu bleiben, auszuweichen, oder Entgegenkommende zu taxieren, um herauszufinden, was als Nächstes kommt. Andernfalls wird man zumindest gestreift, vielleicht auch angerempelt, was aber kaum jemanden zu stören scheint, niemand entschuldigt sich je. Allerdings gibt es Schlägereien wegen Blicken. Einer sieht den anderen zu lange an, oder hat »komisch geguckt«, das reicht für harte Anmache. Man lernt also, so zu schauen, dass einem das eine und das andere erspart bleibt – innerlich aufmerksam möglichst abwesend wirken. Kopfhörer und Sonnenbrille helfen.

Auch die Schüler neigen dazu, in einer breiten Phalanx, so breit wie das ohnehin ausladende Trottoir, dieses entlangzuschlendern, breitbeinig, in Bomberjacke und Käppi, Mütze oder Kapuze, die Hosen in die weißen Socken gesteckt. Sie tragen Camouflage oder Weiß. Weiß ist groß, es signalisiert makellose Sauberkeit und Unnahbarkeit. Befleckt einer das Weiß des anderen, gibt das ein Riesentheater. Weiße Sneakers oder Slipper, weiße Socken, gebleichte Jeans, so gebleicht, dass sie fast weiß sind. T-Shirts, Sweater, Mützen in Weiß. Je schmuddeliger die Umgebung, desto mehr strahlen die Jungen in Weiß. Das reine Weiß ist nur für Jungs. Es steht ihnen fantastisch zu Haaren und Hautfarbe, aber es hat etwas fanatisches, Weiß ist nicht haltbar, immer will jemand, will etwas einen Fleck hinterlassen. Gegen alle Wahrscheinlichkeit, dass Weiß weiß bleibt, formuliert sich daraus eine Botschaft: noli me tangere.

Sie tragen Uniform, im Winter zu kalt, im Sommer zu warm, und wäre die Welt außen herum in Ordnung, hätte sie Formen und Regeln, die die Unversehrtheit des Körpers und auch der Würde garantierten, dann wären es Auftritte einer Jugend, die glänzen will.

Da wo Regeln und Gesetze sein sollten, erfahren sie nichts, da wo Austausch sein sollte, ist Unverständnis oder Desinteresse, und da wo ermahnt werden sollte, fühlt sich keiner zuständig. In Konsequenz dessen traut sich keiner mehr – man riskiert an bestimmten Ecken Neuköllns sein vollständiges Gebiss –, auf ungebührliches Verhalten hinzuweisen. Die meisten haben sowieso vergessen, wie so etwas aussieht. Das Verhalten der Menschenmassen auf dem Hermannplatz und um ihn herum verschwimmt zu einem diffusem Brei von explosiver Konsistenz. Deshalb Weiß: Um Weiß tragen zu können, braucht man Ordnung und Disziplin, es ist die Farbe der Champions. Penner gibt es schließlich genug.

Die vielen Alkohol- und Drogenopfer, deren Kaputtheit ihnen auf unheimliche Weise in Körper und Gesichter geschrieben ist, bewegen sich langsam und wenig zielstrebig die Straße entlang. Sie sind neben Lehrern und Alten die einzigen Deutschen, die viele unserer Schüler »nicht deutscher Herkunft« kennenlernen. Deutschlands Bürger und Deutschlands Wetter erfahren sie auf den Straßen Neuköllns, Deutschland und seine Kultur über ihre Lieblingssendungen auf privaten Kanälen im Fernsehen: hier wie da wird gezetert, gejammert, gefordert und geschrien, die Würde des Einzelnen nicht gerade hochgehalten und Rücksichtslosigkeit und Häme prosperieren.

Überquert man vom Hermannplatz kommend die Ampel zur Karl-Marx-Straße, passiert man an der Ecke eine leicht heruntergekommene Filiale der Deutschen Bank, einen Plus-Markt, vor dem wechselweise verschiedene Mann-Frau-Bier-Hund-Gruppen ihre Schichten schieben und schließlich den Eingang zum Friedhof, auf dem auch Reinhold Kiehl, ehemaliger Stadtbaurat und Erbauer unserer Schule begraben liegt. Die Karl-Marx-Straße war – und das bei diesem Namen! – eine der größten und bedeutendsten Einkaufsstraßen und Flaniermeilen Westberlins. Ein paar Verbliebene aus dieser Zeit gibt es noch, Foto Braune zum Beispiel, daneben das Uhrengeschäft oder ein Berufsbekleidungsgeschäft mit einer Leuchtreklame aus den späten 50er-Jahren.

Herr Reinhold Kiehl meinte es gut mit Neukölln. Er baute 1907 eine der ersten Mädchenschulen Berlins und dazu noch eine höhere. Würde er zum Hundertjährigen aus seinem Sarg steigen – ich denke an schlichte vormoderne Sachlichkeit aus Eiche, leichthin allerdings verziert mit Jugendstil-Ranken, die sich über die großen Flächen verästeln und verzweigen wie Kiehls Werk in Neukölln –, würde er also aus der Kiste steigen und sich in seiner Höheren Mädchenschule umsehen, so sähe er sicher einiges, das ihm nicht gefiele.

Jetzt geht es zum wohlinszenierten Eingang der Schule. Man muss nur an ein paar Obdachlosen vorbei, die zu jeder Tageszeit vorne die Bänke besetzen, kurz durch die Schlagbäume, auf denen wie Tauben die Schüler hocken, vorbei am Sperrmüll und den ewigen Baucontainern, dann steht man auch schon direkt an der Friedenssäule. Diese Schulbotschaft, ein vier Meter hohes Fanal steht im Zentrum der Aufmerksamkeit, der dreitorigen, nach hinten gesetzten Eingangsfassade vorgelagert. Einzelne Buchstabentafeln, aufeinandergetürmt, bilden an vier Seiten in vier Sprachen das Wort »Frieden«. Manche Buchstaben haben im Lauf der Zeit ihren Halt verloren, hängen schief oder fehlen ganz, sodass auf der englischen Seite nur noch ein »pe.ce« zu lesen ist. Oben auf der Friedenssäule liegt ein Turnschuh, er liegt da schon immer. Der Schuh, der Turm, die Bank, das ist eins. Es handelt sich dabei um etwas Verlässliches um die Art von Beständigkeit, auf die man in Neukölln zählen kann.

Einige Fakten aus dem *Sozialstrukturatlas 2003*, herausgegeben vom Senat für Gesundheit, Soziales und Verbraucherschutz im März 2004:

- Im April 2002 waren 15,6 Prozent (rund 533.000) der in Privathaushalten lebenden Berlinerinnen und Berliner von Armut betroffen. D.h. sie verfügten über 50 Prozent und weniger des Berliner Äquivalenzeinkommens von derzeit 1213 EUR. (...) Über die Hälfte der Haushalte mit drei und mehr Kindern unter 18 Jahren (51,6 Prozent) verfügt über ein Einkommen unterhalb der Armutsgrenze. In ausländischen Haushalten beträgt die Armutsquote 36,0 Prozent (in deutschen Haushalten 11,0 Prozent). (...)
- Die Ergebnisse der Einschulungsuntersuchungen 2003 zeigen einen deutlichen Zusammenhang zwischen Sozialstruktur und Zahnstatus, Übergewicht sowie Konsum elektronischer Medien der Kinder. (...)
- Jeder vierte (rund 8000 Personen) der insgesamt jährlich in Berlin Gestorbenen erreicht nicht das 65. Lebensjahr. Die vorzeitige Sterblichkeit und die soziale Lage der Berliner/innen stehen in engem Kontext. (...) Nahezu die Hälfte dieser Sterbefälle gelten als präventiv und/oder medizinisch vermeidbar.

Berliner Sozialatlas

Im *Berliner Sozialatlas* ist wörtlich von *Verslumung* bestimmter Bezirke (Kreuzberg, Wedding, Neukölln) die Rede. Dem Mediengetöse zu misstrauen, ist klug und angebracht, im Umkehrschluss statt Dramatisierung zu verharmlosen, wäre falsch.

Im Februar 2006 sah ich *Knallhart*, den Film. Eine Frau, die nie gelernt hat auf eigenen Beinen zu stehen, fliegt bei ihrem Zehlendorfer Liebhaber raus. Von einem Tag auf den anderen ist Schluss mit Marmorbad und Cocktaillounge, sie muss sehen, wie sie mit ihrem 13-jährigen Sohn weiterkommt. Die beiden landen im Kiez von Nord Neukölln, in einer Zweizimmerwohnung. Aufwachsend in totaler Regellosigkeit findet der Junge Zugang zu einer hierarchisch organisierten Bande mit fast schon klassisch mafiöser Struktur: ein junger türkischer Mann mit S-Klasse, geschliffenen Manieren und scheinbar unantastbarer Souveränität übernimmt die Patenrolle für den Jungen und erarbeitet mit ihm eine Position, die ihm Leben und Überleben im Kiez zu sichern scheint. Das Ganze endet tragisch.

Meine Schüler fanden den Film übertrieben, sogar »übelst übertrieben«, aber auch nicht falsch. Wie jetzt, nah am Leben, oder nicht? »Ne, ja, doch. Aber der ist ja Hauptschule.« Da spricht also der Gymnasiast und plötzlich soll der Schulzweig ausschlaggebend für Leben und Überleben sein? Sollte da so was wie ein Nest-Gedanke sein, ein Bewusstsein in diesen Achtklässlerköpfen dafür, dass sie ein Stück weit aufgehoben sind? Dass ihnen das, wogegen sie sich so wehren, die Anstrengung des Lernens, die Arbeit des Übens, die Pflicht der Wiederholung und der Konzentration auf etwas, das außerhalb ihrer Befindlichkeit existiert, dass all das auch zu etwas nützlich sein kann? Einem auch etwas ersparen könnte? Das ist etwas. Wenn auch die Fragen wozu und wohin noch nicht beantwortet werden können, so können sie jetzt immerhin eine Antwort formulieren auf die Frage: Was will ich nicht? Lektion eins: Knallhart – will ich nicht. Alles Weitere folgt, denke ich zufrieden, wir bewegen uns also per Ausschlussverfahren vorwärts. Anders mache ich das auch nicht, ich bin nur ein paar Entscheidungen weiter.

Am Tag nach dem Kinoabend – es war ein sehr kalter Wintertag, Berlin war weiß – fahre ich mit meinem Freund nach Neukölln. Er selbst hatte ein paar Kindheitsjahre dort verbracht. Ein Siebenjähriger, der Möbel aus Abrisshäusern schmiss, Scheiben klirren ließ, einen Bagger kurzschließen konnte. Abenteuerliche Jahre, wild. Zeig mir wo, sagte ich und wir fuhren. Es war Sonntag. Auf der Autobahn viel Polizeiaufgebot, auf der Hermannstraße, Höhe

Leinestraße, dann der Einsatz, Alarm überall, Sirenen, die ganze Gegend dröhnt, Streifenwagen, Krankenwagen, wir fahren vorbei, halten oberhalb des Rollberg-Viertels. Wir steigen aus. Hier ist es gewesen, 1973, Abrisshäuser, wo jetzt Soziales Wohnen steht. Die Kinderspielplätze haben wie andernorts Fußballplätze Maschendrahtzäune von vielleicht sechs oder acht Metern Höhe. Es ist wenig los draußen, der Schnee dämpft alles und wir sind zu zweit. Ich bin froh, als wir aus der Wohnanlage raus sind, T. sagt, hier wurde die und die Szene gedreht, erinnerst du dich, ja, ich erinnere mich, ich geniere mich für unseren Elendstourismus. Wir haben hier nichts verloren, komm. Wir gehen durch die Lessinghöhe, einen Park direkt dahinter; er ist weitläufig und schön, wirkt plötzlich friedlich. All der Schnee tut Berlin gut.

Wir biegen ab, vier Camouflagejungs fragen, was wir hier machen. Sie sehen, dass ich eine Kamera trage, wollen, dass ich sie fotografiere. Gerne. Sie bauen sich auf, die Arme einander über die Schultern gelegt, ziehen die Kapuzen noch mehr in die Stirn und schwarze Tücher über Münder und Nasen, nur die Augen schauen noch raus. Einer macht das Victory-Zeichen, einer zeigt den Stinkefinger. Und, Foto! Ich mag das Bild, es hängt in meinem Zimmer. Vor wenigen Tagen kommt T. in mein Zimmer, ich arbeitete gerade. Als sähe er es das erste Mal, zeigt er auf das Foto und sagt: Das ist ungefähr drei Fußminuten von dem Ort, an dem das tote Mädchen gefunden wurde. Du weißt schon, die, die sie in einen Koffer gesteckt und angezündet haben, letztes Frühjahr.

Das erste Jahr

Ich kam von einem Hellersdorfer Gymnasium an die Albert-Schweitzer-Oberschule. Zunächst empfand ich es als große Erleichterung, dass ich aus dem entlegenen Ostteil

Berlins wegdurfte. Das städtische Umfeld war mir in diesen zwei Jahren genauso fremd geblieben wie die Menschen, die sich dort zu Hause fühlten. Der Senat hatte verfügt, im Ostteil der Stadt junge Lehrer aus dem Westen einzusetzen und umgekehrt. Das alte Kollegium wehrte sich gegen die Maßnahme, sie waren mehr als genug konfrontiert worden und sie wollten sich nicht noch dabei zusehen lassen. Zuschauer blieben wir, Zaungäste. Ein paar verweigerten konsequent Gruß und Anrede. Die Schule bestand aus einer zweistöckigen Platte als Haupthaus und einem Nebenhaus – aufeinandergestapelte Container, wie sie als temporäre Wohneinheiten für Bauarbeiter verwendet werden. Kurz vor dem Ende bekam die Schule, die vorher nur »Dreizehnte Schule« geheißen hatte noch einen Namen: Mies-van-der-Rohe-Oberschule. Ich fotografierte den Festakt der Namensgebung. Mies dreht sich wohl jetzt noch im Grabe um, seine Enkelin aber kam aus unerfindlichen Gründen zur Feier und verfolgte den verregneten Festakt ungerührt.

Die Mies-van-der-Rohe-Oberschule lag in einer steppenartigen Region am Rand einer Vorstadt, deren Zentrum »Helle Mitte« heißt. Auf dem Weg von der U-Bahn-Station zur Schule kam man an einem Discounter-Markt vorbei; neben dem Flachbau lange Schlangen unbenutzter Einkaufswagen, ähnlich ineinandergedrückt wie die älteren Schüler, die sich hier zum Rauchen und zum Küssen trafen. Hinter der Schule breiten sich großflächig ehemalige Sportanlagen aus. In den ehemaligen Umkleidekabinen sind kalte Feuerstellen und die Wände haben eine Patina von Ruß, Tags und Schmierereien, viele davon nationalsozialistische Parolen. Aus den Spalten der aufgeworfenen Tartanbahn wächst wieder das bräunliche Gras, das mir in Verbindung mit dem ewig hellgrauen Himmel oft das Gefühl gibt, mich an der Grenze zu Russland – vielmehr einem Ort, den ich mir unter Russland vorstellte – zu befinden. Ein Platz- oder Dichteproblem schien es hier jedenfalls nicht zu geben, die großen verwucherten Brachen, von Trampelpfaden gesäumt, warten auf weitere Tonnen von Hundekot und noch mehr pastellfarbene Wohnblocks. Es ist eine duldsame Gegend mit duldsamen Bewohnern.

Ungefähr zwei Kilometer von diesem Szenario entfernt wurde ich im 13. Stock eines lindgrünen Verwaltungsgebäudes verbeamtet. Als ich mit Blick auf diese wahrhaft mongolisch wirkende Steppe meinen Eid auf die deutsche Verfassung schwor, fragte ich mich: Was mache ich hier eigentlich? Der zuständige Schulrat ist sehr freundlich. Es entgeht ihm nicht, dass ich die Prozedur, die seiner Meinung nach einen Grund zum Feiern darstellt, wie durch einen Schleier wahrnehme. Ich denke, das kommt davon, wenn man keinen genauen Plan für die Zukunft hat: eine Verbeamtung auf Probe.

Kurz nach diesem Akt teilt die Rektorin dem versammelten Kollegium mit tränenerstickter Stimme mit, dass die Schule »abgewickelt« werde. Es sei einfach nicht genug Nachwuchs da, der Geburtenknick nach der Wende hat uns jetzt endgültig, wie viele andere Schulen in den Neuen Bundesländern auch, erreicht. Ein langsames Absterben würde beginnen. Es hat bereits den Supermarkt erfasst. Er wurde vor zwei Wochen geschlossen. Die meisten Scheiben sind schon eingeschlagen. Es fühlt sich ein bisschen an wie in einem Katastrophenfilm, unmerklich erst, dann einer kalten Konsequenz folgend. Erst wird es in den Pausen ruhiger, was wir angenehm finden. Dann werden die Räume des Nebengebäudes stillgelegt. Die Flure werden immer leerer, dadurch wirken die Wege länger. Ein Kopierer wird abgeholt, wir haben nur noch einen jetzt. Seit Neuestem fehlt oft Papier, Klopapier und Kopierpapier, und kurz darauf fehlt auch eine von den beiden Sekretärinnen. Wurde sie auch abgeholt? Kurz vor den Ferien ist nur noch unser Fachbereich im ersten Stock übrig. Sie wissen nicht, ob wegen uns im nächsten Winter der erste Stock noch beheizt werden könne. Nach den Ferien werden es noch einmal sechs Klassen weniger sein, dann bleiben nur noch die dreizehnten und die zehnten. »Die bringen wir zu Ende«, sagt die Rektorin.

Der Anruf kommt am vorletzten Schultag vor den Sommerferien 2003. Bei »Neukölln« zucke ich zusammen, und als hätte er es gehört, sagt Herr O. vom Senat für Bildung, er kenne die Schule persönlich seit Langem und sie sei eine gute Adresse. Auf Ihr Wort, Herr O.!, sage ich und verspreche, sofort anzurufen dort, am Albert-Schweitzer-Gymnasium. Herr Mueck, damals Schulleiter, ist persönlich am Apparat. Er ist offenbar in Plauderlaune, fragt mich dies und fragt mich das, lauter persönliche Sachen. Lobt den Klang meiner Stimme, sagt, er freue sich, mich kennenzulernen, und er sei außerordentlich stolz, eine »wirkliche Künstlerin« an seine Schule zu bekommen. Er sei ja schon halb in Amerika, ja, die USA das sei sein halbes Leben, nein, ein Künstler sei er nicht, habe aber ein Herz für die Sache, bei ihm seien es eben die Sprachen und deshalb Amerika. Diese Weite. Diese Größe. Freiheit, sagt er, das sei ein abgedroschenes Wort, aber dort spüre er sie, ein Kraftquell, den brauche man ja in unserem Beruf. Nein, nein, er reise allein und mit kleinem Gepäck, es sei ihm sehr recht, ich solle nur kommen. Zur Schulrätin müsse ich ja auch noch. Wie sie das gemacht habe, wo doch Kunstlehrer so rar und so fort. Nach einer guten halben Stunde lege ich auf und muss plötzlich grinsen – ich weiß zwar nichts über die Schule, bin aber über die Reisegewohnheiten des Direktors in den letzten 26 Jahren im Bilde.

Als ich etwa eine Stunde später dort ankomme, um mich vorzustellen, ist nur der Hausmeister zu sprechen. T. begleitet mich. Herr Schoof führte uns als Erstes in die neue Turnhalle, wir machen Ah und Oh! Dann führt uns der Herr in die Aula; es sieht ein bisschen staubig aus, auf der Bühne ein Berg von Sperrmüll. Aber wir wollen nicht kleinkariert sein und sagen wieder »wie schön«. Ich freute mich ehrlich, nach dem Containerstapel nun in ein richtiges Schulhaus zu kommen. Es hatte schon bessere Zeiten gesehen, trotzdem blieb das Haus ein lichter und klar gegliederter Bau, irgendwo zwischen Jugendstil und neuer Sachlichkeit; nur die komischen Farben der Innenraumgestaltung erinnerten mich an die Pastelligkeit der zurückgelassenen Platte. Egal – der Baustil zurückhaltend, ein Juwel zwischen den überladenen Gründerzeithäusern der Nachbarschaft. Als Herr Schoof uns allerdings in die Kunsträume führt, halte ich die Luft an. Die Werkräume kann man kaum betreten; darin überfallen einen klaustrophobische Gefühle, und die berechtigte Angst, die immensen Papier- und Materialstapel könnten über einem zusammenbrechen. Wir folgen Herrn Schoof, der mittlerweile seine dritte Zigarette ansteckt, in den dritten Stock.

Der Kunstsaal sieht aus, als wäre er irgendwann auf einer langen, langen Reise durch die Zeit im Dreck stecken geblieben – mein neuer Arbeitsplatz! Alles staubig, ein so großer wie wackeliger Glasschrank beherbergt einen riesigen Komposthaufen. Ich sehe genauer hin, früher werden es Objekte für Naturstudien gewesen sein. Ein weiterer Schrank steht mit offenen Türen; schlampig geschichtete Papierstapel ragen aus ihm hervor. Mit den toten Fliegen auf dem Fensterbrett könnte man eine Halbliterflasche füllen. Der Putz ist grau geworden und bröckelt, aber es ist ein Raum und kein Container. Und was für einer! Theoretisch könnte man hier 60 bis 70 Schüler unterrichten. Er ist riesig und, noch besser, er ist hell! Vier Fenster von mehreren Metern Höhe lassen alles Licht, das über den Dächern von Neukölln ist, hier herein. Ich würde das hier schaffen, ich würde aufräumen, putzen und diesen Raum – dieses Atelier! – zu meinem machen. Die Trümmerfrau in mir, die sich schon des Öfteren überschätzt hatte, rieb sich bereits die rauen Hände. Ich freue mich. Ich stehe in diesem Verhau und freue mich ehrlich auf das Abenteuer, das mich hier erwarten würde. Als wir Herrn Schoof verabschieden, per Handschlag und bestens gelaunt, wirkt er ein bisschen verdutzt.

Nein, ich habe damals nicht bei Herrn T. angerufen und ein klares »Nein« in den Hörer gesprochen. Ich war weit davon entfernt. Ich weiß es noch genau, wie motiviert und zufrieden ich von dieser Besichtigung zurückkam, die mich doch hätte stutzig machen können. Hat sie aber nicht. Ich hatte auch keinerlei Vorstellung von einem Standard, hier in Berlin. Ich wusste nur, dass alles sehr anders war als im saturierten München. Vielleicht ahnte ich ja bereits, dass ich dabei war, dort anzukommen. Nein, bei Herrn T. anzurufen wäre mir gar nicht in den Sinn gekommen. Das war doch hier kein Wunschkonzert! Das Schicksal, die Politik oder das Los hatten für mich entschieden, dass es diese Schule sei. Basta! Schule oder Schule, was machte das schon groß für einen Unterschied?! Spannend sollte es sein und unsere Miete zahlen! Der wesentliche Unterschied bestand für mich in der Frage Dreitage- oder Viertagewoche? Es wurde eine Fünftagewoche. Zu meinen 18 Unterrichtsstunden kamen acht Zwischenstunden. Trotzdem und allen Ernstes: Mein Einstieg in das erste Schuljahr an der ASO wird wunderbar. Als allererstes treffe ich Nadja Z., Referendarin; sie zeigt mir alles. Sie hat Po-lange blonde Zöpfe und alles was sie trägt ist irgendwie eine Wickelkonstruktion. Grüne Augen, ein feines Gesicht, liebt das Skurrile und kennt die besten Tierwitze. Da sie Referendarin ist und niemand sich für sie zuständig fühlt, übernehme ich diese Aufgabe. Wir nutzen die Möglichkeit, um im 12er-Grundkurs als Team zu unterrichten. Bereits nach den ersten sechs Wochen können wir ein Gemeinschaftswerk nach David Hockney präsentieren. Groß, schön und bunt wie es ist, hängen wir es im Treppenhaus auf. Es hat ein Maß von etwa sechs mal zweieinhalb Metern. Die Schüler streichen vor der Hängung die Wand neu, sie arbeiten mit Wasserwaage und Lot – es sieht richtig gut aus. Die Eröffnung machen wir im Haupthaus der Schule bekannt. Wir verteilen Handzettel: »Der Highway 66 führt durchs Treppenhaus«; ich kaufe Saft und Sprudel, während Nadja mit den Schülern noch das Bild verhängt. Ist das so bei einer richtigen Eröffnung, fragen die Schüler, klar sage ich, genau so, alle Bilder werden verhängt und dann kommen schicke Frauen in tollen Kostümen und enthüllen alles.

Dann warten wir auf unsere Vernissage-Gäste. Die Enthüllung ist für die zweite große Pause zwischen 11.30 Uhr und 11.55 angesetzt. Die Schüler sind total aufgekratzt; Arthur und ich haben uns eine kurze Rede in Dialogform überlegt. Um die Zeit zu überbrücken, gehen wir sie noch mal durch; Nadja und die anderen rufen irgend was dazwischen, um uns auf den »Ernstfall« vorzubereiten. Um 11.40 hat sich eine kleine Gruppe von Schülern anderer Klassen eingefunden. Um 11.45 kommen drei Kolleginnen, und zwar Susi, Frau Gänseken-Gäth und Frau Jonas, die Religionspädagogin. Ich ahne, mehr werden es nicht. Die Gesichter der Schüler sehen aus, als hätte man sie bei unter null draußen stehen lassen. Nadja versucht, Stimmung zu machen, ich laufe die Stockwerke hinunter, um zu sehen, ob nicht doch jemand von der Schulleitung kommt, nein niemand; dann halte ich unsere kurze Ansprache vor den etwa zehn Gästen alleine, weil Arthur verschwunden bleibt. Die meisten Schüler sind mit Safttüten und Salzbrezeln schon wieder weg. Frau Jonas klatscht, als wir das Bild enthüllen und ruft ganz laut »Bravo«. Die noch Anwesenden lächeln tapfer. Sie hätten es am liebsten gleich wieder runtergerissen von der Wand, werden sie mir später sagen, sie würden es überhaupt nicht mehr mögen.

Nach diesem Erlebnis hätte ich wissen können, wie es um die Kollegialität am Haus bestellt war. Aber ich verschloss mich dieser Gewissheit. Noch war es ja leicht, wir waren zu zweit und ein gutes Team. Wir beantragen Gelder und kurven durch die Stadt, um Material einzukaufen.

Wir kaufen Bilderrahmen und hängen neue Schülerarbeiten aus, veranstalten Exkursionen und legen für uns und die Schule einen neuen Musikvorrat an.

Dann kam Nadjas Lehrprobe. Es wurde ein schwarzer Tag. Bestens vorbereitet, hatte sie eine Art Totalausfall; später wird sie fatalistisch grinsend und ein bisschen schwäbischer als sonst sagen: »Bläck-aud halt.« Sie stand vor der Klasse und wusste nicht, was tun. Sie hatte ihr Thema vergessen, ihre Fragen, den Verlauf und das Ziel ihrer Stunde, sie kannte die Namen der Schüler nicht mehr, mit denen wir ein halbes Jahr gearbeitet hatten. Blass und verschlossen stand sie vor ihrem Auditorium und starrte auf einen Punkt, der nur für sie sichtbar war – vielleicht war es der Punkt, an dem sie beschloss aufzugeben und umzukehren. Ich saß in der letzten Reihe zwischen Herrn Mueck und der Frauenbeauftragten, weitere hohe Damen und Herren der hiesigen Schulaufsichtsbehörde saßen daneben. Ich konnte nichts tun, konnte der schleppend verrinnenden Zeit und Nadjas Nichtstun nur zusehen. Die Schüler taten ihr Bestes, um dieses Loch, diese gnadenlose Leere zu vertuschen, aber nach einigen Minuten verstummten auch sie. Sie hatten ja nur eine vage Ahnung, worum es gehen sollte. Es war eines völlig klar: Wenn Nadja nicht durch sehr gute Beurteilungen auf der Warteliste nach oben rücken würde, dann gar nicht – sie hatte keine Kinder und war nicht verheiratet. Sie konnte keine soziale Dringlichkeit nachweisen und damit war der Traum vom gemeinsamen Arbeiten ausgeträumt. Irgendwie kam ihre Stunde dann doch schleppend in Fahrt, blieb aber bis zuletzt unlogisch und willkürlich und zu allem Überfluss wirkte sie seltsam bockig. Bei der anschließenden Beratung konnte ich ihr nicht viel helfen. Ich war sehr traurig, nie vorher und nie danach habe ich wieder mit jemandem so gerne zusammengearbeitet.

Nadja hat die Schüler genauso gemocht, wie sie ihre Prüfer und Ausbilder, ihre Vorgesetzten gehasst hat. Sie, die Polizistentochter aus der schwäbischen Provinz, wehrte sich gegen diese »Staatsvertreter«, wie sie sie nannte. Als sie nach Berlin ging, hatte sie ihr Leben anders entworfen, und dass sie davon abgerückt war, konnte sie diesen Leuten nicht verzeihen. Nadja plagte sich noch durch das zweite Staatsexamen und litt weiterhin unter einer ätzenden Prüfungsangst, die ihre Fähigkeiten in ein völlig falsches Licht rückte. Sie hielt sich danach mit ein paar Stunden an einer privaten Schule über Wasser, gab aber nach wenigen Monaten auch dort auf. Konsequenterweise kehrte sie ganz zur Malerei zurück; ihr Geld verdient sie jetzt in einem Callcenter.

Aber ich hatte gesagt, es sei schön gewesen – und es war schön. Ich öffnete in diesem ersten Jahr keine Tür selbst und in den Unterricht ging ich nie ungegrüßt. Das Schulhaus betrat ich direkt über den Nebeneingang und sobald ich im Treppenhaus war, rief es »Guten Morgen, Frau Rogg« und »Wie geht es Ihnen heute, Frau Rogg« und »Kann ich Ihnen was abnehmen, Frau Rogg?«. – Jetzt, nur dreieinhalb Jahre später, ist dieses Szenario undenkbar. Es passt eher in meine Schulzeit, die Zeit von *Unserer kleinen Farm* und dem schielenden Löwen bei Daktari, als in die Wirklichkeit einer Berliner Problemschule. Es gab auch eine Handvoll Schülerinnen und Schüler, die wussten, wann ich Unterrichtsende hatte, und kamen, um mit mir aufzuräumen und eine Tasse Tee zu trinken. Ibrahim zum Beispiel, der immer mit seinem Basketball unterwegs war, und Patricia, eine witzige Bolivianerin, die alleine klarkommen musste, seit sie 16 war. Ihren Lebensunterhalt verdiente sie neben der Schule als Kassiererin in einem Supermarkt und heute studiert sie Theologie. Oder Wenke, die Zuspruch brauchte, um mutig zu sein; denn Mut braucht es, um gegen die eigenen Eltern zu klagen, die ihr den Unterhalt und jedes Gespräch darüber verweigerten. Ich lernte meine Schüler immer besser kennen und das Chaos begann sich zu lüften.

Nach der Kälte von Hellersdorf fühlte ich mich jetzt in der Temperatur von Neukölln wohl. Ich unterrichtete neben dem Grundkurs eine elfte, eine achte und zwei siebte Klassen. Die Siebten waren geteilt; an acht Stunden pro Woche hatte ich es also mit einer nicht ganz einfachen Altersstufe zu tun, aber da es nur zwölf bis 14 Kinder pro Gruppe waren, ging das gut. Auf Wunsch der Schüler teilte ich die Klassen in je eine Mädchen- und eine Jungsgruppe. So entstanden komplett andere Werke zu ähnlichen Themen. Das Arbeiten mit verschiedenen Werkstoffen bedeutet den Schülern in diesem Alter viel, wir hatten kaum Material, aber es fand sich immer etwas. Es entstanden Höhlenmalereien aus Dreck, Baumhausmodelle aus Holzresten, die wir auf dem benachbarten Friedhof aufklaubten und Radierungen auf Plexiglasresten, die uns eine Glaserei schenkte. Radiernadeln bauten wir selbst und die Presse restaurierte ich eines Nachmittags, während Ibrahim mir erzählte, dass seine Mutter zurück nach Beirut ginge.

Es war undenkbar geworden, um freie Tage zu ersuchen. Herr Mueck regierte mit preußischer Nüchternheit, die er nur zugunsten seiner eigenen Neigung zum verbalen Ausschweifen zwischenzeitlich ablegte. Wollte man den Direktor sprechen, musste man durch eine doppelte Tür, die an einen Safe erinnerte; an der inneren der beiden Türen war ein Schild mit der Aufschrift »Achtung Schwelle!« angebracht. (Die Konferenzen dauerten durch die Mueck'schen Exkurse, die von pedantischer Detailliertheit waren; wir verdösten sie kollektiv.) Noch vor Ablauf des Schuljahres würde er in Pension gehen, von einem Nachfolger wusste niemand. Herr Iffl, sein Vertreter würde von da ab die Stelle wohl kommissarisch übernehmen, wobei – wie die Schulsekretärin Horn, auch Hörnchen genannt, mir zuraunt – das »quasi unmöglich« sei, da sich Korrespondenzen, Protokolle und Verwaltungstechnisches über Jahre ohne erkennbare Systematik in den Schränken gesammelt hatten. Herr Mueck würde in Pension gehen und wäre, da er zu Hause über kein Telefon verfügte, »quasi« unerreichbar. Ich stellte mir die Schrankinhalte – Herr Mueck hatte sich eine Umstellung auf den Computer verbeten – als papierenes Analogon zum Werkraum vor. Seine Sympathie gewann ich, als ich in der Vorführstunde zur Verbeamtung Ausschnitte aus einem Film der frühen 60er-Jahre zeigte, den er kannte und mochte. Es ging in dieser Stunde um die mediale Darstellung von Groß und Klein. *Die unheimliche Geschichte des Mr. C*, ein echtes B-Movie, machte den kleingewachsenen Altphilologen am Ende der Stunde noch gesprächiger und brachte mir eine überdurchschnittliche Bewertung. Dieses Mal ging es um die Verbeamtung auf Lebenszeit. Nach meiner erfolgreichen Prüfstunde musste ich eine mündliche Prüfung im Schulrecht ablegen. Einem Schulrecht, das, wie ich merkte, mir zu großen Teilen neu war – ich war ja in einem anderen Bundesland ausgebildet worden. Ich paukte und schaffte es irgendwie, Herr Mueck blinzelte mir zu. Dann musste ich zur Schulrätin, eine weitere Vereidigung stand an und eine weitere Urkunde wartete auf mich. Ich wunderte mich, dass ein Eid innerhalb eines Jahres aufgefrischt wurde. Die Schulrätin saß mir an einem Tisch von unvernünftigem Ausmaß gegenüber. Hätte ich mich flach auf die Tischplatte gelegt und den Arm ausgestreckt, ich hätte deren Mitte nicht erreicht. Nachdem ich im Wortlaut wiederholt hatte, was sie mir vorsagte, was ich im Jahr zuvor bereits nachgesprochen hatte, stand sie auf, lief betont langsam um den Tisch herum auf mich zu und sagte, als sie mir die Urkunde aushändigte: »Jetzt sind Sie eine gute Partie.«

(Ausgerechnet) Anwälte

Ich habe eine Zehnte, in der es 20 Minuten dauert, bis ich Guten Morgen sagen kann. Als wär' es das Geschrei von einem gewaltig kompakten Körper, das den Geräuschpegel in den roten Bereich von Übersteuerung jagt. Es ist 8.18 Uhr an diesem Donnerstagmorgen, meinem zweiten in einer monatelangen Serie von Donnerstagen, die ab jetzt also mit der Zehn beginnen würden. Ich finde, der Morgen ist zum Denken da; bis zwölf sollte man wenig sprechen und viel tun.

Um 8.19 Uhr kommen immer noch Schülerinnen und Schüler, wir sind im großen Zeichensaal. Ich war schon um 7.40 Uhr da, den »Lehrer als Gastgeber« nehme ich ernst. Ich lüfte, mache genug, aber nicht zu viel Licht an, bereite für die Schüler alle Materialien vor und für mich eine Tasse Tee. Ich weiß, wenn sie erst da sind, muss ich präpariert sein. Dann krame und suche ich nicht mehr, dann muss ich den Überblick bewahren. Viel zu früh bin ich da, außer mir keiner. Genug Zeit, sich das ganze Elend in der Unbarmherzigkeit von grauem Tages- und zugeschaltetem Neonlicht anzuschauen. Die Heizkörper stören mich. Sie sind dunkelgrün, blättern ab und sehen extrem schmutzig aus. Die Fensterrahmen müssen Jahre nicht geputzt worden sein und obwohl ich neulich erst Leichen entsorgt und die Fensterbretter abgewischt habe, liegen schon wieder tote Fliegen darauf rum. Die Vorhänge sind dunkelbraun, sie hängen in Fetzen. Die Vorhänge sind ganz schön schwer, weil speziell mit Alu bedampft – durch eine normale Textur würde zu viel Licht dringen. Schüler und Lehrer möchten aber ja das gute Dia vom guten Bild gut sehen, und dafür muss es erst mal dunkel genug sein. Diese Spezialvorhänge sind unterhalb der kleinen Knubbel, mittels derer sie in der Schiene laufen, horizontal eingerissen, und zwar nicht nur ein bisschen, sondern so, dass der halbe Vorhang herunterlappt und auf dem Boden liegt, wo er sofort von Stuhlbeinen, die von den auf ihnen sitzenden Schülern unentwegt zum Rumrutschen gebracht werden, noch mehr angerissen wird und das Fenster immer weniger verdecken und abdunkeln kann. Trotz Hilfskonstruktion aus Wäscheklammern kann ich nun gar nicht mehr verdunkeln und suche Hilfe beim Aushilfshausmeister, dessen Namen ich vergessen habe; dabei ist er doch der Einzige, der sich wirklich um alles gekümmert hat.

Um 8.19 Uhr begrüßen die, die immer noch kommen, ihre Klassenkameraden, ohne sich auch nur nach mir umzudrehen. Die Mädchen küssen sich, links und rechts, stehend fangen sie sofort an zu plaudern. Sie sprechen laut, sie lachen laut, sie sind laut in allem, was sie tun. Die Jungen küssen sich auch, Wangenkuss rechts Wangenkuss links, Handschlag in der Manier von Preisboxern. Sie sind noch lauter. Auf den Bänken dunkle Farbkleckse, abgelegte Rucksäcke. Auf den Mädchentischen Handtaschen, so klein, dass sich ihr Inhalt beim Ablegen sofort auf die zerstörten Tischplatten erbricht. Alle behalten Jacken und Mäntel an, man fühlt sich wie am Bahnhof. Sie tragen Kopftücher und Basecaps. Bert Mastate hat eine weiße Mütze auf dem Kopf, glatt, eng und durchscheinend wie ein Slip. Es ist 8.20 Uhr, ich lasse meinen Schlüsselbund auf den Tisch fallen. Guten Morgen, rufe ich, als wären sie alle ganz weit weg, auf einem anderen Gleis. Hey, hallo, wie geht es Ihnen, Frau ... Sie stehen an den Gruppentischen, die Fäuste aufgestützt, die Beine übereinandergeschlagen, locker, wenden mir die glatten Gesichter zu – sind sie bereits rasiert? – und wirken leicht überrascht. Ich frage mich, warum – weil es spricht? Oder weil es so lange nichts gesagt hat? Das Lehrerlein, das unbekannte Tierchen, kleine Frau. Ich sehe sie mir an – was können wir tun? Wir. Hier. Miteinander. Tun.

Um 8.20 Uhr an diesem trüben Donnerstagmorgen höre ich das Blut laut in den Ohren rauschen, irgendwie ein Störgeräusch, und ich nehme an, das wird ein gemeinsames Halbjahr lang so bleiben. Ich lehne an der Druckerpresse neben der Türe, die ich mehrere Nachmittage lang mit Spachtel, Rasierklinge und Stahlwolle wieder funktionstüchtig gemacht habe. Es wurde mir eine Gewohnheit, da zu lehnen; aus einem Instinkt heraus, der dem der Wolfsmutter ähnelt, die ihre Jungen beschützt. Wenn ich Plastikflaschen oder Französischbücher sehe, die – oh so experimentierfreudige Jugend – unter der Walze zu geheimnisvollen flachen Formen mutieren, dann explodieren kleine Dumdumgeschosse in meiner Fantasie. Da fliegt schon mal ein Schülerarm durch die Luft und da spritzt schon mal ein wenig Schülerblut und ich nähere mich dem Schülerlein mit wölfischem Grinsen. Das ist nicht gut. Deshalb stehe ich jetzt in kontrolllosen Situationen, in Situationen außer Rand und Band, wie sie eigentlich täglich vorkommen, gleich hier, neben der Presse, in der Hand meinen Schlüssel, schwer schwingend an einem langen Band – damit ich ihn mir um den Hals hängen kann.

Man steht vor einer Klasse, hat sich etwas ausgedacht. Sie sollen jetzt etwas Sinnvolles tun. Was das ist? Äh, zum Beispiel Layout; Grafik-Design, die Welt der Printmedien ist Thema. Zum Anschauen habe ich ein Exemplar der aktuellen Neon-Ausgabe mitgebracht, Titel: »Geheime Gedanken«; Untertitel: »Briefe aus Bagdad«, »Null Prozent Fett«, »Schnickschnackschnuck«, »Reine Schikane« und: »Jetzt wird's unangenehm: Was sich Frauen und Männer niemals erzählen«. Den pinne ich an die Wand und hoffe, dass in diesem Potpourri etwas von Interesse für die Jungs und Mädchen dabei sein wird. Das ist die Welt, ihr kommt doch gerade von da. Sie haben ein Praktikum gemacht, haben drei Wochen lang an der Berufswelt geschnuppert, waren zum Beispiel die Gehilfin der Zahnarztgehilfin, oder Mitarbeiter in Onkels Fahrschule, und manche hatten es ins »Estrell« geschafft. Das Estrell ist ein 90er-Jahre-Bau aus der Zeit, als Berlin die Hoffnung auf den Schönefelder Flughafen und viel internationales Flug- und Geschäftsvolk zu hegen begann; es liegt in einem schäbigen Eck am Hafen von Neukölln. Das geleistete Praktikum war für die Schüler eine starke Erfahrung, auf jeden Fall für die, die bleiben durften. Die meisten Berichte enden mit dem Satz: »... jedenfalls weiß ich jetzt, was ich nicht werden will.« Fahrschullehrer, Lagerarbeiter und Kindergärtnerin wurden jetzt ausgeschlossen.

Ich dachte, wir sollten uns den Aufbau eines Titels ansehen, die grafische Gliederung eines Zeitungstextes, Bilder und Bildunterschriften, damit man dann den eigenen Praktikumsbericht besser oder auch einfach nur bewusster gestalten könne. Vielleicht sogar alle Berichte zu einem Buch binden könnte. Das kann doch nicht zu viel verlangt sein, dachte ich, ausgewiesenermaßen für einen jungen Menschen, der nach den neusten niederen Erfahrungen wieder nach Höherem strebt; und schließlich, wir sind hier doch auf einem Gymnasium – wie sagte der Chef neulich, er strebe danach, »eine Eliteschule für Arme« zu sein. An die Arbeit! Ich bitte die Klasse, die Überschriften vorzulesen und zu beschreiben, was man auf dem Titelbild sieht.

»Das Thema ist volle Scheißekacke«, beginnt Umut.

Er überrascht mich.

»Wala, Mann, das ist überscheiße, ja«.

»Wala, Mann, das ist überscheiße, ja«, sage ich.

»Ey wieso machst du mich nach, jaa?!« Sein Ton wechselt von gequält zu angriffslustig.

»Damit du nicht nur sprichst, sondern auch mal hörst, wie«, sage ich.

»Du, das ist rassistisch, jaa.«

»Umut, wir sind nicht per Du.«

»Ja, was mach ich denn bitte?«

»Du verwechselst mich!«

»Klar Mann, bist ja auch mein bester Kumpel so, schon klar, Übah-Scheiße, Alter.« Die anderen zischeln: Umut hör auf, das ist nicht witzig, sie wollen das irgendwie alles nicht hören, wollen jetzt angeblich Unterricht machen, aber Umut kann nicht mehr zurück, er wählt die Flucht nach vorn, packt seine Sachen, zieht, laut Flüche und Drohungen gegen mich und die ganze »Scheißwelt« aussto-ßend ab. Ich muss mich erst mal setzen und fassen. Auf das Mitgefühl der Klasse hab ich keine Lust. Es ist jetzt 8.35 Uhr, und wir sitzen einfach so ein paar Minuten lang rum. Daniela hat schon wieder Tränen in den Augen, aber natürlich nicht wegen mir. »Liebeskummer«, flüstert mir ihre Freundin, die ich nicht beim Namen kenne, vertraulich zu, rollt ihre Riesenaugen und schiebt Daniela, ohne eine Antwort abzuwarten, hinaus. Die Tür ist noch nicht zu, da hören wir Daniela hemmungslos schluchzen. Ich sehe auf. Mir gegenüber sitzt Cömert und hat den Mund weit offen. Gedankenverloren wackelt er an seinen vorderen oberen Schneidezähnen. Einer fehlt, Christian, der Supersportler, der mit seinem Vater alleine lebt, was genügt, dass vor allem türkische Schüler mit Grabesstimme über ihn sagen, er hätte es »würklisch« nicht leicht, hat sie ihm ausgeschlagen, ja, er weiß, nicht so cool, aber ihm sei einfach die Hand ausgerutscht. Man kann sich das ganz leicht vorstellen, aber im Moment ist er ganz ruhig, der Cömert, die Klasse hingegen bleibt nicht lange still. Was vor wenigen Sekunden noch unterdrücktes Gelächter war, prustet jetzt wieder völlig ungeniert heraus; sie kehren zum Urzustand zurück.

Das Hauptproblem ist natürlich die Einführung. Die Schüler hören weder sich noch mir länger als zwei Hauptsätze lang zu. Überlegen Sie sich, was Sie in zwei Hauptsätzen fragen, anregen, oder vermitteln können. Nicht einmal die Einteilung in Gruppen für selbst organisiertes Lernen ist da möglich. Ich konnte die Informationen, die sie für ein halbwegs sinnvolles Ausführen der praktischen Arbeit gebraucht hätten, nicht weiter verkürzen. Sie hören nicht zu, sie sehen nicht hin. Das haben sie nie gelernt. Sie kennen kein Interesse, wollen nicht wissen, wie die Welt funktioniert, wie eine Zeitung aufgebaut ist, wie ein Titelblatt aussieht – es ist ihnen egal. Ich hab jetzt Pause, zehn Minuten Pause genügen, um mich wieder auf »andererseits« zu polen. Okay, Zeitungen sind langweilig. Sünde, das zu sagen, aber – fand ich das nicht auch in der zehnten Klasse? Hab ich mir nicht während so manchen Kollegen Auftritts im Lehrerzimmer selbst verboten, jemals von »ihnen« zu sprechen als undifferenziertem Haufen, als Gegner ohne Profil?

Jetzt finde ich selbst meine Aufgabe doof, das hab ich von meinem Verständnis, mein Gott, es würde ja doch auf Zwangstherapie hinauslaufen und auf unbefriedigende Ergebnisse. Insgesamt würde wohl ein Machwerk dabei herauskommen, das den Lehrer an- und den Schüler peinlich berührt, ein guter Grund mehr, beim nächsten Mal auch nicht zuzuhören. Aber! Was wäre denn hier nicht fehl am Platz? Einen Pinsel in die Hand nehmen, malen? Sie hassen es. Zeichnen mit Bleistift, mit Kohle? Ermüdend, ernüchternd, unfruchtbar. Ein Werkstück? Macht Chaos und Dreck, verursacht Kosten. Was könnten wir tun?

Wir könnten ein Stück Acker bearbeiten. Ein sandiges, graues Stück Neuköllner Grund. Hier neben der Schule soll es sein, sie sollen es umgraben und dann bepflanzen. Ackern sollen sie, volle Kante in der Erde wühlen. Den Spaten in die Erde rammen, Erdhaufen raushieven, Steine klauben, in Eimern tragen. Humus untermischen, Furchen ziehen, dann irgend was pflanzen. Aus einem Stück sandiger Brache etwas machen, etwas, das blühen wird, ja, Schwerter zu Pflugscharen! Egal was entsteht, egal wie es aussehen oder schmecken mag, Hauptsache in der Erde wühlen, graben. Meinethalben auch nach Gold. Santiago Sierra hat für seine Beteiligung an der Korea-Biennale ein Konzept vorgelegt, das aus einer Handlungsanweisung besteht. Der Ort dafür ist das Grenzgebiet zwischen Nord- und Südkorea, dort fand das Stück unter koreanischen Grenzeraugen, nördlichen wie südlichen, statt. Umgesetzt wurde es natürlich auf der Südseite – schließlich ist es ja Südkorea, das mitmischt im sich weiter beschleunigenden

Aktionismus der Biennalen, die in immer mehr Kunstmetropolen in immer kürzeren Takten den westlichen Kulturmenschen durchzucken, sich gegenseitig und sich selbst ihre Liberalität und Weltoffenheit beweisend, indem man sich bei aller Weltläufigkeit dann doch dem einem, dem einzig gültigen Kunstdiktat beugt. Hier am Rand dieser westlichen Welt hat Santiago Sierra Folgendes stattfinden lassen: Eine kleine Gruppe von Grenzsoldaten, nennen wir sie Gruppe A hebt ein genau markiertes Stück Erde bis zu einer genau festgelegten Tiefe aus. Wenige Meter entfernt davon hebt Gruppe B daraufhin auch ein Stück Erde aus, das dem Volumen von A genau entspricht. Daraufhin füllt Gruppe A ihr Loch (A) mit der Erde von Loch B. Loch B wird, vice versa, mit A-Erde gefüllt. All das findet direkt vor der Nase der Kollegen von der anderen Seite statt. Geniale Arbeit, genial vermittelbar, finde ich, irgendwo zwischen Kontextualisierung und Schocktherapie, genau das Richtige für hier – das muss wiederholt werden! Grenzen müssen weichen, Zugänge gelegt werden. Ich beginne mich hineinzusteigern, da fällt mir ein: Hier ist weder Land noch Gerät, wir haben nichts, wir können nichts tun. Abfall der Spannungskurve. Wie machen wir jetzt bloß weiter?

Na wie schon, irgendwie. Der Notstand hält an. Ich bringe weitere zwei Doppelstunden hinter mich in einem Chaos, das keine Verpflichtung zu Kultur mäßigt. Ich mache danach mein kleines Pausenweinerchen, um mich von den raubtierhaften Geräuschen und Gerüchen reinzuwaschen. Ich beschließe noch einmal, meine Suche nach dem, was wir tun können, fortzusetzen. Natürlich würde ich nicht fragen: Was können wir tun? Denn wenn ich sie fragte, was können wir tun, würden sie antworten: Nach Hause gehen! Logisch. Ich könnte ja schlecht sagen, recht habt ihr! Wir würden nur in einer ewigen Debatte herumeiern und sie würden Graffitis sprühen wollen und rappen und so was. Nein, ich würde sie fragen, was denn ihr Ziel sei, warum wir hier zusammen seien. Ich konnte ihnen ja schlecht sagen, was mich momentan beschäftigte: diese Mischung aus Faszination und ehrlichem Ekel, die mir selbst an mir neu war. Ihr gab ich mich, ich muss es zugeben, in den ersten Stunden mit der Zehn zur Gänze hin. Meine Faszination war der explosiven Energie geschuldet und der Entschlossenheit, sich zu amüsieren. Denn damit war es ihnen bitter ernst. Sie fanden Amüsement in der Getriebenheit ihres Wettbewerbs, in ihren Spielen ohne Regeln und voller Wankelmütigkeit. Angriffe entstanden aus dem Nichts und zielten auf niemand Bestimmten. Trotzdem sind die Attacken kalkuliert, sie werden gleichsam über Bande ausgespielt; der Adressat ist der, der sich selbst dazu macht. Es findet sich immer einer, der sich getroffen fühlt und tierisch – hier ist der Begriff angemessen, – aufregt. Die Angriffe sind von dosierter und allen vertrauter Bösartigkeit. Sie benutzen Worte wie Opfer, Bruder, mein einziger Freund – Worte von alttestamentarischer Wucht, so widersprüchlich und hart wie ihre Beziehungen. Freund und Feind, Aufruhr und Gleichgültigkeit, Verbindlichkeit und Verrat, all das ist jederzeit und sofort austauschbar. Gelacht wird laut und gerne, es sind keine harten Lacher, eher die von wilden, nicht erzogenen Kindern. Und über allem thront die Lust an der Selbstdarstellung, der Wettbewerb darin ist gnadenlos. Und alles, ausnahmslos alles, wird jederzeit zur Diskussion gestellt. Scheindebatten, Verbalgefechte ohne Ende, ohne Punkt und Komma werden ausgetragen in einem Strom von Worten, einem Gezische, das »sch« verwendet, wo ein trockenes »ch« hingehört, und i durch ü ersetzt: üsch. Oder: üsch bün. Die eigentlich wenigen, zu wenigen Worte wiederholen sich endlos. Und Ausrufe, a bo! Rufe der Empörung, Rufe des Triumphs. Wala! Tschüsch! Das Klassenzimmer ist eine Arena, die Schüler Gladiatoren. Die Lehrerin sitzt auf der Zuschauerbank, am Rande der Gefahrenzone. Sie fragt sich noch immer: Was können wir tun?

In der folgenden Doppelstunde ließ ich die Klasse wie gehabt weitertoben, zog mich aber in den kleineren Nebenraum zurück, in dem sonst nur Oberstufenkurse stattfinden. Einzeln bat ich Schüler zu einem Interview vor einer Videokamera, die meisten kamen dann aber zu zweit. Die beiden vor mir fragte ich, was sie später machen wollten, wie sie leben und sein wollten. Die meisten Jugendlichen können diese Art der Fragerei nicht leiden, sie fragen, woher sie das denn bitte wissen sollten, und behaupten, sie hätten schließlich noch ewig Zeit, das alles nach und nach herauszufinden. Ich aber wollte wirklich wissen, wozu wir uns hier eigentlich trafen und uns die Hölle heiß machten. Ich fragte, was sie später machen, wie sie leben wollten. Es war nicht klar, was mit den Aufnahmen passieren würde. Ich hatte eine eher vage Vorstellung, welchen Zweck ich bei der Sache verfolgte, fand es aber pädagogisch irgendwie raffiniert, es gab mir eine klitzekleine neue Hoffnung auf eine Veränderung, ein Reifen, das noch in unserer gemeinsamen Zeit stattfinden würde. Schließlich wollten immer alle vor Kameras und wollten, dass man ihnen zuhört und dass sich alle Aufmerksamkeit auf sie richtete, klar, dass das alle wollen. Je jünger und je ahnungsloser, desto mehr. Ich wollte nur ein bisschen Wirkung erzielen, das Behauptete in einen Kontrast stellen zu dem, was hier stattfand: Chaos. Ich wollte mal sagen können: Du willst also ein ganz großer Pipapo werden. Das hast du an diesem Tag an diesem Ort gesagt. Hier ist der Beweis, jeder kann es hören und sehen. Jetzt mach, wie es sich für einen angehenden Pipapo gehört. Tu was, konzentriere dich, interessiere dich endlich für die Welt da draußen, die größer ist als Neukölln 44 und seine doofen Kiez-Sprüche. Ich hatte gedacht, wenn sie sich selbst hören und sehen könnten als angehende Pipapos, in ein paar Monaten vielleicht, wenn sie sich also selbst erleben würden, wie sie ihre Zukunft aussprechen, sich trauen würden, einen Wunsch, ihr Ziel auszusprechen, so was überhaupt zu denken, dann würde wir hier weiterkommen können. Sich selbst zuzusehen, wie man sich verändert, denn das geht ja rasant mit 16, die verändern sich dauernd, manchmal im Minutentakt. Ja, das gibt es. Wenn sie also wollten, könnten sie sich selbst bei einem kleinen Teil ihrer Mutation und ihres ungeheuerlichen Reifeprozesses zusehen. Das hätte dann wirklich mit ihnen zu tun, dachte ich. Ich wollte sie zurechtrütteln, in Form bringen: schau, da ist noch eine Kleinigkeit zu tun auf deinem Weg, fang doch mal an, später solltest du deinem Klienten doch auch hin und wieder mal zuhören und ihn nicht nur anblaffen und beleidigen. Es war nicht hämisch gemeint, wirklich nicht, ich wollte nur etwas rückadressieren: Ihr seid zu uns an die Schule gekommen, ihr wolltet etwas, macht also eure verdammten Augen und Ohren auf, und nicht nur Geschrei den ganzen lieben langen Tag lang!

Überraschendes stellte sich heraus: Zum einen finden sie gar nicht, dass wir uns hier »die Hölle machen«, und gegen mich hätten sie auch nichts – das sei halt so in Kunst! Zum anderen war für die meisten klar, wo es langging: Sie würden Anwälte werden. Anwälte? Das sind doch die, die ein nicht endendes, staubtrockenes Studium irgendwie gepackt haben, die Dresscode tragen und für ein verspultes Amtsdeutsch verantwortlich sind. Daran dachte ich. Die Schüler denken an etwas ganz anderes, bei »Anwalt« denken sie an Geld und an Macht. Diese Jungs und Mädchen hier, so viel stand jetzt fest, stellten nicht den geringsten Zusammenhang zwischen ihrem Berufsziel und dem, was hier stattfand her. Der Anwaltsberuf war einfach irgendeine Wahl, eine Wahl des Geschmacks – vorsichtshalber und in Ermangelung jeder Bescheidenheit wählte man das Beste – eine goldene Zukunft. So ähnlich hatte die Familie ja auch in vielen Fällen die weiterführende Schule gewählt. 70 Prozent unserer Anfänger beginnen die siebte Klasse ohne die sogenannte gymnasiale Empfehlung. Der Wunsch der Eltern zählt bei der Berliner Schulbehörde mehr als die Einschätzung durch den Grundschullehrer. Das gute Recht auf freie Wahl scheint als Prinzip wahrgenommen zu werden – die Entscheidung für den Anwaltsberuf wird getroffen wie die Entscheidung für einen Ferrari, die Entscheidung für eine Frau und die Entscheidung gegen alles, was langweilen oder stressen könnte. Warum Anwalt, warum nicht Manager, Ingenieur oder Produzent? Die Argumente lauteten etwa so: Der Anwalt steht für das Gesetz. Er ist das Gesetz. Er wird das letzte Wort haben. Auf dieses Wort gibt es nur eine Antwort – den Gehorsam. Der Anwalt ist die Säule unserer Gesellschaft, sein Einfluss ist unübertroffen, sein Ansehen unberührbar, ihm gebührt Ehre. Sein Urteil soll hart, aber gerecht sein. Die Jungs schauen mich jetzt an, wie wir da einander gegenübersitzen, teilweise schauen sie mich zum ersten Mal an. Sehr ernst manche, manche kalt und arrogant; manche biegen sich, wissen nicht, wollen gerne Auto fahren und Fußball spielen, der Rest, mein Gott, der wird sich zeigen. Die sind mir jetzt doch wieder die Liebsten. Aber eines ist allen gemeinsam, sie wollen eine Familie gründen. Und mit ihren Familien, der alten, bereits bestehenden, und der neuen, die es noch nicht gibt, wollen sie sehr viel Zeit verbringen. Denn diese Zeit mit der Familie, die bedeutet ihnen vor allem eines: Spaß! Ja, so sagen sie es. Familie und Spaß – das geht ja für den gebildeten Mittelstandsdeutschen nicht unbedingt zusammen – vor allem bei der Herkunftsfamilie wird es da oft recht eng. Mehr oder weniger erträgt, mag oder gar liebt man sich auf sonderbare Weise, aber Spaß und Familie – das ist trennbar! Nicht so bei den Schülern hier. Für sie gehört das zusammen, sagen sie fast unisono. Zum Spaß und zur Familie gehören immer auch noch unsichtbare Mitglieder wie diverse Cousins, Großeltern, Landschaften, Autos und Häuser irgendwo in den Weiten der Türkei und Zeiteinheiten, die die Sommerferien zu einem Wimpernschlag werden lassen. Sie werden Neukölln überleben, sie, die nicht Guten Morgen sagen können. Sie werden über Los gehen, und ich weiß jetzt, was ich zu tun habe. Ich würde einfach vorne anfangen, da, wo es nicht klappte: bei der Begrüßung.

Vergiss, dass du am Gymnasium bist, sagte ich mir. Es ist egal. Lass sie aufstehen. Ich lasse sie also aufstehen. Das dauert. Ich lasse sie sich wieder hinsetzen, dann wieder aufstehen. So lange stehen jetzt, bis jeder und jede frei steht. Da sind 20 Minuten um. Ich kommandiere, sie hören mich jetzt. Setzen. Wieder müssen sie aufstehen, Hände aus den Hosentaschen, frei stehen, nicht anlehnen. Hände weg vom Nachbarn, sie lachen, sie beginnen *Spaß* zu haben. Setzen, aufstehen. Besser so. Stehen bleiben. Jetzt: Kopf heben, geradeaus schauen. Alle: Kopf hängen lassen, blödes Gesicht machen. Noch blöder. Sie trauen sich nicht, schauen sich peinlich berührt um. Der Kopf bleibt unten, der Blick auch, Gesicht entspannen, Kopf hoch! Jetzt gähnen, sich recken – hätt' ich's doch sein lassen! Jetzt rempeln sie und quatschen wieder, hey du Opfer, ja du Spast, wassollndasduarsch ... Alles wieder im Eimer. Die Mädchen fragen mit schwachen Stimmen: »Dürfen wir uns wieder hinsetzen?« Auf gar keinen Fall! Was mach ich bloß, der Platz ist so knapp! »Durchzählen auf zwei!«, klappt nicht, ich zähle für sie, eins, zwei, eins, zwei, mein Zeigefinger wie ein Ticker, »alle Zweien steigen auf ihren Stuhl!«. Einrichtung wird polternd umgeschmissen, einer stößt fast den Nachbarn vom Stuhl, die, die unten bleiben müssen, beschweren sich. Still jetzt, schnappe ich, stillgestanden oder es knallt, ohne zu wissen, was denn knallen könnte, Hauptsache, sie tun es, hoffentlich, und ja, sie tun es. Ich schwitze. Sie grinsen, aber sie tun es.

Sie kannten diesen Feldwebelton noch gar nicht an mir; ich auch nicht. Ein linker Arm zeigt formvollendet nach oben, »Derya, was gibt es?«. »Sehr geehrte Frau Rogg, wir möchten gern auch oben stehen dürfen.« – »Alle nach rechts ab-stei-gen, jetzt durchzählen auf drei!«, verhältnismäßig gedämpfte Unmutsäußerungen ignoriere ich, »die Dreien auf die Tische, die Zweien am Boden, die Einsen auf die Stühle, Mahmut und Mert auf die Fensterbretter, Derya auf die Schrankleiter.« Kein Stuhl fällt um, kein Schüler, es dauert unter zwei Minuten. So stehen sie, groß und klein, mehr oder weniger gerade, aber frei stehend, jeder für sich, und schauen nach vorne. Grinsend, gelangweilt oder misstrauisch. Aber wach, gespannt und schweigend. Das Klingeln zum Stundenende fährt in dieses Schweigen wie eine gut geschliffene Sense ins hohe Gras. »Nicht bewegen!«, mein Herz klopft. »Nächsten Donnerstag um acht in dieser Aufstellung! Auf Wiedersehen.« Da löst sich das Bild, maximale Energie setzt sich frei, sie johlen, springen über die Tischen, lachen. »Tschüs«, rufen sie, tschüs, und drängen auf ihren riesigen Turnschuhen und zierlichen Plastikpumps hinaus. Ein Mädchen, Safiye, vom Kopftuch bis zur Schuhspitze in Pink und Weiß, kommt zurück, sie hat ihre Tasche vergessen. Sie schnappt sich das winziges Etwas aus genietetem Kunstleder, dreht sich zu mir um, die flachen Hände gegen die geröteten Wangen gepresst, »Hat Spaß gemacht«, flüstert sie und rennt raus.

Von der Einsamkeit des Lehrers

Das Lehrerzimmer ist voll von Menschen, die Kontakt suchen und sehr allein sind. Nichtsdestotrotz rührt ihr Äußeres, das bei vielen rau ist und wund wirkt eher von einem Übermaß an Kontakt her. Das Lehrerzimmer ist voller Gespräch und einer großen Einsamkeit. Ich habe schon vergessen, wie es früher gewirkt hat, vor der Zeit der großen Fassadenrenovierung, die zu meinem Abschied bereits 18 Monate andauerte und dem Lehrerzimmer neue, mit Folie verklebte Fenster gebracht hat. Das wenige milchige Licht, das durch die riesigen Fenster suppt, und das stetige Handwerker-Picheln am Putz gehört inzwischen zum Grundton, wie die moosgrünen Polster und die PVC-braunen Wandschränke. Eine Atmosphäre von fast Viebrock'scher Zeitlosigkeit zieht mich, trotzdem es furchtbar ist, immer wieder ins Lehrerzimmer, dem immerhin einzigen Ort, an dem ich mich hin und wieder in den unbevölkerten Nachmittagsstunden ausstrecken und ein bisschen dösen kann. Es ist nicht ganz ungemütlich auf den – ja, ich gebe zu, sie gefallen mir – moosgrünen, im Lauf der Jahrzehnte fleckig gewordenen Polstern der Lehrerzimmercouch.

Angeblich gibt es Schüler, die ihre Englischzensur raunend mit ihrer weitläufigen Verwandtschaft in Verbindung bringen. Ich habe so etwas nie erlebt, kenne nur die üblichen Entgleisungen – Ungeschliffenheiten, die von skurrilen Sprachverwirrungen bis zu kalkulierter Entwürdigung reichen. Vorgebracht in einem Tonfall, der dafür sorgt, dass ich mich eigentlich täglich fragte, ob jetzt endlich der Zeitpunkt gekommen sei, sich umzudrehen und ohne Worte von der Bildfläche zu verschwinden. Für immer. Ja, das hatte ich sehr oft in Neukölln. Ich sah mich selbst davongehen, und allein dieses Bild und die vage Möglichkeit, dass ich es irgendwann tun würde, hat mir immer wieder die Kraft gegeben, auszuatmen und zu sagen: Der Ton macht die Musik, Heval Alexander Deniz. Auch wenn ich nicht unbedingt der Typ bin, der das dann lächelnd und mit weicher Stimme sagen könnte. Es wird schon etwas gepresst geklungen haben, wenn ich *Der Ton macht die Musik* zu all den Hevals, Jamals, Enes und Ibrahims sagte. Sie schauten mich dann ganz verdutzt an und sagten: Wieso? Sie sprechen nicht, sie schreien. Merken sie es nicht? Oder tun sie so? Oft lachen sie einen dann an und es kommt wie eine Wunderwaffe die Antwort: SPASS. Spaß, einfach nur dieses eine Wort, maximal verlängert das *a* darin, scheint überhaupt alles zu erklären, was man sich an Merkwürdigem antut, was einfach verboten und daneben ist und meistens auch noch wehtut. Es ist nicht sehr witzig, etwa so, wie angeschrien werden eben nicht sehr witzig ist. Spaß – entwaffnend, wer will schon ein Spaßverderber, einer sein, der Spaß nicht versteht? Auf dem Weg ins Lehrerzimmer zwänge ich mich also durch die unvermeidliche Traube von Schülern hindurch, teilweise mit Körperkontakt. Mein eigentlich so netter Kollege Jean bespricht sich regelmäßig in der Tür stehend mit ganzen Schülergruppen, er schart sie um sich wie Schafe. Es berührte mich immer peinlich, da durchzumüssen.

Die »große Hofpause« dauert von 11.30 Uhr bis 11.55 Uhr. Was sich so an Anwürfen und Entgleisungen seit acht Uhr, oder auch am Nachmittag zuvor ereignet hat, das wird jetzt ins Lehrerzimmer getragen. Die Geschehnisse in der Klasse und auf dem Flur noch im Ohr, geht der Lehrer dann zu seinem Fach, um das tägliche Maß an Papier auszuräumen und durchzusehen. Herr Mueck lässt es sich nicht nehmen, das Papier den einzelnen Empfängern zuzuweisen und Aufträge zu verteilen. Er geht in seiner nach vorne gelehnten Haltung, den Blick ernst auf die polierten Spitzen seiner teuren Schuhe geheftet an uns allen vorbei, ohne ein Wort, manchmal aber einen seltsamen Blick, der wahrscheinlich Interesse oder zumindest ein »Ich sehe euch« signalisieren möchte, in seiner Wirkung aber etwas seltsam Gejagtes, ja eigentlich sogar Wildes an sich hat, auf uns werfend. Das Wilde ist in diesem Jahr stärker geworden. Er leitet ja auch nur weiter, was von »oben« kommt. Und von da kommen ständig neue Ideen. Sie gelten uns, uns an der Front da unten, den Praktikern. Man braucht eine enorme Bereitschaft zu dem, was »sinnentnehmendes Lesen« genannt wird, um diese Post zu verstehen, eine weitere zur Flexibilität, bis an den Rand der Selbstverleugnung. Je älter die Kollegen, desto mehr fühlen sie sich schikaniert und drangsaliert, eine Kollegin fühlte sich immerzu »umzingelt«. Wir räumen also unseren Papierkram aus, lassen uns auf die Stühle fallen, die wir von einer aufgelösten Schule aus dem ehemaligen Ostteil der Stadt geerbt haben und schauen ziellos in den Raum. Jeder macht das so, jeder auf seine Art. Die Papiere verbleiben noch in der Hand, ein loses Bündel, leicht nach unten hängend. Manche überfliegen die Papiere sofort, verstauen sie dann in zentnerschweren Taschen und Rucksäcken, in denen begraben sie auf die Dauer Bandscheiben ruinieren werden. Einige korrigieren oder essen Pausenbrote, die aufs Papier bröseln. Man rüstet sich für eine weitere Runde Sozialdarwinismus. Manche tun es schweigend, manche, indem sie sich in einen wortreichen Wettkampf begeben, in welchem jeder versucht, den anderen zu übertrumpfen mit Geschichten, deren Inhalte immer solcher Art sind, dass ich mir angewöhnt habe, mit einem aus tiefster und empörter Seele empor geholten *Unsäglich!* zu antworten. Ehrlich gesagt aber verspüre ich, wahrscheinlich genau wie alle anderen, mangelnden Raum in mir für die Geschichten, will sagen, ich wusste schon recht bald nicht mehr, wohin mit all dem, und wozu überhaupt sich das anhören.

Es muss aber sein. Und deshalb, habe ich mir überlegt, bräuchten wir ein großes Ohr. Ein neugieriges aber sensibles rosarotes Menschenohr in XL, ein Ohr auf zwei Beinen, das sich in das Lehrerzimmer hineinsetzen würde, sich all die Geschichten, die Klagen über Ungerechtigkeit und Überforderung und mangelnde Anerkennung anhörte, von uns, den Geplagten, den »Küchenmägden unter den Akademikern«, für die sich niemand, wirklich gar niemand, nicht die Schüler und nicht die Richtlinien-Herausgeber und von außen sowieso nicht einer interessieren. Von uns, die den ganzen Arbeitstag lang zuhören, oder es jedenfalls sollten, und denen selbst nie einer zuhört. Von uns, denen nachgesagt wird, Lehrer sein heiße, vormittags recht und nachmittags frei haben. Ha! Einen Kummer-Trichter, ein Zuhör-Organ mit schier weltentiefem Fassungsvermögen, das braucht diese Schule, ein Mega-Ohr, in welches das alles hineinhallt und an dessen leisen Bewegungen der sensiblen Knorpel und feinen Härchen wir den aktiven, den mitfühlenden Zuhörer erkennen dürften. Dieses schöne Ohr hätte einen Sinn für Geschichten ohne Höhepunkte, Pointen und Stil, auch verzerrten Selbsteinschätzungen stünde es offen gegenüber; Be- und Verurteilungen würde es in ihrer subjektiven Grausamkeit kommentarlos hinnehmen wie der Priester die ersten Minuten der Beichte eines Internatszöglings.

Wettbewerb, Misstrauen und Missgunst, das sind die Grundpfeiler, die den Umgang der Kollegen an diesem Gymnasium untereinander auszeichnen. Die Schulleitung und die Schulaufsicht reagieren darauf (was ist Henne, was das Ei?) mit der Verweigerung von Transparenz und Dialog bei Entscheidungsprozessen. Das wirkt nicht demokratisch, ist es auch nicht. Am Gymnasium gibt es programmatische Entscheidungen, die in Scheindebatten vorgestellt und fast zeitgleich verabschiedet werden. Das Votum der Schulkonferenz ist Formsache. Herr Mueck bestreitet etwa 90 Prozent der Redezeit, auf Einwände reagiert er lautstark. Herr Schwartz hat leichtes Spiel, seine Pläne in der Abstimmung durchzubringen, denn die einzige Opposition, die sich regt, bleibt persönlich und damit subjektiv und unorganisiert. So wird jeder Einspruch als persönliche Unfähigkeit oder Unwilligkeit wahrgenommen und abgeschmettert. Beim Formulieren von Überbelastung, sei es durch ein Übermaß an Organisations- oder Korrekturarbeit, macht sich, vorzugsweise im Beisein des »Chefs«, im Kollegium eine Stimmung kleinbürgerlicher Kontrolllust breit, eine Das-muss-man-alleine-schaffen-Mentalität. Formuliert ein Kollege zum Beispiel wiederholte Probleme mit dem Verhalten eines Schülers, so kann man fast davon ausgehen, dass er oder sie damit nicht alleine steht. Meistens reagieren einige Kollegen auch mit verständigem Kopfnicken und Anteil nehmendem Gemurmel, bis sich dann jemand meldet, der sagt: Also bei mir gibt es mit diesem Schüler keinerlei Probleme. Punkt, Stille. Damit ist klar, wo die Schwachstelle sitzt – beim Pädagogen, der nicht recht patent ist. Zu wenig autoritär, zu wenig verständnisvoll, zu wenig schülernah! Quod erat demonstrandum. Der Chef braucht dazu gar nichts mehr zu sagen, ein tiefer Blick in Richtung des unfähigen Querulanten genügt, um das Problemgespräch als beendet zu sehen. Zurück zur Abstimmung. An der ASO, wen wundert das noch, gibt es keinen Personalrat. Benötigt man jemand zum Gespräch, muss man sich an schulferne Kollegen der Nachbargymnasien wenden. Natürlich sind ihnen Besonderheiten der Schule und des Führungsstils nicht vertraut. Die Schulleitung ringt um Form und Regelwerke, aber sie zwingt sie dem Kollegium auf, statt auf es zuzugehen. Sie tut das in bester Absicht. Vielleicht gilt diese beste Absicht manchmal etwas zu sehr dem Ansehen der eigenen Person – wir sind eben alle nicht von zu viel Anerkennung verwöhnt. Diesem müden, durch und durch erschöpften Kollegium aber etwas aufzuzwingen wird nicht einen Prozess verhindern, der längst begonnen hat und dem niemand entgegenwirkt, nämlich dem, dass viel zu viele Lehrer der ASO die Schule, die Schüler und das eigene Tun verachten. Ihre Nichtidentifikation geht bis zum Selbsthass und zum Hass gegen andere – solche, die anders sind, und solche, die anderes wollen. Niemand von ihnen, niemand von uns allen wurde je gefragt, ob wir in einem sozial schwierigen Bereich arbeiten wollten, ob wir daran interessiert sind, uns mit fremden Kulturen, im Besonderen der muslimischen, auseinanderzusetzen; mit den uns so fremden Schülerinnen und Schülern Tag für Tag mehr Zeit zu verbringen als mit jedem anderen Menschen unseres Kulturkreises. Keiner hat das je gefragt.

Als ich 2003 an das Gymnasium kam, hatte man mir durch die Schulaufsicht mitgeteilt, es handle sich um eine alte, gute Schule in humanistischer Tradition. Klein und persönlich, mit Latein im Fächerkanon und guter Ausstattung in den Fachbereichen. Das war vielleicht einmal so. Im Kollegium war man sich 2003 in einem Punkt einig: Wir sind eine gute Schule, haben aber leider die falschen Schüler. So gesehen ist es ist nur konsequent, nach Wegen zu suchen, wie man möglichst viele falsche Schüler wieder loswird. Es klappte – von etwa vier siebten Klassen, man kann von etwa 110 Schülern ausgehen, die sich gerade so finden ließen, blieben etwa 20 Abiturienten. Die siebten Klassen setzten sich zu großen Teilen aus Schülern zusammen, die an den anderen Gymnasien im Bezirk abgelehnt worden waren. So hatten wir Klassen mit einer Zusammensetzung von bis zu 70 Prozent »nicht Empfohlenen« am Start. Auch wenn es immer wieder Ausnahmen gibt, kann man doch annehmen, dass die Anforderungen des gymnasialen Lehrplans einfach zu hoch für etwa zwei Drittel dieser Kinder sind.

Was geschah mit den 90 anderen, die in den Jahren zwischen sieben und 13 verloren gingen? Manche wechselten später, wenn sich doch noch eine Chance durch freie Plätze ergab, das Gymnasium, weil sie sich unwillkommen fühlten – wie wir sehen völlig zu Recht –, andere den Schultyp. Viele landeten als Umzugshelfer, in Callcentern, im Lager von Plus, oder fanden sich im von Kindheit an vertrauten Sozialhilfemilieu wieder. Manche kehrten in ihre Herkunftsländer zurück, kamen unter Umständen auch bald darauf wieder nach Berlin, niemals aber an unsere Schule zurück. Wir Lehrer blieben also zurück, unsere Schüler zogen weiter – wenn auch nicht immer an einen besseren Ort. Man vereinsamte auf der Schule – nur sah das niemand so. Man wollte immer noch mehr dieser Schülerlast loswerden, reduzieren, sich erleichtern – schlank werden! Nur gab es keinen Ersatz – kein Wunsch-Schüler, wie auch immer er oder sie hätte aussehen können war weit und breit in Sicht. Die Schulbehörde sah die ganze Entwicklung nicht gern und drohte offen mit

Schließung. Die Drohung schwebte bereits 2003 über der Schule. Es wurde ein Entzug. Die Schulbehörde ließ das Gymnasium fast zwei Jahre ohne Direktor und Konrektor – ein kaputtes altes Wrack, das ohne Navigation dahinsiechte.

Madame de Pompadours Ratschläge an die Welt

Es wurde immer schwieriger, die Obdachlosen von den Schülerbänken um die Friedenssäule fernzuhalten. Sobald man aus dem Schultor trat, war man von Pöbeleien, Flüchen und Dreck umgeben. Ein Sportlehrer wurde verletzt und musste im Krankenhaus versorgt werden. Er hatte sich eingemischt, als eine Auseinandersetzung vor der Schule zu eskalieren drohte. Als er zurück war, dankte Herr Mueck ihm für sein »beherztes Eingreifen«. Der Vorfall wurde als bedauerlich aber einzigartig verhandelt und das Kollegium sekundierte Herrn Mueck mit der Bemerkung, alles werde immer schlimmer und wir bräuchten endlich wieder bessere Schüler. Darüber herrschte Konsens, und als ich fragte, woher die kommen sollten, da hieß es, wir bräuchten eben eine »Quote«. Was für eine Quote, fragte ich meine Nachbarin und sie flüsterte mir zu, Deutsche und Nichtdeutsche, Bürgerliche und Nichtbürgerliche »ebent«.

Herr Mueck nahm seinen Abschied. Das geschah im Stillen und ohne jede Förmlichkeit; eines Tages blieb er einfach weg, vor der »Achtung Schwelle«-Türe blieb die unbeschriftete Außentür verschlossen und das war es dann auch. Er ließ sich nie mehr sehen und ward auch nicht mehr gehört. Jetzt mussten wir sehen, wie wir selbst zurechtkämen. Bald folgte ein weiterer Höhepunkt, was die Aufdringlichkeit von schulfremden Jugendlichen anging. Während des Vormittagsunterrichts marschierten ein paar Jungen, wie sich später herausstellen sollte, Verwandte einer Neuntklässlerin, in den Englischunterricht und teilten der unterrichtenden Lehrerin mit, sie müssten mal »etwas mit jemand hier« besprechen, und zwar jetzt. Frau Blume nahm das Anliegen ernst, sie sah sich mit einem offenen Messer konfrontiert. Sie verließ die Klasse, – Frau Blume war zu diesem Zeitpunkt bereits im fortgeschrittenen Zustand schwanger – und rief die Polizei. Die beiden Jungs, die nicht akzeptieren wollten, dass ihre Cousine mit einem Klassenkameraden denselben Heimweg hatte, und den beiden einen gemeinsamen Spaziergang unterstellt hatten, waren der Polizei nicht unbekannt. Als Bea Blume mir die beiden kurz nach dem Vorfall auf dem Vorplatz der Schule zeigte – sie grinsten frech zu ihr herüber – dachten wir dasselbe: Dass sie die Aufsicht ihrer Cousine bitte nicht zu ernst nehmen möchten.

Das Schuljahresende würde die Auflösung der von mir so geschätzten elften Klasse bedeuten. Einige der Schüler dieser Klasse würden die Schule wechseln, andere mit der Schule aufhören und manche würden aus Berlin wegziehen. Am meisten beschäftigt mich Ibrahim, der beschlossen hat, mit seiner Mutter nach Beirut zu gehen. Sie würden dort im Hotel seines Onkels unterkommen – und Beschäftigung finden, ergänze ich im Stillen. Es wird hoffentlich nicht das Aus seines geplanten Chemie-Studiums gewesen sein.

Was den Unterricht angeht, waren wir beim Barock angekommen. Bei Bildbetrachtungen zeigt sich, dass die Schüler von der Opulenz und Freizügigkeit der Gewänder fasziniert sind. Sie spekulieren liebend gern über Beziehungen und Intrigen; wenn wir Gruppendarstellungen ansehen, kaprizieren sie sich auf Haltungen und Blicke. Einmal springt Christian auf, wirft sich in Pose und sagt: »So, genau so sieht das aus, wenn ich der Welt sagen kann ›leck mich!‹. Wenn ich so ein reicher Schnösel bin, dass ich das sagen kann. Schaut mich an! Ich will das auch sagen können!«

Ich habe ihnen daraufhin einem schmalen Band mitgebracht: *Madame de Pompadours Ratschläge an die Welt*, und lese daraus vor, während wir uns in der Gemäldegalerie Werke aus dem Spätbarock und Rokoko anschauen. Sie sind nahe daran, sich in Hofdamen und -herren zu verwandeln und in einer Pompadour'schen Weise über Gesellschaftliches und die Schönheit an sich zu parlieren. Wo bleibt denn da der Krieg der Kulturen?!

Kurz darauf – etwa zwei Wochen vor den Sommerferien – bringe ich *Gefährliche Liebschaften* als Film mit in den Unterricht. Begeisterung, eine regelrechte Rokokophilie greift um sich. Die Mädchen tragen die Haare hinten hochgesteckt wie zu Vogelnestern und vorne verspielte Schläfenlocken. Man schreibt keine Zettel mehr sondern Postillen. Und jetzt wollen sie auch noch einen Film drehen, ja, einen eigenen Film, in welchem sie die Geschichte neu erzählen. Was die ganze? – Ja, die ganze Geschichte. Esra und Esra würden das Drehbuch schreiben und ich soll Regie führen.

Als Erstes gehe ich zu Herrn Pflumm und sage: »Sie wollen einen Film drehen, das dauert einen Monat.« Nach ein wenig Verhandlung bekomme ich vier Tage. Ich solle die Kollegen, die es betrifft, informieren, wie ich das mache, sei ihm gleich. Das Wort »gleich« sollte ich in der näheren Zukunft oft hören, es klingt besser als »egal« und ist Musik in meinen Ohren. Ich beginne, neue Freiheiten zu erahnen. Zunächst telefoniere ich die Kostümabteilungen der größeren Berliner Theater durch. Die wunderbare Frau G. vom Maxim Gorki sagt, sie habe überhaupt keine Zeit und neun Premieren vor sich und ich solle doch mal schnell vorbeikommen. Wollen Sie die Pantalons auch noch, den Gehrock, die Gamaschen und diesen hübschen Cu? Natürlich, ich nehme alles! Waschkorbweise schleppe ich die Klamotten ran. Die Jungs und Mädchen werden in den Rokokokostümen wunderschön aussehen. So ist es. Am nächsten Tag beginnen wir und sie sind noch hübscher als ich dachte. Mit welcher Selbstverständlichkeit sie sich in den schweren Gewändern bewegen! Woher sie das nehmen? Diese Haltung, die auch sofort wieder verschwindet, sobald das Kapuzenpulli-Ich das Theater-Ich ablöst. Nach vier Tagen – wir hatten zum Teil Einzelproben bis in die Abendstunden –, waren wir bereit; wir würden auftreten. Unser Stück hieß nicht *Gefährliche Liebschaften* sondern *Ich ahnte nicht, Madame, dass wir uns etwas zu sagen haben würden.* Es dauerte nur eine halbe Stunde und bestand im Wesentlichen aus einem barocken Fest, auf dem sich eine Liebeskomplikation abspielt. Die Mädchen hatten kleine Bewegungschoreografien entwickelt; die Grundlagen dafür entnahmen wir Aufzeichnungen der Zeit, die über nonverbale Codes und offene Verführungsstrategien bei den höfischen Festen belehrten. Aufgeklärt durch diesen Rokoko-Knigge, waren wir im Bilde darüber, was es bedeutete, einen Knöchel sehen oder ein Band fallen zu lassen. Wir übten diese Gesten mit der Pedanterie einer Benimmschule. Der Referendar für Musik zeigte uns barocke Tänze und dass sich daraus am Ende ein Bauchtanz ergab, lag an Temperament und Zusammensetzung der Gruppe, schließlich ging es um Verführung. In diese Choreografien verflochten war eine Dreiecksgeschichte um Liebe und Intrige – durchaus das Übliche. Pikant daran war das Liebespaar selbst – es war männlich. Wir hatten ein schwules Liebespaar! Es ging nicht anders, am dritten Tag war die Hauptdarstellerin ausgefallen. Christian beschloss einzuspringen. Wir hatten ein deutsch-libanesisches Traumpaar auf der Bühne, zwei Artisten, die Sätze sagten wie

– Wollen Sie nicht kommen, meine Tauben zu sehen und sie zu küssen? Sie sind so entzückend; ihre zarten Schnäbeleien rufen sehr süße Erinnerungen wach und lassen mich immer träumen.

Oder (mit tiefer, weicher Stimme und leichtem Akzent)

– Ich muss Ihnen, mein Lieber, etwas Verrücktes erzählen. Der Botschafter, den Sie kennen, hat mir gestern

Morgen einen Besuch abgestattet, und nach den ersten Komplimenten hat er plötzlich ausgerufen: » Fürwahr, Sie haben schöne Augen!« Ich habe mich zu ihm gewandt und ihn ernst gefragt, ob er mit mir spreche. »Ah, mit wem spreche ich wohl?«, meinte er. »Mit meiner Frau ganz sicher nicht.«

Ich rechnete mit allem. Nach der Geschichte mit dem Treppenhausbild rechnete ich zunächst damit, dass keiner käme. Ich rechnete mit Beschimpfungen, Beleidigungen und damit, das Stück eventuell abbrechen zu müssen. Ich rechnete damit, mich vor Pflumm und den anderen Kollegen verteidigen und erklären zu müssen. Aber am meisten Sorgen machte ich mir dann doch um die Hauptdarsteller. Wer weiß, welchen Status die Homosexualität bei jungen Türken genießt, der *musste* mit allem rechnen.

Dieses Mal versammelte sich die Schule, sie kamen alle. Die 300 Plätze der Aula waren voll belegt, Schüler wie Lehrer standen an jedem freien Platz, der Saal brummte. Die Aufführung war irgendetwas zwischen Shakespeare auf der Wanderbühne und Volksfest – sie tobten. Die Spieler schüchterte das nicht ein, im Gegenteil, sie legten an Tempo und Temperament noch zu. Ibrahim und Christian verabschiedeten sich mit Radschlag und Salto im Rokokostüm. Die Mädchen wurden von den anderen Schülern von der Bühne und aus dem Saal getragen. Die Spieler konnten eine Stunde lang ihre Kostüme nicht ablegen, sie gaben Autogramme, wurden wieder und wieder fotografiert und hundert Mal mussten sie erzählen, wie das nun sei – auf einer Bühne zu stehen und alle, alle sehen dir zu.

Ich hatte etwas gefunden. In diesem Erfolg, dieser Begeisterung für ein kleines Stück auf einer staubigen Schulbühne, das wir in weniger als einer Woche entstehen ließen, lag ein Schlüssel zu einem lange verschlossenen Raum. Und dieser Raum könnte ein gemeinsamer Raum werden, einer zum gemeinsamen Handeln: Erzählen und

Bewegen, Zuschauen und Hinhören könnten dort gelingen. Einen Raum, in dem wir etwas erleben würden und keiner würde vorher wissen, was es sei; in dem wir etwas erfahren würden und wieder würde keiner vorher wissen, was.

In der Woche nach dem Auftritt wusch und bügelte ich drei Nachmittage lang die Kostüme aus. *Ich ahnte nicht, Madame, dass wir uns etwas zu sagen haben würden ...* Danach meldete ich mich zu einer zweijährigen Fortbildung in »Darstellendem Spiel« an. Ich würde dann zwei Fächer unterrichten können. Mal sehen, ob der Zauber zum Schulfach werden könnte.

Improvisation

An einem Ort wie Neukölln Schule zu machen, Unterricht, Erziehung, heißt, ziemlich viel neu erfinden zu müssen. Darauf läuft es hinaus, wenn ich versuche, zu beschreiben, was ich dort getan, woraus die Arbeit der vergangenen Jahre bestanden hat. Ich könnte einfach sagen, ich bin Lehrerin, ich unterrichte an einem Gymnasium Kunst und Darstellendes Spiel. Manchmal sage ich es, denn ich weiß, es kürzt Gespräche ab. Ich ertrage einen kurzen mitleidigen Blick, darf wieder Zuhörerin sein und wende mich als solche den interessanten, meist projektorientierten Themen zu. Manchmal aber fragt jemand oder ich habe einfach Lust zu erzählen, und sobald das Wort Neukölln fällt, ist man schnell in einem abendfüllenden Gespräch gelandet.

Gymnasium – mit einem nach bundesrepublikanischen Vorstellungen geprägten Gymnasium hat dieser Ort, hat der Bildungsstand, hat die Sprache, der Umgang mit sich, den Inhalten, und den anderen Menschen so wenig zu tun wie der Begriff »unterrichten« in einem herkömmlichen Sinn mit dem zu tun hat, was man dort macht. Versucht, zu machen – Tag für Tag, Stunde für Stunde. Etwas möglich machen, heißt die Devise. Etwas Gemeinsames, etwas Gerichtetes. Später dann hoffentlich etwas substanzielles, etwas, das man mit den Schülerinnen und Schülern teilt, das bei ihnen angelangt, in ihren Herzen, ihren Köpfen, das durch ihre Häute, Schalen und Krusten dringt.

1.1 Grundsätze aus dem Rahmenlehrplan der Berliner Oberschulen
Es ist Aufgabe der Schule, die Lernenden bei der Entwicklung ihrer individuellen Persönlichkeit optimal zu unterstützen. Deshalb knüpft die Schule an das Weltverstehen sowie die Lernerfahrungen der Schülerinnen und Schüler an und greift ihre Interessen auf.

An das »Weltverstehen« anknüpfen. An das Weltverstehen eines 13-Jährigen, der in Regeln und Gesetzen aufgewachsen ist, deren familiäre Feinmechanik ich nicht kenne und unter Kiez-Regeln der Straßen Nord Neuköllns. Viel zu selten spricht jemand aus dieser Welt zu mir. Ich bräuchte es, um zu verstehen. Ich strenge mich an, ich stelle mich an. Ich frage, frage dumm und ahnungslos. Ich hätte so einen riesigen Fragebedarf, dass ich gar nicht recht weiß, wo anfangen. Am besten sollte ich vielleicht mal hospitieren im Leben meiner Schüler.

Bitte, was soll das sein, das Weltverstehen? Ein Anspruch, ein Diktum, ein Phänomen? In der Ausbildung lernten wir: Den Schüler da abholen, wo er ist. Wo ist er denn? Wo ist Inas, deren Eltern von einem Zuhause sprechen, das sie noch nie besucht hat, weil sie das als Staatenlose besser nicht riskiert? Wo ist denn Jonas, das hochbegabte Kind einer Ärztin, die ihn sozusagen aus Versehen bei uns zwischengeparkt hat? Wo ist denn Canan, die nach den Sommerferien plötzlich mit dem Kopftuch zurückkommt und fast nicht mehr spricht? Wie und wo soll ich sie abholen? Das Gegenteil wäre doch wichtig: Holt mich ab! Lasst mich wissen, wo ihr seid, was euch beschäftigt, wovon ihr etwas habt, was euch Freude bringt. Ihr wisst es auch nicht? Damit sind wir bei der Kernfrage angelangt: was machen wir da eigentlich? Was bringe ich den mir anvertrauten Gymnasiasten bei? Was ist für wen von ihnen wesentlich?

Die Antworten des Lehrplans sind sicher sinnvoll, hilfreich sind sie nicht. Nicht, dass dort nicht kluge Leute säßen. Aber es ist keine gute Zeit für Forderungen und Behauptungen. Nicht für uns in Neukölln, im Brunnenkiez und auf dem Falkenhagener Feld; nicht in den Bennpunkt-Gebieten Bremens, Dortmunds und an tausend anderen Schulen, die Mühe haben, sich Tag für Tag so zu organisieren, dass sie sich überhaupt noch so nennen können: Schule.

Wir sind viel zu viele, um uns als Randgruppen oder Randschulen an den Rand einer vorgeblichen Normalität zu stellen. Das weiß inzwischen jeder. Und dann dieser Anspruch? Ich lehne das ab. Ich suche mit den Schülern nach einem gemeinsamen Verstehen, nach Verständnis, die Welt lassen wir erst mal draußen.

Eine siebte Klasse. Ich sage, ich bringe euch lesen bei. Die Schüler protestieren, sie könnten schon lesen, behaupten sie. Na gut, ich bringe euch eine neue Sprache bei. Was soll das sein? Eine neue, weitere Sprache mit ihren eigenen Vokabeln, einer eigenen Grammatik, einem eigenen Klang. Oder Sound. Sie stöhnen. Sie müssten jetzt schon zwei Sprachen lernen und dann sei es die dritte. Voll unfair. Nein, die fünfte, weil: Türkisch, Deutsch, Englisch, Spanisch. Reicht, außerdem heißt das Fach BK, Beh-Kah. Was das heißen soll, das wissen sie nicht so genau, Zeichnen oder so. Ich sage, die Sprache, die ich euch beibringe, muss man aber nicht büffeln, dafür könne man mit ihr alles auf der Welt lesen. Schräg gelegte Köpfe, ungläubige Blicke. In Ordnung, ich verspreche zu viel, spreche sowieso schon zu viel. Wir fangen einfach an: Was seht ihr? Nichts. Sieht jemand mehr als nichts auf der Abbildung? Nichts richtiges, Farben halt. Und weiter? Striche und Dreiecke und so.

Malewitsch: Suprematismus von 1915. Hier nicht Programm, sondern Bildtitel. Ich hatte ihnen Abbildungen vorgelegt. Auf hellem Grund befinden sich Quadrate und unterschiedliche, bis zur Stabform schlanke Rechtecke in einer dynamischen Anordnung. Die scheinbar umherfliegenden Formen sind großenteils in den Primärfarben gehalten und liegen lose verstreut, sich teilweise überschneidend, auf dem Grund. Die Hauptfigur des Bildes ist ein massiges stumpfes Trapez in monochromem Schwarz. Mit Wucht scheint es entweder gerade in das Bild hineinkatapultiert zu werden, sodass alle anderen Formen auffliegen, oder aber es ist im Begriff zu verschwinden, und zwar durch die obere linke Ecke. Dieses Ding scheint die plötzlich sehr klein und leicht erscheinenden bunten Nebenfiguren auf seinen Flug mitzunehmen wie ein riesiger Magnet, sie vorher aber noch jeglicher Ordnung komplett zu entheben. Irgendwie rast alles auf eine Karambolage zu, verharrt aber noch im Bereich des Hellen, des Guten. Schwebend und ungewiss, dieser Zustand. Weiter unten, ganz still, jenseits des verrutschten zudem noch unvollständigen Horizonts, ein Bodensatz – das Geordnete, Verbundene, fast Harmonische. Es wirkt gerade noch nicht komplett hilflos, bewegt sich zur diametral anderen Ecke hin, weg vom großen Trapez.

Das Bild habe ich gewählt, weil es wie eine Klasse ist. Genauer, wie die Situation einer Klasse zu Beginn. Als solches hat es mich interessiert. Und: Es ist schön. Es ist alt, es ist erhaben. So wähle ich, nach dem, was mich interessiert. Es ist meistens sehr weit weg, wenn nicht gar konträr zum Welterleben der Schüler. Einerseits. Ich empfinde mich dann als Botschafterin einer anderen Welt, und darin liegt auch eine Legitimation zu unterrichten. Ich beanspruche ja auch ihr Potenzial, ihre Begabung und ihre

Zeit – die so viel endlicher ist, als sie jetzt selbst noch annehmen.

Sieben Kinder mit Pullovern, die annähernd die Farben der Rechtecke und Quadrate haben, rufe ich nach vorne an die Tafel und stelle sie in einer bestimmten Ordnung auf. Dann behaupte ich, es sei das Gleiche: Teile, Bewegung, eine Ordnung. Sie reagieren mit Geschrei, Protest, Gelächter. Die vor der Tafel biegen sich vor Peinlichkeit. Auf dem Bild ist ein blöder Farbklecks, vor der Tafel die blöde Fatma, sagt ein dicker Junge, dessen Namen ich noch nicht weiß. Fatma schreit auf, nimmt den Schwamm und wirft ihn nach dem Jungen. Beeindruckend. Sie trifft aber nicht den mit der großen Klappe, sondern den stillen Emre, der sitzen geblieben ist; er hat gerade in seiner Tasche am Boden rumgekramt. Letztes Schuljahr hat er auch dauernd in seiner Tasche gekramt, war ständig unter dem Tisch, tauchte ab. Ich bitte um Ruhe. Worauf wollte ich eigentlich hinaus? Auf Bewegung und Ordnung, gerade noch kann ich mich entsinnen. – Diese Hure stößt dauernd absichtlich gegen meinen Stuhl. Jaaa, du Opfer, wer hat denn angefangen?! Da sind Rechtecke. Sie fliegen wild herum. Stimmt, irgendwie beschleunigt. A boo, jetzt seh ichs auch. Du sagst was über das Bild, auf dem nichts drauf ist und die anderen können es auch sehen. Jetzt können wir also das Nichts sehen. Die stößt mich dauernd, Frau, Frau ... Wieheißensienochmal, darf ich ma raus? Ich muss mal. Die an der Tafel wollen sich wieder hinsetzen, den Mädchen vor allem ist es furchtbar, dass sie so ganz und gar sichtbar vor der Klasse stehen. Selber Schwuchtl. Sofort aufhören! Der Schwamm fliegt wieder durch die Luft. Ja, setzt euch nur, ja. Ich mach gleich die, darf ich jetzt? Bitte!! Heul doch, Mann! Hallo, ich kann nicht mehr kneifen, können Sie nicht so gut hören? A Booh, Özgür, das ist unsere Lehrerin! Ja und?! Ich winke ihn hinaus, einer, den ich schon fast vergessen hatte, kommt zurück, nach 18 Minuten Austreten. Eintrag ins Klassenbuch. Ich bemühe mich um Haltung. Das Buch ist schon ziemlich voll, wir haben Freitag, sechste und siebte Stunde. Ich sehe diese Klasse zum ersten Mal und empfinde sie als Nervengift, in meinen Ohren saust es. Die Schüler sind unfassbar laut. Ich sehe mir das Treiben eine Weile an, keiner scheint sich daran zu stören, dass ein Lehrer anwesend ist. Sie sind vollkommen mit sich beschäftigt. Die Stunde dauert jetzt noch 40 Minuten. Zu früh, um in irgendeiner vertretbaren Weise aufzugeben. Ich entdecke herumliegendes Werkzeug, nehme Hammer und Nägel und schnappe mir den nassen Schwamm, der immer wieder durch den gesamten Raum fliegt. Zum ersten Mal ein anerkennender Blick, Glück gehabt, fangen ist sonst nicht meine Stärke. Dann nagle ich den nassen Schwamm an die Wand, dass der Putz fliegt. Ich schwitze, will nur noch hämmern, der Nagel verbiegt sich, Putzstücke rieseln, die schöne gelbe Wand. Stille herrscht jetzt in der Klasse, eine kurze, wunderbare Stille. Ein leises aufkommendes Kichern wird von zischenden Lauten der Mitschüler unterbunden. Wahrscheinlich sehe ich zum Fürchten aus.

Sie ahnen was folgt – ein gutes Gespräch über das Bild. Über Bewegungen, die genau sein müssen und genau richtig, sonst sieht es nicht gut aus. Und wir wollen doch gut aussehen! Es muss sich etwas bewegen und es muss etwas ruhig sein. Alles zusammen soll schweben. Keiner hat Probleme, das zu verstehen. Hingebungsvoll schieben die Schüler abstrakte Formen über ihr Blatt, prüfen, verändern, nehmen weg und fügen hinzu, die Jungen oft mit großen Bewegungen, sie fegen alles von der Bildfläche, dann fangen sie neu an; die Mädchen probieren kleine feine Verschiebungen aus. Je weniger Aufmerksamkeit ich ihren Bemühungen schenke, desto unbedingter wollen sie wissen, ob es jetzt gut sei. Ob es gut sei, fragen sie, nicht »Reicht das so?«. Ob sie auch über die Situation in der Klasse sprechen wollen, frage ich. Ach, heute vielleicht nicht. Es ist Freitagnachmittag, 16.05 Uhr. Ich bin nicht die Einzige, die abgekämpft ist. Mit heißen Ohren, kalten Füßen und hängendem Magen mache ich mich auf den Heimweg. Ich bin mir darüber im Klaren, dass ich nicht in jeder Stunde, auch nicht in jeder dritten oder einmal im Monat Löcher in den Putz hauen, Schwämme an die Wand nageln oder Gitarren auf dem Boden des Kunstraums zerschmettern kann.

Es hat lange gedauert, zu lange, bis ich darauf kam, dass das gemeinsame Improvisieren Lehrinhalt und -methode sein kann. Mittlerweile weiß ich, ich liebe die Improvisation, sie ist für mich Herausforderung, Spiel, Verführung, und damit die Grundlage einer Unterrichtsstunde und von Vermittlung überhaupt. Sie setzt einen Reiz und sie entsteht aus Reizen. Sie ist das, was mich an diesen Job bindet, das »trotz allem« und das »da geht noch was«; das, was macht, dass man immer wieder die Tasche packt und loszieht. Auf zum Hermannplatz, diesem wilden Territorium, in den nächsten, unberechenbaren Tag. Improvisation ist das, was man in diesem einzigartigen, heillosen Studium der Freien Kunst, in dem man angeblich nichts lernt, zu beherrschen lernt. Improvisieren – im Großen und im Kleinen, neue Wendungen geben, Überraschungen einbauen, überrumpeln, auftrumpfen, bluffen! Die Anlässe sind zahllos, es kann eine Bemerkung sein, die besondere Farbe eines neuen Pullovers oder eine Veränderung der sich stets ein wenig in Bewegung befindenden Sitzordnung. Es kann sein, dass ein Schüler ruft, bitte Frau Rogg, heute auf bayrisch, und ich sage, in Ordnung, dann aber alle, oder es kann der in die Wand geschlagene Nagel sein, als letzter Notnagel einer entgleisenden Situation. Ein Tuch, das Augenbinde wird. Ein Schimpfwort, das den ersten Eintrag in ein Lexikon der Lieblings-Schimpfwörter ergibt. Improvisation, die sich integriert, sich ergibt aus dem Inhalt der Stunde, die vielleicht – und immer mehr! – zum eigentlichen Inhalt der Stunde wird. Wenn das gelingt, ist es eine gute Stunde. Und eine gute Stunde ist Glück. Sie macht, dass man hinausgeht und lächelt, den ganzen Tag lang. Vorübergehend, aber immerhin, so kann der Lehrerberuf auch sein. Nur wehe dir Lehrer, du wirst dir zu sicher und willst einen Erfolg ein zweites Mal abräumen. Kläglich wirst du scheitern und schal wird die Reaktion sein. Wenn die Verführung nicht aus dem Moment entsteht, nicht genau der Situation, die von allen geschaffen wurde, entspricht, werden die Schüler dir misstrauen. Improvisation lässt sich nicht durch Kalkül ersetzen.

Zwei

Wie einem die tote Ratte den neuen Lehrer erklärt

Das Schuljahr 2004/05 beginnt mit einer enormen, flach und fahl gewordenen, struppigen, stinkigen und vor allem toten Ratte im Hof. Sie liegt im hinteren Hof, in dem, den man nimmt, um vom Haupt- ins Nebengebäude zu kommen. Mittendrin, brettelbreit und als hätte sie sich zum Verrecken extra so hingelegt, trägt das Tier kein bisschen zufriedenes Leben mehr in sich und ist auch als Aas nicht mehr frisch. Der sogenannte kleine Hof, ein von drei Schul- und einer Friedhofsmauer begrenztes Loch, bietet rattenfreundliche Umgebung. Vom Schuljahresturnus unabhängige Kräfte wie Wind und Getier überzogen seine Fläche mit einer losen Schicht aus Papiertaschentüchern, Alufolien, Styroporbechern und alten Pausenbroten; Verwehungen aus vier überfüllten Abfallkörben, die seit Wochen nicht geleert worden sind. Für Ratten ein Wohlfühlort.

Ich aber war Lehrerin hier, gerade dabei, mich wieder an meine Lehrerinnen-Identität zu gewöhnen. Ich streife sie Jahr für Jahr zu Beginn der Sommerferien in Windeseile ab und schlüpfe in mein freiberufliches Ich. An ihm hänge ich mit zärtlicher Melancholie. Ich pflege und verhätschle es, wir haben Rituale. Pünktlich kehre ich, ebenfalls im Jahresrhythmus, zur Teilaufgabe »Unterrichten« zurück, deren Wert und Wichtigkeit ich desto höher schätze, je schwieriger es mit den Schülern wird. Diese Schüler sind meine Schüler, ich habe mich für sie entschieden. Sie wissen noch nicht, wie sehr sie mich brauchen.

Ich sehe die Ratte und denke an das Lehrerkind, das ich mal war. Vor der schlimmsten aller Fragen, »Was willst du denn mal werden?«, bin ich immer weggerannt. Woher sollte ich das denn wissen? Mal wollte ich Dichterin werden und mal Schmied, mal Detektivin und mal Nonne. Dies Wünschen und Sehnen war heilig, es den Erwachsenen zu erzählen, wäre mir wie ein Verrat erschienen. Verrat an der

Größe dieser Berufe und ein Verrat an meiner Zukunft, die natürlich auch groß war. Es gab nur einen Beruf, dem dieser Nimbus des Unbekannten fehlte, ihm fehlte die Fremdheit einer wahren und weiten Lebenswelt: Lehrerin, so viel stand fest, Lehrerin würde ich nicht werden.

Ich bin es geworden. Spät, widerständig, hadernd. Dass es mich froh macht, passiert gar nicht so selten, und es erstaunt mich. Im siebten Berufsjahr habe ich immer noch das Gefühl, vorübergehend Lehrerin zu sein, und in dieser Eigenschaft ist es in Ordnung. Diese Arbeit über Jahrzehnte zu machen, ist mir hingegen undenkbar. Vielleicht so undenkbar, wie der Beruf als solcher es lange war, vielleicht nachhaltiger. Es mag damit zu tun haben, dass mir eine unbegrenzte Bindung an etwas oder jemanden grundsätzlich erdrückend und fast unmöglich erscheint; das Bewusstsein, sich jeden Tag für oder gegen etwas entscheiden zu können, trägt mich durch die Jahre. Es mag aber auch damit zu tun haben, dass die Arbeit herausfordernd und kreativ gestaltbar sein und bleiben muss. Sie muss veränderbar bleiben. Ich stehe und sehe mir die Ratte genau an. Ist es denkbar, frage ich mich, dass die manifeste Entkoppelung von Schule und Welt, von Schule und Leben aufgehoben würde? Wäre ich Senatorin oder Ministerin, würde ich ein Experiment vorschlagen. Ich würde vorschlagen, dass ab morgen keiner mehr *nur* Lehrer sei. Ein Fachlehrer – vielleicht gilt das erst mal nur für das Gymnasium – müsste dann immer professionell aktiv bleiben, sonst dürfte er nicht unterrichten. Deutschlehrer würden wieder zu Germanisten, sie unterrichteten ein Dutzend Stunden und arbeiteten ansonsten als Lektoren, Autoren oder Dramaturgen; die Schüler würden nicht nur in Schulen, sondern in Verlagen und Theatern unterrichtet; Physiker und Ingenieure kämen an zwei oder drei Tagen an die Schule, vielleicht kämen die Schüler auch zu ihnen; der Lateinlehrer wäre auch Linguist oder Herausgeber von Grammatiken, der Musiklehrer ein Musiker und so weiter. Es herrscht die Meinung, wir verstünden zu wenig vom Fachinhalt, um außerhalb der Institution »Schule« überleben zu können. Das siedelt uns auf der Ebene des Amateurs an. Wären wir tätig in der Arbeitswelt, für die wir vorbereiten, wären wir glaubwürdiger. Wir wären nicht nur anders, wir wären andere.

Es ist August 2004, es ist der letzte Freitag vor Beginn des neuen Schuljahres und wie an jedem letzten Freitag in den Sommerferien findet eine Vorkonferenz statt. Ungeduldig komme ich an, ich will vor allem in den Kunsträumen oben im dritten Stock nach dem Rechten sehen. Will die Luft da oben riechen, die ich ab Montag wieder atmen würde. Seit ich angekommen bin, ist mir nicht wohl. Es wird an der langen Zeit in den Bergen und Nadjas Abwesenheit liegen, denke ich, aber war die Stimmung nicht schon beim Reinkommen und Hallo sagen irgendwie komisch gewesen? Ich weiß überhaupt nicht, wohin mit mir, nicht, neben wen ich mich setzen soll. Die meisten Plätze sind mit Rucksäcken reserviert. Wieso haben die ihre dicken Rucksäcke dabei, frage ich mich, und ich nur ein gefaltetes DIN-A4-Papier und einen Kuli in einer sehr kleinen Handtasche? Hab ich was verpasst? Orientierungslos drehe ich mich um, da steht, Moment mal, sie ist es tatsächlich, Frau Sefferding! Frau Sefferding aus Hellersdorf, unverkennbar! Frau Sefferding steht wie eine Generalin in der Tür und wirkt doch ganz verloren. Scheint fast zu verschwinden hinter den wilden Applikationen auf ihrem Pullover, heute sind es Dschungelmotive; ihr kurzes Haar ist noch hellroter geworden, ihr spitzes Gesicht unverändert von feiner Blässe. Ruhig und ein wenig misstrauisch schauen die Augen hinter der randlosen Brille. Fast freu ich mich, sie zu sehen, denke, Mensch, die hier, sage, Hallo Frau Sefferding, was sie nicht hört, und lande, weil ich zur Tür geschaut habe, stolpernd auf Frau Gänsekens Schoß. Die Spanisch-Gänseken hat so ein wildes Schielen, das wollte ich mal fotografieren, das kann man gar nicht deuten. Jetzt macht es mir irgendwie Angst. Sie lacht kein bisschen über die alberne Situation, für die ich mich mehrfach entschuldige. Weg, nur weg! Das Wichtigste ist, jetzt einen sicheren aber nicht kränkenden Abstand zum Kollegen Pudscholl zu finden. Ich finde irgendwo auf den hinteren Plätzen in der Polstermöbelabteilung einen Platz. Das ist das Herrschaftsgebiet der Physiklehrer. Ein bisschen Museumswärter, ein bisschen Muppetshow, so sitzen die beiden verlässlich missgelaunten Physiker mit verschränkten Armen über gerundeten Bäuchen in den Tiefen des moosgrünen Sofas an der Stirnwand und motzen. Mit ihren Bemerkungen können sie einem den letzten Glauben austreiben. Ihr Widerwille gegen Schüler wie Kollegen und wahrscheinlich auch gegen sich selbst wird nur noch vom Widerwillen gegen jede Art von Veränderung übertroffen. Keiner sieht den anderen an. Die Konferenz beginnt. Iffl und Pflumm, der pädagogische Koordinator, bringen es hinter sich; Neuigkeiten gibt es kaum, außer irgendwelchen Berechnungen. Dabei ist doch eigentlich alles neu. Immerhin ist der Direktor weg. Ein theokratisch regierender Oberhäuptling ist weg, dafür ist Herr Gipp jetzt der Chef. Herr Iffl ist so etwas wie des Kaisers neue Kleider als Direktor und Pflumm, korrekt und zurückhaltend wie immer, sein Adjutant. Zwischen Bewunderung und Verachtung hin und her gerissen, bestaunte ich Pflumms tadellose Haltung. Jeder konnte und musste zu diesem Zeitpunkt längst wissen, dass Iffl nichts mehr bringen würde, er war ein Wrack. Weil Mueck noch so viel vom Leben und von Amerika wollte, hatte Iffl es jetzt, kurz vor seiner Frühpensionierung, noch zum kommissarischen Rektor gebracht. Er war sich das vielleicht schuldig geblieben nach Jahrzehnten im Mueck'schen Schatten. Nach Jahrzehnten des duldsamen Zuhörens, war Iffl einfach halb taub geworden. Und jetzt hatte er ihn überlebt. Der Schatten des Chefs, der seinen Lebensabend wahrscheinlich in einem Reisemobil in Amerika verbrachte, war kurz geworden in den wenigen Wochen seit seinem überraschend stillen Verschwinden und – es war ja auch nur ein Schatten. Wohingegen er, Iffl – ein »gemütvoller Mensch«, der eigenen Aussage nach –, immer noch da war. An erster Stelle würde er jetzt stehen, schwerhörig, krankhaft übergewichtig und verwahrlost wie er war. Er hat etwas Monströses. Pflumm als Kontrastmittel macht das noch deutlicher, an ihm ist alles zivilisiert, vom Schnitt des schmalen Jacketts bis zur Temperiertheit seiner nie zu laut werdenden Stimme.

Herr Iffl war wirklich in jeder Hinsicht ungeeignet für die Integration in ein empfindliches soziales System, wie es eine Problemschule, oder Schule an sich, darstellt. Auch als Lehrer kaum tragbar, würde er, einer der wenigen Fachlehrer für Mathematik und Physik, weiterhin aufgrund seiner schlechten gesundheitlichen Verfassung wochenlang ausfallen und der Matheunterricht ersatzlos gestrichen werden. Die Schüler sind sich über Herrn Iffls Schwerhörigkeit im Klaren und werden in der Zeit, die jetzt anbrechen wird, weder disziplinarische Vorgaben akzeptieren, noch werden sie Antworten auf Verständnisfragen – mathematischer wie disziplinarischer Art – bekommen. Die Autorität der Schulleitung wird innerhalb der nächsten Monate in den Augen der Schüler ins Bodenlose sinken – sie werden wissen, dass von dieser Schulleitung nichts zu befürchten und nichts zu erwarten ist. Auch für Verhandlungen und Konferenzen wird die Situation immer schwieriger und absurder werden. Wir schreien uns jetzt schon an und werden trotzdem falsch verstanden. Herr Iffl trägt kein Hörgerät und wird bis zuletzt keines tragen. Bis sich das Problem Iffl in etwa acht Monaten durch seine dahinschwindende Gesundheit erledigt haben wird, werden noch die letzten Reste einer ehemals bestehenden Ordnung, früherer Regeln oder eines moralischen Kodex dahingeschwunden sein. Wenn Herr Iffl geht, wird er Chaos und Regellosigkeit hinterlassen.

Die Ratte hatte mich sehr erschreckt. Ich finde sie und renne los, gegen Hörnchen. Ohne an der offenen Tür zu klopfen, rumple ich ins Direktorat. Im Hof liegt eine tote Ratte, schreie ich, sie liegt zwischen Bergen von Abfall und Dreck. Wo ist der Hausmeister? Wieso finde ich dieses Vieh? Was tun Sie eigentlich? Iffl und Pflumm brauchen einen Moment, dann drehen sie sich um und sehen mich stumm an. Hier, auf 40 Quadratmeter Büro mit Rundumvertäfelung, lassen sich Jahre, ja wahrscheinlich Jahrzehnte soziologischer Umstrukturierung, das Kommen und Gehen verschiedenster Plagen leicht übersehen. Ich muss mal Luft holen. Ob der Hausmeister eigentlich mal gesehen worden sei, frage ich noch mal, diesmal schaffe ich eine fast normale Lautstärke. Wir werden uns darum kümmern, sagt Herr Iffl und sinkt wieder in den Schreibtischsessel, und zwar so, dass er sich um sich selbst und von mir wegdreht. Nächstes Mal, sage ich und zwar sehr leise jetzt zu seinem Rücken, nächstes Mal rufe ich das Gesundheitsamt direkt an. Ohne vorher hier Bescheid zu sagen.

So macht man sich natürlich keine Freunde. Aber mein Abprallen an dieser holzvertäfelten Ignoranz, die einfach nicht sagen kann: Ja, wir haben hier einen versoffenen Hausmeister, der seinen Job nicht macht. Ja, wir haben hier niemanden, der sich wirklich um das Haus kümmert, dafür jede Menge Chaos und Dreck und überhaupt einen riesigen Haufen von wirklichen Problemen! Die Ignoranz macht krank.

Ich ging nach oben in den großen Kunstraum, lüftete den in der Sonne tanzenden Staub hinaus in die Berliner Luft, die blaue, fegte Fliegenleichen von den Fensterbrettern, ließ Rostwasser laufen bis ein klarer kalter Strahl aus dem Hahn floss und verließ die Schule durch eine andere Tür. Ein bisschen angeschlagen, ein bisschen wie verkatert ging ich in den blauen Tag hinein; noch blieb mir ein Wochenende. Ich dachte an die schönen Sachen, denen ich dieses letzte Wochenende in Freiheit jetzt widmen würde.

Am Montag geht es los. Das Tier ist weg, die Mülleimer geleert. Nur hier und da treiben leer getrunkene Tetrapacks vom Wind gesteuert über die von Taubenkot bekleckerten Bodenplatten. Dieser Hof ist und bleibt ein trostloser Ort. Alles aufreißen und einen Garten anlegen, denke ich, aber was würde hier eigentlich wachsen? Schattig, windig und klamm liegt er hinter den Hinterausgängen von Haupt- und Nebengebäude; hinten raus und hinten rein, das ist der Weg über den kleinen Hof. Das Moosige, »Muchtige« und Klamme setzt sich im Treppenhaus fort. Es riecht nach der Toilette im Keller, die diesen Sommer durch die heftigen Regenfälle unter Wasser gestanden hat und natürlich nicht abgepumpt worden war. Im jetzigen Schuljahr sollte sie nicht mehr genutzt werden, hieß es auf der Konferenz. Man hätte sie aber vielleicht mal reinigen und auslüften lassen können, bevor man sie stilllegt, dachte ich noch. Dann merkte ich, dass sie gar nicht abgeschlossen wurde. Es passierte einfach gar nichts, man vertraute offenbar auf die Schärfe des Geruchs und den menschlichen Ekel. Es bildete sich eine ewige Pfütze aus dem Wasser, das bei Regen unter der Tür rein – und nicht mehr abläuft und anderen Flüssigkeiten, deren genaue Herkunft man gar nicht wissen möchte. Meine Befürchtungen, durch diese ständige kleine Havarie könne es zu einer Rattenplage kommen, erwiesen sich zwar als unbegründet, aber es nisteten sich andere unerwünschte Gäste an den Ufern dieser Pfütze vor den Toiletten ein. Es war im März nachdem die größte Kälte und damit eine relativ geruchsneutrale Zeit zu Ende war, dass ich durchweichte Kartonagen, gefüllte Aschenbecher und menschlichen Kot in den Ecken des Treppenhauses fand. Ein paar Obdachlose haben sich in diesem scheußlichen Eck ein Lager eingerichtet und blieben hier ungestört, nachdem auch die letzten heimlichen Raucher andere Rauchverstecke gefunden hatten. Nicht einmal frischer Rauch konnte den beißenden Geruch nach Urin und feuchtem Gemäuer überdecken.

Kräfte der Natur

Während die Kräfte der Natur, die in Neukölln vor allem die der Verwahrlosung sind, sich Raum und Geltung verschafften, begann ein neues Schuljahr. Es wurde mein zweites Jahr an der ASO. Es wurde das Jahr der Selbstverwaltung, das Jahr der Renovierung, des Abschieds von den Großen und der Ankunft der Kleinen. Es ist das Jahr neuer Bekanntschaften und der Fortbildung erster Teil, und es wird das Jahr des ersten Fluchtversuches sein.

Nadja war weg, Ibrahim und mit ihm die gesamte Elf waren weg, und so bekam ich kaum mehr Besuch nach Unterrichtsende. Weg war auch Frau Jones. Ich hörte munkeln, sie sei an eine Hauptschule im Bezirk versetzt worden – strafversetzt?, fragte ich Pflumm, der nur eine Augenbraue hochzog. Ob ihr Sohn nun wirklich im Shaolin-Kloster sei, das hätte ich sie schon gern noch gefragt, habe sie aber nicht wiedergesehen. Pudscholl und ich waren die Letzten in unserem Turm, der so gar nichts Elfenbeinernes hatte. Es war ein bisschen, als hätte eine Katastrophe alle anderen weggeschwemmt, nur wir wären verschont geblieben, weil wir uns zufällig zum fraglichen Zeitpunkt an einem anderen Ort aufgehalten hätten. Jetzt aber hatte sich alles beruhigt und wir hatten klarzukommen auf diesem anscheinend verloren gegebenen Posten. Pudscholl war immer da, obwohl er nur zehn Stunden zu unterrichten hatte, er schlich im Parterre herum, der Gestank hielt ihn nicht ab. Er hatte über den Sommer noch einmal dramatisch an Gewicht verloren, und ich staunte, woher er die Kraft für den Unterricht nahm. Unentwegt trug er Sachen von A nach B und von B nach C, offenbar versuchte er, Ordnung zu schaffen. Dabei schichtete er nur sein eigenes System um, Platz wurde dadurch nicht frei, eine verstehbare Ordnung nicht deutlich. Allein die Pudscholl'sche Präsenz versetzte mich in Daueralarm. Einerseits war ich in Sorge um ihn und zwar derart, dass ich das Gefühl hatte, er könne jeden Moment zusammenklappen und womöglich in der Schule sterben. Andererseits konnte man nicht wirklich etwas mit ihm machen. Ich versuchte, mit ihm aufzuräumen; er sagte mir bei jedem Handgriff, was ich nicht anzurühren habe. Ich versuchte, mit ihm zu sprechen; er antwortete nicht, hörte nicht zu und wurde böse, wenn ich mich, und sei es fragend, in seinen endlosen Monolog einschaltete. Er konnte und wollte nichts und niemanden außerhalb seines panischen Egos wahrnehmen, war auf seiner eigenen Umlaufbahn. Er sprach wie eine Schallplatte, von der man von Zeit zu Zeit vorsichtig den Tonarm zu nehmen versucht, dabei aber nur hässliche Kratzer hinterlässt. Ich weiß nicht, welcher Art das Trauma war, das ihn derart gefangen hielt, und bis heute ist mir unerklärlich, wie dieser Mann, der so sanft wirkte und so beharrlich und stur war, in diesem Zustand der Befangenheit noch Klassen unterrichten konnte. Es entstanden immer noch wunderschöne Arbeiten bei ihm. Ich sorgte mich, er dauerte mich, und gleichzeitig fing ich an, mich vor ihm in Acht zu nehmen und sein unerwartetes Auftauchen in den dunklen Fluren zu fürchten. Dieses lautlose Um-die-Ecken-Biegen in Camouflage – nach wie vor trug er seine Uniform in ausnahmslosem Schwarz – verfolgte mich bis in meine Träume. Sein Zugriff erfolgte mit einem Schlachtruf: »Uuuursulllaaah!« In diesem Tonfall steckte ein Befehl, ein durch nichts relativierter Anspruch auf Gehorsam und Fügsamkeit. Pudscholl hatte niemanden mehr. Seine Künstlerkollegen hatte er verloren, seine Lehrerkollegen vergrault; sie hatten genug von seiner Arroganz und seinen Kuriositäten. Seine Familie hatte allein aus seiner Mutter bestanden und jetzt war sie tot. Damit hatte Diethardt Pudscholls Talfahrt ja begonnen. Niemanden außer mir also gab es, und so wurde ich Teil dieses einseitigen Zweckbündnisses. Ich wusste und er wusste, dass ich mich nicht trauen würde, nicht zuzuhören. Ich konnte nur darauf achten, dass er mich nicht zu oft erwischte. Bei aller Aufmerksamkeit aber gelang es ihm immer wieder, sich lautlos auf seinen schwarzen Turnschuhen anzupirschen, mich mit seinem herrischen »Uuuursulllaaah« in Schreckensstarre zu versetzen und mich dann mit seinen Geschichten und Geschichtchen, seinen Befürchtungen, Überlegungen, seiner Vergangenheit und ungewissen Zukunft als atelier- und mutterlosem Rentner dermaßen festzunageln, dass sich ein Schultag von sechs locker auf sieben oder mehr Stunden verlängerte. Das geschah mit großer Regelmäßigkeit in diesem dunklen, stinkenden Erdgeschossflur im Nebengebäude der Schule. Besonders gefährdet war ich beim Auf- und Zuschließen der Werkraumtür, sodass ich die Aufgabe, die ich den Neuen aus der Siebten gegeben hatte, nun wirklich verfluchte. Meinen Grundsatz aus dem ersten Jahr, niemals an das Pudscholl'sche Chaos zu rühren, hatte ich insofern gebrochen, als ich doch angefangen hatte, nach bestimmten Werkzeugen zu forschen. Ein paar davon sammelte ich in Ikea-Kästen und trug sie, gut sortiert und durchgezählt zwischen den Kunsträumen im dritten Stock und dem Werkraum im Erdgeschoss hin und her. Diese Schlepperei tat ich mir an, weil Pudscholl darauf bestand, ständigen Zugriff auf alle Werkzeuge, und zwar das gesamte Set zu haben. Ich schleppte und trotzdem sah er es nicht gern. Ich, päpstlicher als der Papst im sorgenvollen Umgang mit den vollkommen heruntergewirtschafteten Feilen und Raspeln, musste jetzt durchhalten, denn die Mädchen und Jungs schliffen und feilten und beizten und polierten so leidenschaftlich an den Holzstücken, dass ich das unmöglich abbrechen konnte. Sie sollten ihnen als Fetische gegen böse Schulgeister helfen. Eigentlich brauchte ich ein Schutzamulett gegen den aus dem Dunklen kommenden »Uuuursulllaaah«-Bann. Diethardt Pudscholl war Teil eines Problems geworden, das viel größer war: Ich hatte einfach keine Zeit mehr. Mir fehlten Zeit und Kraft für Dinge jenseits der Schule. Wie konnte das eigentlich bei einer 16-Stunden-Stelle passieren?

Two years after

Es war Weihnachten und weihnachtsgemäß von allem zu viel, zu viel Essen, zu viel Trinken und viele Besuche mit Gesprächen über zu viel Verschiedenes. Draußen war es lausig kalt. Ich ging Radfahren. Als es zu kalt wurde, besuchte ich die Ausstellung des Filmemachers Heinz Emigholz im Hamburger Bahnhof.

Kaum hatte ich sie betreten, wusste ich, dass es ein Fehler war. Ich kehrte nicht um, entschied mich für die unzähligen Arbeitstagebücher von Emigholz. Seine Büchlein sind über und über vollgeschrieben, Leerstellen gibt es keine, sie sind Format füllend vollgeschrieben mit einer gleichmäßigen kleinen Schrift und beklebt mit Bildern aus Illustrierten und Tageszeitungen. Seit 23 Jahren produziert Herr Emigholz jährlich fast ein Dutzend dieser Bücher und seit 23 Jahren sehen sie gleich aus. Auch die Schrift ist die gleiche geblieben, Durchgestrichenes habe ich nicht gesehen. Bei mir wäre dauernd was durchgestrichen, denke ich, und versuche mir unauffällig ein Nasentröpfel abzuwischen. Das Nasentröpfel wäre nämlich auf die Glasvitrine getropft, in dem die Büchlein stehen. Es sind so viele, dass sie nicht ausliegen, sondern dicht an dicht stehen – wie kleine Modellhochhäuser mit kuchenstückförmigen Grundrissen stehen die Bücher in den Glasvitrinen, ganze Wälder und Hochhausviertel voller Arbeitstagebücher, ohne dass man sähe, was drinsteht. Wollte man überhaupt etwas sehen, so musste man sich bei nach vorn geklapptem Oberkörper weit recken und – vorsichtig die Balance haltend – den Kopf schräg legen, um sich in die spitzwinklig aufgeschlagenen Seiten quasi hineinzuzoomen; eine Präsentationsidee, die uns Besuchern die Entscheidung abnötigte, uns durch ein schlimmes Engagement im Kopfverrenken der Lächerlichkeit preiszugeben, oder halt nichts zu sehen. Ich entschied mich für die Verrenkung und wurde prompt belohnt: Das Büchlein mit dem Besteckfoto sprach zu mir: »Ich grüße dich.« Ich hielt das Gleichgewicht, fasste an meine feuchte Nase und erinnerte mich an das Timbre dieses langen Üs – zuletzt gehört im Neuköllner Sommer 2005.

Das überrascht-erfreute Lächeln, das ich aufsetzte, wirkte hoffentlich nicht zu gutmütig. Dr. Diethardt Pudscholl, ganz in Schwarz, bis auf sein blasses Haupt und den metallischen Glanz von Bildklemmen und Schlüsseln an seiner praktischen Beuys-Weste, ließ das gefürchtete »Uuursullla« in den tiefsten Tiefen seiner hageren Brust und kam gleich zur Sache: Sich.

Beuys, Cage und Dr. Pudscholl – das war das Triumvirat des 20. Jahrhunderts, dessen vollständige Anerkennung die Welt noch vor sich hatte. Deshalb hatte der Doktor in seiner gesamten beruflichen Laufbahn nicht mehr als acht bis zehn Unterrichtsstunden auf sich genommen, er wollte Zeit und Kraft für seine Kunst sparen. Den Doktor in Kunstgeschichte hatte er gemacht, bevor er in sich die Berufung als Gestalter öffentlicher Plätze zu erkennen glaubte. Von seinen zahllosen Entwürfen wurde ein einziger je umgesetzt: Der Vorplatz der Schule. Den baute er zusammen mit den Schülern. »Da konnte man so was noch machen«, schwärmte er manchmal. Sie pflasterten den Platz und errichteten die Friedenssäule, stellten die Bänke auf und übernachteten sogar auf der Baustelle – damals, als die Schüler noch ganz anders und Dr. Pudscholl noch er selbst war.

Im zweiten gemeinsamen Schuljahr teilte er dann mit, dass er in Frühpension gehen werde. Bei seinem Stundenmaß bedeutete das, mit ein paar hundert Euro auskommen zu müssen. Er musste sein Atelier aufgeben und in eine kleinere Wohnung ziehen. Die Trennung von vielen Dingen – vollendeten und unvollendeten Werken, von Material- und sonstigen Beständen – kostete ihn seine letzten Reserven an Kraft und Körpergewicht. Zur Trennung von allem, was ihm viel bedeutete – von seiner Mutter, einem Teil seines Werks und von seinem Atelier – kam jetzt noch der Abschied von seiner Berufstätigkeit als Kunstlehrer. Wie ein Irrläufer bewegte er sich durch die Räume im Bemühen, Struktur und Ordnung zu schaffen, und verdichtete doch nur immer ein Chaos, das er in etwa drei Jahrzehnten geschaffen hatte. Die Werkräume waren ihm Unterrichtsraum, Lager und persönliches Atelier. Manchmal hat er mir nahegelegt, es genauso zu machen. Meine Verweigerung dieser Art von Nachfolge machte ihn anhaltend misstrauisch mir gegenüber – was seine Gesprächigkeit nicht einschränkte. In den oberen Räumen hatte Pudscholl seinem uferlosen Besitz strenge Konturen gegeben: bevor er durch Krankheit für mehrere Monate ausgefallen war, hatte er seine wichtigsten Dinge in vier Türme gepackt. Die Lagertürme waren etwa zwei mal einen Meter groß und zweieinhalb Meter hoch. Pudscholl hatte sie mit einem altrosafarbenen Stoff straff umwickelt und diesen derart am Gestell festgetackert, dass der Zugriff oder nur ein Blick auf diese Dinge unmöglich war, außer man riss den Stoff kaputt. Diethardt hatte sein eigenes künstlerisches Tun nicht von der Arbeit in der Schule getrennt, jedenfalls nicht räumlich – aber auch nicht in der Wertschätzung. Alles, was er tat, tat er mit inbrünstigem Ernst. Den beeindruckenden Doktor und Lebenskünstler hatte die Mutter mit ins Grab genommen, es blieb ein Faktotum, vom eigenen Sammelwahn regiert. So lernte ich ihn kennen. Wir hatten noch zwei Jahre nebeneinander, und ich muss sagen, bei aller Wunderlichkeit – er hatte Größe.

»Diethardt«, schnurre ich, »wie geht's?«

»Bestens«, antwortet er. Er sieht aus wie ein Skelett.

»In meinem letzten Schuljahr war ich ja sehr krank« – Pause. War der Blick zu mir vorwurfsvoll? – »aber jetzt ist alles gut. Ich habe einfach sehr wenig Zeit.«

»Warum denn?«, frage ich wunschgemäß.

»Inzwischen arbeite ich für Herrn von Gerkan. Was? Den Bahnhof, ach, den Bahnhof haben wir längst abgeschrieben, jetzt geht es um andere Projekte – Boden, Wandgestaltung und so für den neuen Flughafen. Zwölf Millionen Kunst-am-Bau-Etat, da wird ein Prozent für mich wohl drin sein.« Er stockt, schaut mich an und atmet tief aus, dann, mit sichtbarer Erregung: »Weißt du, ich HASSE diese Schule.«

»Ich bin inzwischen auch woanders«, sage ich. Wieso so ungewohnt heftig? Er wirkt nicht, als würde er mir etwas erzählen wollen.

»Ich hab's gehört«, sagt er und wackelt mit dem Kopf: »Du hast nichts gewusst ...«

Ist das eine Frage? Eine Aussage? Ich zucke die Schultern.

»Man hätte mich WENIGSTENS anrufen können«, dröhnt er jetzt, dann, viel leiser, »auch wenn ich kaum erreichbar bin.« Er sieht mich forschend an, »Wenigstens das. Das war diese ... STELLVERTRETERIN!«

Vermutlich meint er die Konrektorin. Sie kam zu einem Zeitpunkt an die Schule, als Pudscholl bereits zweieinhalb Jahre pensioniert war; aus diesem Grund hat sie ihn nie kennengelernt.

»Ich weiß von nichts, Diethardt, was ist passiert?«

»160 mal 220. Das ganze zwölf Mal. Ein Zyklus, es ging um den elften September.«

Der elfte September, Heiderbibsch, hätt' ich's mir doch denken können, drunter macht's der Doktor nicht.

»Einfach entsorgt«, er schnappt nach Luft, Entsetzen im Blick. Dann sagt er, mir mit offenem Abscheu ins Gesicht blickend, als sei ich die STELLVERTRETERIN, »natürlich hätte ich die Sachen mal abholen lassen können. Aber so ohne alles, ohne EINEN HINWEIS. Sie haben den gesamten Keller räumen lassen und unterschiedslos alles weggeschmissen. Aber gut«, er strafft sich fast militärisch, »ich muss weiter. Hab viel zu tun.« Merkwürdig steif und wackelig stolziert er davon.

Auch nach fortgesetzter Reduktion von Körpergewicht sieht Dr. Diethardt Pudscholl noch aus wie Dr. Pudscholl; sogar von hinten. Der fedrig zerzauste Hinterkopf in leuchtendem Weiß, aus dem zwei ebenfalls schneeweiße Ohren ragen. Dies labile Gleichgewicht auf denkbar dünnstem Hals. Auf Wiedersehen, Diethardt.

Ich verlasse die Ausstellung. Mir ist kalt und ich fühle mich abgefrühstückt. Wer bin ich? Wer oder was ist aus mir geworden – eine Stellvertreterin?

ICH STEHE ZUR VERFÜGUNG. So etwas muss auf meine Stirn tätowiert sein. Es war schon immer so, dass ich, ohne es wirklich zu wollen in Geschichten, Beichten und Bekenntnisse hineingezogen wurde, in mehr oder weniger spannende persönliche Geschichten über Krankheit, über Unzulänglichkeit und die Ungerechtigkeit des Partners, der Herkunftsfamilie oder und Schulleitung, der Behörden, der menschlichen Wahrnehmung als solche; ich eigne mich als Zuhörerin für Geschichten, für die der Titel »Bekenntnisse« noch schmeichelhaft wäre; eigentlich sind es meistens »Jammer-Arien« – als Fortsetzungsromane. Und so, wie ein ausgedrückter Pickel, auch wenn er kurz wehtut, uns mit grimmiger Befriedigung erfüllt, so drücken sich manche eben bei mir aus. Erstaunlich welche Un-Gelegenheiten da wahrgenommen werden. Die Hemmschwelle, einmal kurz den Rock zu heben oder den Mantel aufzumachen und mit dem geilen Schmerzensblick des Exhibitionisten alle Wunden und Narben und Schwären der eignen geplagten Existenz aufblitzen zu lassen, ist niedrig. Die meisten Geheimnisse trachten nach ausgesprochener Außerordentlichkeit und Verklärung. Die Wunden sollen Stigmata werden. Immer weiter geht es, das Zur-Schau-Stellen stellt bereits wieder die neusten Verletzungen her. Da heilt nix und da vergeht nix, das muss man begreifen, da bist du als Zuhörer nur Erste Hilfe. So rennst du dann rum als Beichtmama und heimliche Mitwisserin, rennst so durch die Schule, rennst so durch die Tage, und wenn du die vom alten Schlag dann wieder triffst, die, denen du ihren Talg und Schlick abgenommen hast, dann schauen sie durch dich hindurch als hättest du eine Nudel am Kinn oder einen Spritzer auf dem Dekolleté.

Zu was bin ich geworden, zu was für einer Stellvertreterin macht ihr einen? Bande von Neurotikern, pädagogische Frontarbeiter, alt geworden seid ihr und tagtäglich verliert ihr euer Gesicht, jahrzehntelang; der Staat bezahlt euch auch dafür, nicht gut aber auch nicht so schlecht. Und was wären denn die Alternativen für einen abgearbeiteten, gealterten Lehrer? Mein Gott, da sind doch keine. Und es muss ja auch wohin. Frischfleisch an der Schule und hört noch hin, da lädt man erst mal schön ab. Da dockt man an, hm, war da nicht auch noch so ein anderer Geruch – vertraut aus tausend Leben vorher? Eine Erinnerung kehrt zurück mit diesem Geruch. Von weit, weit her riecht es, wonach nur? Köstlich und verboten. Es riecht nach Leben, einem Leben draußen! Die Neuigkeit verbreitet sich in Windeseile, da kommen Neue, so zischelt es durch die Gänge der Institution, es wispert und flüstert, eine Neue, sie kommt von Draußen! Wer weiß, was mit ihr kommt? Leben – da fürchten wir uns aber davor! Das stinkt manchmal und läuft außer Kontrolle, man weiß dann gar nichts mehr mit Sicherheit. Systeme können gestört werden. Nein, nein und nochmals nein, das muss man unterbinden, das geht so nicht. Da ist ja Susi, »früher nannte man mich Sonnenscheinchen«-Susi, da steht sie wieder vor mir in ihrem groß geblümten Kleid. Als wir uns kennenlernten, kam sie ganz durcheinander. Vieles fiel ihr wieder ein von früher, plötzlich tat sich eine Erinnerung auf an ein Leben jenseits von Klarsichtfolien und Korrekturschlüsseln. »Ich will jetzt Dinge machen, die mir Freude bereiten, Freude, verstehst du«, sagt sie zu mir, wiederholt es wie ein Mantra – hach, bis sie es entdeckte; maßlos war ihre Enttäuschung, als sich herausstellte, dass das Geburtstagsfest ohne sie gelaufen war. Susi beschloss, dass ich das büßen müsse. Böse Dinge kursierten von da ab im Kollegium über mich, da konnte sich schon die eine oder der andere, der mir auch schon, hoppla, viel zu viel über sich erzählt hatte und sich seinerseits ein paar Gedanken über mein LEBEN gemacht hatte, anschließen. Da war ja was am kursieren, Susi! Und wären nicht die Schüler vor lauter schlimmer Geschichten über mich irgendwann buchstäblich versteift und hätten sie nicht geplaudert, um sich zu erleichtern, so hätte ich, Susi, meinem komischen Gefühl Ihnen gegenüber, Frau Sonnenscheinchen, keinerlei Bedeutung zugemessen.

So geschehen am Gymnasium, einer ehemals so guten Adresse in Nord Neukölln. Und so würde es wieder geschehen, und hin und wieder frage ich mich, wer sich als Nächstes im Netz der älteren Kollegen verheddern wird. Ich weiß, dass ich jederzeit und überall jemanden von ihnen treffen kann, immer wieder unvermittelt in krudeste Geschichten hineingezogen, nein, geschubst werden kann in ihre Geschichten, deren Zusammenhänge ich mir wahrscheinlich immer wieder selbst mühsam konstruieren werde, um überhaupt etwas zu verstehen, und nicht, wie sie, irgendwie mit dem fragmentarischen Schrott eines ungeliebten Lebens einfach nur weiterzumachen und immer komischer und hasserfüllter zu werden; gegen alle, denen es vergönnt ist, es anders zu machen. Ungerecht, schreit es, und du, du bist weg und bist noch nicht ganz kaputt – Verräterin! Nach diesen Begegnungen wird das Neukölln-Gefühl bleiben, das Gefühl, mich einer Generalanklage ohne Verteidiger stellen zu müssen. Und das Gefühl, dass es Wahnsinn wäre, wenn einer mal, nachdem es vorbei ist, und man sich unterwegs irgendwo sieht, zufällig, mal fragen würde: »Und, wie geht's?«

Ein Neuköllner Phänomen
Oder: Affen trommeln an die Tür

Seit ich hier war, war ich immer in, für oder mit der Schule beschäftigt. Das war neu. Wie geht das denn, fragte ich mich. Täglich überlegte ich, was sich verändert habe und wie ich mich wieder umstrukturieren könnte. Wie sollte ich mir erklären, dass ich nach einem Schultag, an dem ich drei oder vier Stunden Unterricht hatte, vollkommen erschossen irgendwann nachmittags nach Hause kam? Auf dem Weg von Neukölln nach Pankow hat man zahlreiche Gelegenheiten als Radfahrer allerlei Aggressionen abzubauen. Zum Beispiel ist das Linksabbiegen auf dem Alex meistens von Rufen, Klingeln und Hakenschlagen begleitet, weil es immer irgendeinen gibt, der Radfahrer nicht sieht; auch das Rodeo auf Pankower Kopfsteinpflaster hat es in sich. Trotzdem war ich nicht leer und neutralisiert wenn ich nach Hause kam, so wie früher. Ich litt immer mehr an einer komischen Verstrickung; der Berliner sagt dazu, er hänge etwas an. Man kann einer Person »anhängen« und, ich denke, auch einer Sache. Abstand zu nehmen, Dinge hinter mir zu lassen, brauchte zunehmend mehr Zeit. Die Schule blieb nicht an der Schule, ich trug sie mit, vielmehr in mir herum, ich war ihr erweitertes Gehäuse geworden. Ich ertappte mich, wie ich auf dem Fahrrad Streitgespräche mit Schülern und Lehrern wiederholte, gedanklich erst, dann auch vor mich hin sprechend nach neuen Antworten suchte, oder eine Ansage vorbereitete. Ich war gefangen; Blicke, Worte und Situationen waren immer schwerer und nur mehr mit aktiver Anstrengung loszuwerden. Und selbst wenn es gelungen war, fiel ich zurück, drehte immer wieder dieselben Kreise. Das berühmte Karussell hatte sich in meinem Kopf installiert, es lief, stur wie eine Spieluhr, und traktierte mich mit tausend Flohwalzern. Dann irgendwann, zwei, drei Stunden später war ich wieder in der Lage, am Schreibtisch zu sitzen, die Vorbereitung auf den nächsten Tag zu machen oder auch ein Telefonat zu führen. Das war der Tag. Drei Stunden Unterricht.

In mir regte sich erst Unmut, dann Widerstand, so einfach würde ich mich nicht einnehmen lassen, redete ich mir zu, das sei noch nie vorgekommen. Weder die Bedürfnisse eines Kleinkindes noch das Referendariat noch die Predigten von besorgten Eltern, Therapeuten und Partnern hatten mir meine künstlerische Arbeit nehmen können. Es war noch keiner Person und keiner Institution gelungen, auch gegen Neukölln würde ich diese Freiheit behaupten. Aber die Nächte in der Dunkelkammer führten nicht zu neuen Bildern, die Eröffnungen und Theaterbesuche, die Gespräche mit den Freunden und alle Vorsätze nicht zu neuen Projekten. Sie machten mich müde und schwächten mich. Ich wurde stiller, fühlte mich allein und allein gelassen. Man benutzte mich, benutzte uns, schob uns vor. Wir wurden eingesetzt von einem lokalen System, das so tat, als wären wir ein bürgerliches Gymnasium. Das System missbrauchte uns, indem es sich der Akzeptanz des Scheiterns, das sich hier Tag für Tag abzeichnete, verschloss.

Gleichzeitig breitete sich an der Schule rasant ein gewaltiges Chaos aus. Nur wenige Wochen nach Schuljahresbeginn fühlte ich mich belastet wie nie vorher. Waren es die nicht zu übersehenden Versäumnisse einer handlungsunfähigen Schulleitung? War es die Abwesenheit von Mitteln und Personal? Waren es die Schüler, deren

Schul-Unlust und Aggressivität sprunghaft gestiegen waren? War es der verkürzte Unterrichtstakt, der die ohnehin schon knappe Zeiteinteilung zu einem Gehetze und jeglichen Unterricht zu seiner eigenen Inhaltsangabe machte? Wir waren noch am Anfang des Schuljahres und es fand wochenlang »verkürzter Unterricht« statt; der ist eigentlich den hitzefreien Tagen vorbehalten und es war schon lange nicht mehr heiß. Während ich die Missstände sah, spürte ich die eigene beschränkte Handlungsfähigkeit; das Hin und Her zwischen Verantwortungsgefühl und Hilflosigkeit fing an mich fertigzumachen. Wenn mir ein Oberstufenschüler mittags um zwölf Uhr erzählte, er sei seit acht Uhr hier und hätte bisher keine einzige Unterrichtsstunde gehabt, wendete ich mich an Iffl oder Pflumm: »Was sollen wir machen? Wir haben keine Leute«, war die Antwort. »Die Krankmeldungen kommen morgens um halb acht. Wir können den Schülern nicht mehr absagen.« In diesem Jahr fehlte zeitweilig ein Drittel des Kollegiums. Iffl selbst war während jeder einzelnen Woche seiner Amtszeit an einem oder mehreren Tagen unpässlich.

Unsere Schüler haben keinen Aufenthaltsraum, geschweige denn eine Bibliothek, sie haben keinen Computerraum zur freien Benutzung oder sonst einen frei zugänglichen Ort, an dem sie arbeiten könnten. Sie vertreiben sich die vielen Stunden im Treppenhaus, im Foyer, an der Friedenssäule vor der Schule und natürlich auf der Straße. Es sieht so aus und sicher fühlt es sich auch so an, als sei dieses Warten eine Probe für das Anstehen im Jobcenter; das Warten auf eine Nummer, das Warten darauf, dass jemand mitteilt, es bestehe kein Bedarf. Bedarf, kein Bedarf. Der Start ins Leben lautet: *Derzeit kein Bedarf.*

Sie schauen sich um, sie erkunden nie gesehene Winkel und vergessene Räume, sie lassen irgendwas hochgehen, leeren einen Feuerlöscher. Erkan leerte einen aus purer Langeweile. Er war aus der Elften, die heurigen Elften waren ganz anders als ihre Vorgänger. Erkan leugnete erst, dann gestand er. Ihm wurde ein mündlicher Tadel ausgesprochen. Er versprach, für alles aufzukommen, was nie passierte. Gemein daran war, die Putzfrau und ihre Tochter wurden nie für die Überstunden bezahlt, die sie damit verbrachten, das giftige Zeug wegzuputzen. Es handelt sich dabei um einen extrem feinen gelblichen Staub, der sich auch in den Schränken und auf den Büchern darin absetzte. Dieser Staub ist nachweislich gesundheitsschädigend. Ich war für eine Anzeige, Sachbeschädigung, vielleicht auch fahrlässige Körperverletzung, aber die Schule, also Iffl und Pflumm waren dagegen und es passierte dasselbe wie immer: nichts.

Die Wut der vernachlässigten Schüler, die oft auch vernachlässigte Söhne und Töchter sind, richtete sich ausschließlich gegen Sachen. Noch. Aus heutiger Sicht ist es erstaunlich, wie glimpflich die Schule davonkam. Ist Schule an sich etwa, entgegen allen Annahmen doch noch eine Instanz? Ist der große graue Kasten doch noch Bollwerk vager Hoffnungen und einer verbleibenden Möglichkeit von Stabilität? Ein Etwas, das man gedrosselt, berechnend, aber nicht völlig unkontrolliert angreift?

Diese Vorgänge führten dazu, dass eines immer unübersehbarer wurde: Wir waren eine Schule geworden, in der es nicht mehr um die Schüler ging. Alle hier waren überaus beschäftigt, nur die Schüler nicht! Ich erinnere mich, diesen Satz oft gedacht zu haben, während ich durchs Schulhaus ging. Die Schüler waren offiziell hier, um Abitur zu machen, aber sie standen rum und hatten keinen Ort und keine Aufgabe; niemand scherte sich um sie. Es war hier wie da das Gleiche, zu Hause wie in der Schule gab es keine verfügbaren Kapazitäten. Und so wurde die Schule mehr und mehr zum Spiegel eines schlechten Zuhauses, in dem sich Überforderung mit mangelnder Fürsorge trifft. All das unter einem Regiment älterer Männer, die sich hinter etwas Größerem verstecken. Manche von ihnen haben große Verstecke, sie heißen »Tradition« oder »Ehre«, manche haben kleinere wie »Auslastung« oder »Sparmaßnahmen«.

Du tust etwas und weißt schon währenddessen, es kümmert keinen. Du tust etwas nicht, die Reaktion ist dieselbe. So und so passiert einfach nichts. Ich wusste, was passierte, wenn ich aufhörte zu unterrichten: nichts! Ich wusste aber so entstehende Freiräume zugunsten der Schüler und meiner Überzeugung zu nutzen. Nichts Schlimmeres aber kann einem geschehen, wenn man jung ist. Keine Antwort zu erhalten ist, als existiere man nicht. Als würde man ausgelöscht. Jugend, dieser fragile, ständig in Auflösung begriffene Zustand, ist die denkbar schlechteste Voraussetzung, ein gähnendes Nichts auszuhalten. Was soll es anderes bedeuten, als dass man nichts ist und nichts zählt? Die Jungen aber, die Schüler sind da, sie sind nicht nichts, sie erwarten und sie müssen erwarten dürfen, dass man sich mit ihnen beschäftigt. Zuerst fragen sie noch; sie erhalten keine Antwort. Dann beschweren sie sich, die Beschwerde verhallt. Sie machen etwas kaputt, es passiert – ah, jetzt doch, zögerlich, schüchtern fast mit einem verlegenen Hüsteln kommt ein kleines, klitzekleines »Lieber nicht, sonst ...«. Nach dem »Sonst« ist schon wieder Schweigen. Schweigen über allem. Wer von uns, in dem noch ein bisschen Lebenssaft ist, würde da nicht aufs Blech hauen? Laut diesmal und fest? Wer würde nicht nachlegen, schärfer und schneidender werden, wer würde nicht versuchen herauszufinden, wie dick die respektable Schicht von Zurückhaltung – oder Zurückweisung – eigentlich ist?

Der Tagesablauf an der Schule wird im Wochenrhythmus chaotischer; in dem Maße chaotischer als Kraft und Zeit für die Beschäftigung mit den Schülern wegfallen. Eine läppische 100-Prozent-Regelung sorgt hier für 30-prozentigen Ausfall. Ich mache mich auf die Suche nach einem Personalrat. Es muss doch eine Ansprechperson geben. Es kann nicht sein, dass alles sein kann, außer Rand und Band. Hörnchen kann mir dazu nichts sagen, wo ein solcher zu finden sei, die Herren Pflumm-Iffl werde ich nicht fragen. Es muss jemanden im Bezirk geben.

Irgendwann und irgendwie lande ich bei der Personalrätin und über sie bei dem Direktor von Neuköllns Vorzeige-Gymnasium. Das Bizarre an dieser Begegnung ist, dass niemand so recht weiß, wozu sie stattfindet, außer der Personalrätin selbst und die ist nicht dabei. Ihr schwebte so was von Kennenlernen und Weiterreichen an andere Schulen vor. Tatsächlich werde ich hier nicht gebraucht und weitergereicht werde ich auch nicht. Eigentlich habe ich auch kein Interesse daran, schon wieder irgendwohin weitergereicht zu werden. Der Herr Direktor und ich plaudern einen halben Nachmittag lang, dann mache ich mich auf den langen Heimweg von Britz zum Prenzlauer Berg. Während ich in die Pedale trete und unterwegs den Übergang von den Taut'schen Siedlungsbauten im Süden Neuköllns zu den Mietskasernen im Zentrum und im Norden an mir vorübergleiten lasse, verabschiede ich mich von Gremien, Räten und Personen in sogenannten Funktionsstellen. Ich bedenke die Personalrätin noch mit Dank dafür, dass sie mir zugehört hat, und weiß, so geht es nicht. Erster Fluchtversuch missglückt.

Wo die Tage bleiben

Nur einmal die Woche fange ich zur ersten Stunde an, zweimal zur dritten. Dann fahre ich gegen 8.15 Uhr los und bin gegen neun da. Diese Zeit brauche ich, um noch Vorbereitungen treffen und ins »Buch« schauen zu können. Im Buch stehen die Vertretungspläne. Mein Name taucht jetzt regelmäßig darin auf. Jemand hat Sekundenkleber in das Schloss der Tür zum Nebengebäude gedrückt; auch deshalb kann ich nicht mehr den direkten Zugang nehmen, sondern muss jetzt immer über das Haupthaus gehen.

Neun Uhr: Durch das Haupthaus ins Nebengebäude, dort hoch in den dritten Stock. Kunstraum lüften, Tische rücken, angefangene Arbeiten auslegen und benötigte Materialien aus den Schränken holen. Fertig, zuschließen, runter; zum Lehrerzimmer sind es drei Stockwerke abwärts, über den kleinen Hof und eine Treppe nach oben. Ein Blick ins Buch bestätigt mir eine Vertretung in der fünften Stunde. Ich stelle mich am Kopierer an, um 9.35 Uhr beginnt meine Aufsicht. Es wird immer knapp, egal wann ich komme. Am Kopierer stehen noch zwei Kolleginnen, eine spricht mich an, ich möchte noch Fehlzeiten des Grundkurses nachprüfen und ihr bitte noch mal die Teilnehmerliste einer Exkursion, die vorletzte Woche stattgefunden hat, zukommen lassen. Gerne, bitte, macht ja nichts. Ich werde unruhig, leere erst mal mein Fach. Jetzt endlich ist der Kopierer frei, von hinten fragt jemand, was ich am Wandertag mache, während ich versuche, die Vergrößerung so zu berechnen, dass zwei Arbeitsblätter auf ein Format passen. Wenn der Kopierer nicht gerade »Papierstau« meldet und man ihn öffnen und an seinen inneren Walzen drehen muss, was hier auch jeder möglichst grobmotorisch tut, lese ich die Post aus dem Fach, während ächzend die Kopien kommen. Neuigkeit Nummer eins ist heute, dass in der folgenden Woche meine Fortbildung für das Fach Darstellendes Spiel beginnt. Termin ist Mittwoch. Der Mittwoch ist – er war – mein freier Tag. Ort der Veranstaltung ist eine Schule in Tempelhof. Tempelhof liegt vom Prenzlauer Berg aus gesehen genau am anderen Ende. Scheiße! Meine Motivation für die Fortbildung, die immerhin zwei Jahre dauern soll, sinkt drastisch. Ich mache meine Aufsicht, es läutet zur dritten Stunde. Ich gehe vom ersten Stock des Haupthauses über den kleinen Hof hinauf in den dritten Stock des Nebengebäudes. Unterwegs muss ich mehrmals um Durchlass bitten, die Schüler lümmeln und hängen auf den Treppen herum, dass kein Durchkommen ist. Murrend und betont langsam reagieren sie auf meine Bitte, Platz zu machen. Als ich oben bin und der zehnten Klasse aufschließe, merke ich, dass die Kopien noch unten neben dem Kopierer liegen. Ich schließe die Fenster, begrüße die Klasse und warte, bis alle Platz genommen haben; die Stühle reichen nicht, es sind über 30 Schülerinnen und Schüler. Als alle mit Stühlen aus anderen Räumen versorgt sind und sich noch an die Ecken der Gruppentische gesetzt haben, weise ich sie an, ihren Arbeitsplatz vorzubereiten; ich weiß, dass es mehrere Minuten dauern wird. Währenddessen renne ich, drei Stufen auf einmal nehmend, die drei Stockwerke wieder runter, über den Hof, drüben wieder hoch, schnappe mir die Papiere und das Ganze retour. Ich unterrichte eine Doppelstunde lang. Die Klasse ist mir noch fremd, sie ist frisch zusammengelegt und hat noch viel mit sich selbst zu tun, anstrengend. Als sie raus sind, bin ich ziemlich unterzuckert, schließe mich erst mal kurz ein und esse Schokolade. Ich wasche mir die Hände so gründlich, als könnte ich damit den Lärm, der noch an mir haftet gleich mit abwaschen. Vom Treppenhaus dringt Gejohle und Kreischen in den Kunstraum. Ich kann jetzt nicht raus. Muss aber. Der Weg zur Toilette ist der Gleiche wie der zum Lehrerzimmer. Ich verbinde ihn mit einem Besuch im Sekretariat um herauszufinden, in welchem Raum ich vertreten soll. Es ist 11.45 Uhr, als ich mich ins Sekretariat drücke. Es herrscht Gedränge. Eine türkische Frau, stämmig und mit Kopftuch und Mantel, steht mit reglosem Gesicht am Tresen und lässt sich von mehreren Schülerinnen übersetzen, was ihr unsere Sekretärin, Annett Horn, über die Fehlzeitenregelung in der Sekundarstufe eins erzählt. Annett, die mit einem robusten Nervenkostüm, kräftiger Stimme und Berliner Schnauze gesegnet ist, ist nicht nur eine Spitzenfrau als Schulsekretärin, sie ist Herz und Stimme dieser Schule. Hach Ursula, bleib ma kurz da, ruft sie über die Köpfe rüber, ick hab da Information für dir. Mensch, deine Haaaare ... was? Und schon ist sie wieder bei der Mutter, die nichts versteht. Ich fasse mir an den Kopf, sollte mir was entgangen sein? Annett weist einen auf jeden Fleck, auf jeden Makel hin, und das ist auch gut so, bevor es die Schüler nämlich tun. Nee, jut!, ruft sie mir durchs Getümmel zu. Mensch danke, tut gut. Bei ihr habe ich einen Stein im Brett, sie erzählt mir gern von ihrem Mann, der eine Tankstelle hat, und dass se beede, ja so gejen neune in de Falle jehn. Ich höre das gern, ihr durch und durch ritualisiertes Leben beruhigt mich, vom Fitnessstudio bis zum Pony-Föhnen hat alles seine Zeit. Die Sympathie ihrerseits rührt einzig und allein daher, dass nicht nur wir beide, sondern auch noch unsere Töchter im jeweils gleichen Jahr geboren sind. Das sagt sie mir im Wochenabstand. Aber als ich später, viel später dann ging, »da hat se fast jewehnt« – geht es um Emotionales spricht Annett von sich in der dritten Person.

Es ist 11.50 Uhr, ich soll eine achte Klasse im zweiten Stock vertreten, Bio. Es dauert schon mal sieben, acht Minuten, bis die ersten Schüler in das lärmende Chaos hineinrufen: »Mensch, jetzt seid doch mal leise!« Ich finde das gut, man kann sich fast darauf verlassen. Besser die Schüler übernehmen das als man selbst. In manchen Klassen ist es dann aber doch nicht passiert. Egal, hier kommt es, »Seid doch mal leiseeee!!«, wie erwartet folgen ein paar naseweise Gegenstimmen, aber kurz darauf sind wir so weit: Guten Tag sage ich. »Hi« und »Hallo« sagen die Schüler. Wollt ihr was machen? Ja, was wir wollen, nein, bloß nicht, bloß nichts machen, die Meinungen sind geteilt. Ich beschließe, erst mal das Fragespiel zu spielen. Es ist zwar gar kein richtiges Spiel, aber es hat sich bewährt. Die Schüler fragen mich etwas, dann frage ich sie was. Wichtig dabei ist nur, dass man immer abwechselnd fragt und nicht ins Diskutieren gerät. »Dürfen wir Sie auch was Persönliches fragen?« – »Klar, vielleicht antworte ich sogar drauf. Eure erste Frage ist schon weg.« Von anbiedernden Fragen wie »Wer findet Tokio Hotel auch schlimm?« bis hin zu »Wer wächst ohne Vater auf?« und »Bei wem läuft deutsches Fernsehen zu Hause?« erfahre ich so allerhand Wissenswertes; die Schüler und Schülerinnen ihrerseits auch und am Ende dieser kleinen Runde sind wir alle zufrieden und manchmal wird man dann gefragt, ob man mit auf Klassenfahrt geht. Lustig, wo es hier doch gar keine Fahrten gibt! Kurz bedauere ich die Schüler dafür, dass sie so leicht zu erobern sind, dann frage ich mich, wer hier eigentlich wen für seine Zwecke steuert. Noch ein paar Proportionsregeln, weil wir uns doch noch zum Zeichnen durchringen können, und die Sache ist geritzt. Ich sage »Auf Wiedersehen«, die Schüler sagen »tschü«.

12.40 Uhr. Die Fünfminutenpause reicht, um vom zweiten Stock Haupthaus in den dritten Stock Nebengebäude zu kommen, sie reicht sogar, um zwischendurch das Klassenbuch der Acht abzugeben. Es ist ein Original! Wir arbeiten mit Klassenbüchern, in denen über das gesamte Schuljahr Stundeninhalte, Vorkommnisse und Versäumnisse eingetragen werden. Ein als besonders zuverlässig geltender Schüler trägt diese Bücher während des Schultags mit sich herum und legt es in jeder Stunde dem entsprechenden Lehrer vor. Am Ende eines Tages wird das Buch im Lehrerzimmer abgegeben und am nächsten Morgen vom Lehrer der ersten Stunde dort wieder abgeholt. Das Klassenbuch protokolliert das gesamte Schuljahr einer Klasse und hat deshalb Dokumentenstatus. Das Verschwinden der Klassenbücher, das in diesem Schuljahr begann, war also tatsächlich mit Betrugsabsicht und damit krimineller Energie verbunden. Es musste von der Klasse gedeckt werden, deshalb war diesen Klassen im Ganzen mit Vorsicht zu begegnen. Verschwundene Klassenbücher waren erst Einzelfälle, sie wurden »entführt«, überarbeitet und tauchten aus dem Nichts wieder auf. Da die Bearbeitung – meistens eine Tilgung unentschuldigter Fehlzeiten – leicht auf den Einzelnen zurückzuführen war, und es dafür auch mal Schelte gab, setzte sich diese Methode nicht durch. Es setzte sich das konsequente Verschwinden durch. Die Klassen grinsten, schwiegen und deckten die Täter; sie bekamen als Ersatz Kopien, einzelne Seiten, die einen Wochenüberblick geben sollten. Je nach Klassenleiter wurden diese Seiten abgeheftet zu einem Ganzen oder auch nicht. Klassen, die ihre Originalbücher noch hatten, gab es im Lauf des Jahres immer weniger; was selbstverständlich gewesen war, bekam plötzlich eine Bedeutung; ein gewisses Einverständnis mit den geltenden Regeln meinte man daraus lesen zu können und vielleicht sogar ein klitzekleines Ja zur Zusammenarbeit mit uns Lehrern.

12.45 Uhr, Hunger und kein Futter in Sicht; stattdessen der Grundkurs. Die Lieblingsmädchen und -buben sind heute nicht bei Laune. Sie kommen mit erheblicher Verspätung, sind schlapp und motivationslos; sie schließen die Augen und behaupten, sie könnten sie nicht mehr öffnen, es sei viel zu hell! Ich dagegen bin hungrig und aufgekratzt, will die Zeit nutzen, etwas machen, etwas anschauen und besprechen. Es geht um das zentrale Bild des Isenheimer Innenaltars, die Auferstehungsszene, die ich mit ihnen anschauen will. Sie sollen diese psychedelische Elevation Jesu im genialen Licht- und Farbrausch des Matthias Grünewald sehen und erleben, sollen das Wunder zumindest erahnen, das Wunder dieser Malerei; zugegeben, es ist schwer, mittels Abbildungen Wunder zu erleben. Ich möchte nicht, ich will; ich will und ich werde. Erst einmal müssen sie ruhig werden, ich verteile die Kladden und setze mich an den Rand der Gruppe. Ich setze mich bequem hin und simuliere Schläfrigkeit, ich warte, bis sie von selbst aufwachen. Es dauert ein Weilchen. Patricia ist die Erste, die die Kladde öffnet und das Bild ansieht, »Aah, das kenn' ich von irgendwoher«, sagt sie und die anderen tun es ihr mehr oder weniger widerwillig nach. Sie schweigen, dann sagt Arthur: »Wir wollen nicht über Kontraste und Farbauftrag und so einen Kack reden. Wir wollen wissen, was hier los ist. Wie hat dieser Grünewald gelebt, wie war der drauf? Darüber wollen wir reden. Und der andere Typ, dieser Jesus? Was soll denn das? Die Leute haben sich ja wohl bedankt, als sie diese Schwebenummer gesehen haben.« Danke, Arthur! Noch bevor Patricia jetzt protestieren kann, sag ich noch mal Danke (aber im Stillen) und was bist du für ein schlechter Simulant, Arthur! Deine Intelligenz, dein scharfes Mundwerk und dein Sinn für das Wesentliche machen den Kurs wach und mich zufrieden. Natürlich lasse ich mir nichts anmerken, lasse Arthur sprechen und bewege mich nicht aus meiner Halbliegestellung. So lahm ich kann und ohne die Augen zu öffnen sage ich: Na dann mal los.

Darf man ein Wunder malen? Auf diese Frage konzentriert sich das Gespräch. Ich halte mich vollkommen heraus. Es diskutieren: Patricia, eine deutsch-bolivianische Mischung, bekennenden Sozialistin. Sie verhandelt mit Verve und echter Leidenschaft, auf ihrem kugelrunden Kindergesicht spiegelt sich alles. Sie findet, Religion sei Opium fürs Volk, deshalb sei so ein Bild, das ja auch noch sehr viel gekostet haben muss und das sei sicherlich aus Ablass-Summen finanziert, einfach nicht in Ordnung; andererseits sei das Bild eben so genial. Heute studiert sie Theologie. Arthur dagegen ist Vertreter einer Anything-goes-Argumentation. Er verfertigt die Gedanken beim Reden. Doch, man solle vielleicht viel mehr über Wunder sprechen und damit man das nicht immer vergesse, solle man überall solche Schwebe- und Auferstehungs-Szenarien hinmalen, das sei doch für heute auch noch was, wir könnten ja gleich damit anfangen, die Schule, wie es sich gehöre mit diesen Regenbogenfarben ausmalen und vorne an den Eingang oder auch an die Türe des Direktorats käme dann so eine Elevation. Arthur redet sich in Fahrt und wird irgendwann von seinem Freund Ivan unterbrochen, der ist Tscheche und Katholik und kennt sich ein bisschen mit christlicher Ikonografie aus. Er weiß nicht, was die Aufregung soll, man könne das ansehen, es sei Ausdruck eines Glaubens und uralt, basta. Da ist Sahin vor. Sahin ist als Junge aus dem Libanon gekommen. Er ist neben Stefanie der beste Maler und Grafiker im Kurs; leider taucht er nur sporadisch an der Schule auf und wird demnächst ganz wegbleiben. Er findet, dass »diese Christenmenschen« spinnen, den Fantasy-Aspekt aber verdammt cool. Steffi will mal Mode studieren und findet, man darf alles malen und abbilden wenn es nur gut gemacht sei, »... ist doch Fantasie!«. Und Michael, der aus der Fahrschuldynastie von schräg gegenüber kommt und Filmemacher werden will, spekuliert darüber, wer überhaupt dieses Bild sehen durfte und unter welchen Umständen. Heute dürften eben alle alles sehen und das sei schließlich nicht so super, oder? Vanessa, Wenke und Seda schweigen. Als es läutet, rapple ich mich hoch, bedanke und verabschiede mich. Ich bin sehr zufrieden mit dem Verlauf der Stunde.

Es ist 14.15 Uhr. Eigentlich wäre der Schultag jetzt vorbei. Ist er aber nicht. Wir müssen uns ja jetzt selbst klarkriegen, dafür gibt es eine sogenannte Steuergruppe. Die Steuergruppe müht sich um Strukturen und die Nichtwahrnehmung der Tatsache, dass Herr Iffl jederzeit wiederauftauchen und alles, wie schon vorgekommen, wieder über den Haufen werfen kann. Ich muss noch bis 14.30 Uhr warten, dann gibt die Steuergruppe Neues bekannt. Für ein Mittagessen reicht das wieder nicht. Dann kann ich jetzt ja für den morgigen Unterricht noch Beizen ansetzen. Ich schütte ein paar Mal daneben und tauche mit papageienfarbenen Händen bei der Sitzung auf. Vor lauter Ärger kann ich kaum zuhören, geschweige denn Notizen machen. Ich kann es nicht leiden, wenn man mir die Kunsterzieherin an fleckigen Händen oder lustig bekleckerter Kleidung ansieht, außerdem bin ich müde. Ich stehe die Sitzung durch, kurz vor vier ist Schluss. Immerhin kann ich währenddessen Tee trinken, Hunger spüre ich nicht mehr. Auch die Absenzen der Schüler, deren Tutorin ich bin, schreibe ich während der Sitzung zusammen. Ich denke, was bist du für ein Schwein, die mühen sich da ab und du hörst nicht mal zu. Stimmt. Ich höre nicht mehr zu. Geht nix mehr raus, geht nix mehr rein, sagte ein Schüler mal, bevor er die Schule verließ. Für morgen noch einen Text über das Bilderverbot im Islam finden und einen Test korrigieren, das hab' ich versprochen. Um vier bin ich in der Bibliothek, kurz vor sechs zu Hause. Von acht bis halb zehn korrigiere ich. Es war ein Tag mit drei Stunden.

Teilt man 16 durch vier, ergeben sich vier Arbeitstage mit gerade einmal vier Unterrichtsstunden, drei Zeitstunden pro Tag. Dazu kommen:

5, in Worten fünf, Zwischenstunden (für Vertretungen und Logistisches wie Evaluationen, Exkursionsanträge, Fehlzeiten-Erhebungen, etc.),

4, in Worten vier, Fortbildungsstunden,

2, in Worten zwei, Stunden für Konferenzen (im Durchschnitt),

1 – 2, also ein bis zwei Stunden für Korrektur (in Kunst wenig),

1 – 2 Stunden für Telefonate und Gespräche mit Eltern, Schülern und Klassenleitern,

etwa 6 – 8, also sechs bis acht Stunden für Unterrichtsvorbereitung (in Kunst eher viel).

So ergibt sich eine wöchentliche Arbeitszeit von

36 – 39 Wochenarbeitsstunden. Dazu kommen die Wege: vier mal zwei macht acht und einmal drei macht elf Stunden. Ergibt 50. Ach so.

Playboy 44

Auch in Neukölln kommt es vor, dass man sich verliebt. Unnachvollziehbar, aussichtslos und wider alle Vernunft. Und wie überall muss man auch hier werben und kann abblitzen; als ich (heimliche) Tränen weinte und mich verletzlich zeigte, kam die entscheidende Wende, ich erhielt ein Versöhnungs- und Kennenlern-Angebot, das ich mir nicht entgehen ließ. Ich hängte mich richtig rein und am Ende waren wir zweieinhalb Jahre zusammen. Als die 7a, die mittlerweile eine 9a war, keinen Kunstunterricht mehr hatte, bekam sie eine neue Klassenlehrerin. Ich ging mit einem guten Gefühl, Ömer war jetzt fest in der Jungmannschaft bei Hertha und durfte endlich regelmäßig mit ins Trainingslager, Selcan argumentierte als Jungfeministin etwas fundierter, Yasemin war doch nicht magersüchtig und Sebnem und Canan blieben auch als Kopftuch-Novizinnen weltoffen und der Klassengemeinschaft verbunden. Zusammen mit der Kunsthistorikerin, die diesen munteren Haufen genauso gut fand wie ich, waren sie zu einer recht kunstspezialisierten Klasse geworden – will hoffen, dass es ihnen nicht schaden wird.

Am Anfang war Vorlesen. Ich ging in die Klasse und sagte, sie sollten zeichnen und malen wie sie es beim Telefonieren machen oder während des Matheunterrichts. Mit Kugelschreibern, Pinseln oder Kreiden konnten sie zeichnen, während ich vorlas, *Eastend, Westend und Maniac Magee*, eine tolle Geschichte. Zwei mal 40 Minuten lang las ich und sie zeichneten Ornamente, Manga-Charaktere und die üblichen Tags, *Playboy 44*. Irgendwann müssen die Jungs das zeichnen bis es sie selbst langweilt, Playboy für Playboy und 44 für Neukölln, nach der alten Postleitzahl, sonst zeichnen sie es noch in der Oberstufe. Das machte jeder einigermaßen für sich, nur einer, von dem ich jetzt schon wusste, dass er Berkay hieß, krähte alle fünf Minuten, Reicht das jetzt so?

Seit diesem Schuljahr musste ich die siebten Klassen ungeteilt unterrichten. Das war beste Schnelldiät. 26 oder 28 schreiende Grobmotoriker, für die der Begriff »Aufmerksamkeitsdefizit« zwar zutreffend, aber merkwürdig farblos ist, rennen und schreien 90 Minuten durch einen Raum. Nichts als Geschrei. Geschrei, Geschrei. Mein Gott.

So waren die anderen zwei Siebten. Und dann diese hier – eine Klasse, der man vorlesen konnte. Wer zuhören kann, der kann auch hinsehen, kann nachvollziehen, verstehen, handeln. Damit waren sie für mich *die* Klasse, ich sah uns schon durch Museen und Ausstellungen ziehen, Performances im Stadtraum machen und auf Reisen gehen. Neugierige junge Menschen, die nicht lernen, weil sie arme kulturell verhungerte Türkenkinder sind, oder obwohl sie solche sind, nein! Ich hatte junge, neugierige und intelligente Menschen vor mir, die sich auch mal verführen ließen. Das war sie – eine Klasse, die sich verführen lassen konnte; das war neu.

So schnell meine Begeisterung geweckt war, so schnell sollte sie wieder zusammenbrechen. Es hatte sich anscheinend in Windeseile herumgesprochen, wie richtiger Kunstunterricht auszusehen hatte – und natürlich war es das Chaosmodell, das Schule machte. Die drei siebten Klassen ähnelten sich jetzt, und auch wenn ich ihrer inzwischen besser »Herr« wurde, so fühlte ich mich nach einer Doppelstunde, als hätte ich einen Dressurakt mit Raubkatzen vollführt, während hinten bereits die Eisbären reinkommen. Es gab keinen *Maniac* mehr und auch keine Gruppenarbeit und im Gespräch brachte man es bei der Zahl von Unterbrechungen auf ungefähr zwei Hauptsätze pro Viertelstunde. Es war furchtbar. Irgendwann setzte ich mich aus schierer Erschöpfung nach Unterrichtsende auf das Fensterbrett des Kunstraums und fing an zu weinen. Als ich erst mal angefangen hatte, gab es kein Halten mehr, ich weinte, ich heulte Rotz und Wasser, ich schniefte, schluchzte und flennte in dem Gefühl, nie mehr aufhören zu können. Ich überließ mich ganz einer maßlosen Enttäuschung und dem Bild einer düsteren Zukunft; die Erschöpfung tat ein Übriges. Ich sank vornüber, die Füße auf einen Tisch gestützt, legte meine Stirn auf die Knie und die Arme um den Kopf und heulte hemmungslos. Dann hörte ich jemand sich räuspern. Mit roten Augen, verschmierter Schminke und nassem Gesicht schaute ich zwei Mädchen aus der 7a an, die verblüffend nahe bei mir standen. Sie hatten etwas vergessen. Sie waren zurückgekommen, um es abzuholen. Ich hatte auch etwas vergessen, nämlich die Türe abzuschließen, bevor ich mich dem Elend ergab. Selcan schaut mich furchtlos an. »Das wollten wir nicht«, sagt sie. Sebnem nickt. Sie stehen da und gehen nicht weg. »Die meinen das nicht so«, setzt sie wieder an, »das ist nicht gegen Sie. Das ist jetzt in allen Fächern so«, und nach einer kleinen Pause, »aber es tut uns leid. Bitte nicht mehr weinen jetzt.« Ich bitte um ein Taschentuch, kann immer noch nicht sprechen, weil das Schluchzen nicht aufhört. »Und was ma-achen wir jetzt?«, frage ich die Mädchen. Jetzt kommen auch noch Nima um die Ecke und sein Freund Akin. Mit hängenden Schülterchen, an denen Rucksäcke zerren, stehen sie stumm herum und schauen unentwegt auf ihre Turnschuhe. Oh nein, eine Betroffenheitsnummer habe ich jetzt nicht auch noch verdient, weg mit euch, weg! »Also, was machen wir jetzt?«, frage ich noch mal. »Wie machen wir weiter? So nicht mehr.« Vier Augenpaare, acht Schuhspitzen. »Vorschläge!«, fordere ich. Die Antwort ist ein Krächzen und Quieken, sie kommt von Nima, der Stimmbruch. »Was ich sagen wollte«, probiert er es noch mal und richtet seinen winzigen Körper auf, »wir sollten diesen Kriegsschauplatz verlassen.« Aha. »Lassen Sie uns in die Moschee gehen.« Die anderen stutzen, kommen aber schnell zu einer Meinung. »Jaaaa«, hauchen die Mädchen, »Das kann mein Papa organisieren«, bietet Akin sofort an. Ich bin skeptisch, wir sollten es auch ohne den Segen einer Moschee schaffen, zivilisierte Kommunikationsformen zu finden. »DAS ist ein Ort der Kultur. Ich sage der Klasse Bescheid und wir treffen uns nächste Woche zur Unterrichtszeit am Ausgang des Nebengebäudes«, gibt Nima bekannt, »Sie brauchen nur noch das Sekretariat zu informieren.« Sir, geht in Ordnung, Sir, ich nicke dem Zwerg zu.

»Wat soll ick da rinschreiben?« Hörnchen fragt lieber noch mal nach. »Exkursion in 'ne Moschee, wie heißt ditte, *Shedelik,* buchstabier ma.« In Berlin braucht man für alles Schulbesuchsbestätigung, wahrscheinlich auch für eine Moschee – kann ja nicht schaden. Wir laufen hin, zu Fuß. Cagla meint nach 500 Metern zusammenzubrechen. Sie habe Bauchkrämpfe und könne nicht mehr gehen, keinen Schritt, tatsächlich sitzt sie schon auf dem Trottoir. Sofort scharen sich alle Mädchen um sie, reichen Bonbons und Kekse, eine füttert noch Börek zu. So entkrampft sich Cagla bald wieder. Auf den ersten Kilometern nimmt das allgemeine Jammern zu, auf den letzten dann wieder ab und als wir ankommen, haben sie alle – Lernerfolg eins – das Gehen gelernt.

Die Moschee ist noch im Bau, sie ist groß und weiß mit bunten Fenstern und für die Höhe der Minaretten hat die türkische Gemeinde eine Geldstrafe in Kauf genommen, weil die zulässige Höhe innerhalb der Einflugschneise Tempelhof überschritten worden war. Während wir auf jemanden warten, der uns alles zeigen wird, ein Bekannter von Akins Vater, holen die Mädchen Tücher aus ihren Taschen und versuchen, sie sich den Regeln entsprechend umzubinden. Bisher gibt es nur eine richtige Kopftuchträgerin, Yasemin. Sie muss überall helfen, denn es ist nicht so einfach die Haarpracht der Mädchen – die sich erheblich vom »feinen europäischen Frauenhaar« unterscheidet, unter den glatten Tüchern zu verbergen. Ich lasse mein Kopftuch noch in der Tasche, zwei Mädchen haben vorsichtshalber eines für mich eingepackt. »Hier liegt mein Opa im Grab«, sagt Ömer, »es war ein schönes Fest, alle waren da, über 200 Leute.« Die Jungs unterhalten sich darüber, wer in der Familie was in der Moschee arbeitet, erst jetzt fällt mir auf, dass außer Nima, dessen Eltern aus dem Iran kamen, und Haralabos, den sie auch »den Griechen« nennen, in dieser Klasse alle aus türkischen Familien sind. »Wir gehen nie in die Moschee, ich kenn' mich da auch nicht aus«, kräht Selcan und kämpft weiter mit dem Tuch, das nicht halten will. Die Jungs sitzen und warten trotz des ungemütlichen Wetters ruhig auf den Bänken. Wo ist eigentlich der kreischende, tretende, spuckende Haufen geblieben, mit dem ich hierhergekommen bin? Da kommt ein junger Mann auf uns zu, er wird sich um uns kümmern. Ganz selbstverständlich teilt sich die Gruppe, es geht in die Waschräume. Ein Kopftuch brauche ich nicht zu tragen, aber ich wasche mich nach ihren Vorgaben. Die Mädchen überschlagen sich vor Eifer. Sie sind vollendete kleine Gastgeberinnen, keinen Moment bleibe ich mir selbst überlassen, nichts an meinem Unwissen ist peinlich. Untereinander beschließen sie, dass wir erst in den Gebetsraum für Frauen gehen, denn einige von ihnen möchten ein Gebet sprechen und alle wollen mir den Raum zeigen. Sie führen mich wie durch einen Palast. Nach ein paar Minuten in dem noch ungeheizten Gebetsraum für Frauen treffen wir im Hauptraum der Moschee auf die Jungs. Harun hat sich in eine freie Ecke zurückgezogen und verneigt sich im Gebet. Einige andere erkunden still für sich, oder leise mit einem Freund flüsternd den großen Raum. Sie gehen überall hin, betreten auch den Raum, den ich mir als Entsprechung zum Altarraum vorstelle und steigen auf eine Kanzel, die dem Vorbeter vorbehalten zu sein scheint. Der Vertreter der Gemeinde sieht, dass ich erschrecke, und sagt, das sei kein Problem, jeder Bereich der Moschee sei für jeden hier frei zugänglich. Hinter uns tritt jetzt eine Gruppe junger Polizisten ein, denen eine junge Frau leise etwas erklärt. Das Licht an diesem Ort ist hell und weich;

Spitzbögen, Arkaden und eine Galerie, die entlang der zentralen Kuppel verläuft, sind über und über mit Ornamenten in reinen Farben um ein dominierendes Türkis bemalt. Voneinander getrennt sind sie durch durchbrochene Mauern und Geländer. Der riesige blaugrüne Teppich, auf dem wir sitzen und auf Strümpfen laufen, bedeckt die gesamte Grundfläche und dämpft die Akustik im Raum so, dass es ruhig und konzentriert ist, ohne wirkliches Schweigegebot. Es ist kühl und die älteren Männer, die hier beten, tragen dicke Pullover unter ihren Anzugjacken. Serkan, dessen Frau Pinar, wie wir erfahren, soeben die Polizisten begleitet, studiert Pädagogik und Geschichte an der Freien Universität Berlin, seine Frau ist Politikwissenschaftlerin. Beide bieten eine Art ehrenamtlichen Besucherservice der Moschee. Während er über Regeln und Inhalte des Glaubens spricht, sitzen und liegen die Schülerinnen und Schüler im Halbkreis vor ihm. Manche Mädchen legen ihre Köpfe in den Schoß der Freundin, die Jungs lehnen Schulter an Schulter aneinander. Es ist eine aufmerksame und entspannte Situation, in der wir über eine ganze Stunde am Stück zuzuhören. Fragen und Einwände werden per Handzeichen angekündigt und es ist kaum zu glauben, dass diese Gruppe die Gleiche ist wie die in der Schule. Nach der Einführung dürfen wir den Rest des Neubaus erkunden. Auf den schmalen Wendeltreppen der Minarette liegen noch lose Kabel und Werkzeuge, aber wir steigen alle hinauf. Wir sehen uns die Kacheln und Bemalungen auf den Galerien genau an und eine Schülerin weiß zu berichten, dass für die Ausmalung der Moschee Handwerker und Maler aus der Türkei eingeflogen wurden. Dann verteilen sich die Schüler im gesamten Raum, sie haben weitere zwei Stunden Zeit für eine Zeichenaufgabe. Im Schneidersitz hockend und auf dem Bauch liegend zeichnen sie diesen Raum, von dessen Schönheit und Erhabenheit sie alle überzeugt sind. Problemlos werden wir in den Folgestunden zu Basiliken und Kathedralen überleiten, es werden Modelle gebaut und Kurzvorträge gehalten werden und am meisten gelernt habe ich. Man muss sich eben verführen lassen können.

So geht das Schuljahr dahin, zwischen bräunlichem Strukturputz und pastellgrüner Lackfarbe. Mitten darin, zum Halbjahr, taucht, grün und beige, Thorsten Gene auf. Er kommt von einer Nachbarschule, die das Abitur bereits in zwölf Schuljahren verspricht, ein sogenannter Schnellläufer. An unserer Schule herrscht die Meinung, die würden uns die guten Schüler wegschnappen. Mit Thorsten ist man gleich per Du, meinetwegen, er unterrichtet zwei achte Klassen, die nach dem Verlust der Kolleginnen unversorgt geblieben waren. Thorsten findet die Klassen zum Kotzen. »Zum Kotzen«, sagt er, »unmöglich, was mit denen zu machen.« Er kommt, wenn er denn kommt, so zwischen acht und halb zehn, Zeit zum Austausch haben wir in der Fünfminutenpause zwischen der ersten und zweiten Stunde, denn vor der dritten muss er schnellschnell weg. Die Pausenzeit reicht für den Weg. Thorsten ist »busy«, er hat eine volle Stelle und arbeitet ehrenamtlich für die Fortbildungseinrichtig Berliner Lehrer. Von dort schickt er anregende Mails an alle Kollegen raus. Diesem Mann reicht das einfache Lehrersein nicht. Sein Aussehen – Wohlstandsbäuchlein unter kariertem Hemd und eine Brille, so dick, dass die Augen dahinter ganz klein werden und optisch in die tiefsten Tiefen sinken – passt nicht zu seiner lebhaften Neu- und Wissbegierde; er sieht immer alle wesentlichen Ausstellungen und liebt Musik, je neuer desto mehr. Fast jede Woche, »die ist noch warm«, bringt er mir eine Kopie seiner Neuerwerbungen mit. Er steckt mir die frischen Musikbrötchen zu und, »bin schon wieder weg«, verschwindet auf Kreppsohlen und mit fliegenden Mantelschößen für die nächsten Tage. Es muss schön sein, Kollegen zu haben.

Erstaunlich an Thorsten ist auch, dass er loben kann. Vor dem Loben muss man ja erst mal etwas sehen. Mitbekommen, was ein anderer macht. Dass überhaupt ein anderer auch etwas macht. Sich dafür interessieren! Ich war nicht mehr gewöhnt, dass jemand mir so viel Aufmerksamkeit schenkt. Sie fragen sich, ich frage mich auch, wie ich es immer noch hinbekam, halbwegs gut gelaunt vom Fräuleinwunder der deutschen Fotoszene zum Aschenbrödel der Neuköllner Bildungsmisere zu werden. Du liebes bisschen, ging das schnell, wie konnte das nur ... STOP! Keine Zeit für Sentimentalitäten. Geh doch fotografieren und jammere nicht rum! Aus, aus, aus, mach es einfach. Aber, sage ich mir, kleine Erfolge sind auch Erfolge. Thorsten findet die Scherenschnitte, die ich mit der Zehnten mache, schön. Sehr schön, hat er gesagt, könnte ja glatt von einem Grundkurs sein. Da mach ich Fortbildungen und denen fällt immer nichts ein, sagte er, die sollten vielleicht mal bei dir ein bisschen Ideen klauen gehen? Ich wachse, wachse sofort über meine eins fünfundsechzig hinaus und werde, – der soll sich mal nichts einbilden – auch noch ein bisschen rot; die Woche darauf bekomme ich dann ein Doppelalbum.

»Das Tier in mir«, hieß die Aufgabe und die Schüler schnitten und klebten hingebungsvoll an einem Januskopf-Motiv, das auf der einen Seite den realistischen Schattenwurf ihres Profils abbildete und auf der anderen Seite das Wilde. Das, was einem aus dem Kopf springen möchte, wenn man rot sieht, wild wie Wut und schwarz wie Blackout. Das machten sie gut. Bei dieser Aufgabe lernte ich Lucia kennen. Sie saß neben Lorenz. Sie las ihm Sartre vor und er machte Zeichnungen dazu: Aufplatzende Köpfe, Kinderrümpfe in riesigen Blutpfützen, Galgen, Splatter eben. Ich sah ihnen zwei Doppelstunden lang zu. Lorenz zeichnete das alles mit zartem Strich, so vorsichtig drückte er den Bleistift auf, so leicht, dass er teilweise kaum Konturen hinterließ. Seine Gemetzel waren mit nervöser Linie hingehaucht, mein Gott. Und so waren die beiden miteinander. Dunkler als dunkel war dieses junge

Paar, den Existenzialismus brauchten sie nicht zu suchen; eher stellten sie eine zeitgenössische Variante eines sehr jungen und ernsten existenzialistischen Zweifels dar.

Lorenz sollte mir nicht lange erhalten bleiben, in der zehnten Klasse hat man nur ein halbes Jahr Kunst und er würde weggehen, nach Amerika, nein nicht in die Provinz wie die meisten Austauschschüler, sondern nach San Francisco; Frisco war der Ort seiner Träume, da würde er hingehen und nicht mehr wiederkommen. Ohne Trotz und ohne Triumph sagte er das, und ich sah Lucia neben ihm sofort den Kopf wegdrehen. Und du kannst nicht immer weiter hier vorlesen, ziehe ich mich zurück in meine Kunstlehrerinnenrolle, du müsstest jetzt auch mal anfangen, etwas zu tun. Sie dreht den Kopf in die andere Richtung, als ich versuche so weit in die Knie zu gehen, dass ich ihr ins Gesicht sehen könnte. Sie hasst dich, geht es mir durch den Kopf. Und dann, irgendwie, entsteht zwischen uns ein kleiner Kampf, ich kann nicht sagen, wie. Ein schnelles Hin und Her, ein Wille gegen den anderen, ein kurzes Schnellen, eine Unordnung ... Aua! Das holte sie von ganz unten, so voller Entrüstung. Die Pause danach verfehlt ihre Wirkung nicht. Jetzt sieht sie mich so direkt wie empört an und hält mir ihren Daumen ins Gesicht. Ich, durcheinander, hastdudirwehgetan, nichts verstehend, das wilde Ding springt auf, rennt zur Tür, es knallt, weg. Kurz schweigt die Klasse mit mir.

Die Woche danach fehlen beide. Am Tag danach spreche ich sie auf dem Flur an, sage, ich würde mich entschuldigen wollen, wisse aber ehrlich gesagt nicht, wofür. Sie lächelt milde, meint, es wäre schon gut. Was denn, hake ich nach, was ist denn wieder gut? Sie, na ja, Sie haben mir den Finger gequetscht, ich, oh, das wollte ich nicht, sie, ich sag ja, ist schon gut, ich darf ich mal sehen, sie, nö, kichert, ich, biittööh, na gut, und hält mir einen verbundenen Daumen hin; einen riesig und dilettantisch verbunden Daumen, der enorm schmutzig ist, einen dicken schwarzem Nagellack da hat, wo der Daumen wäre. Sieht aus als würde er Obelix gehören und nicht dir, sage ich zu dem Ding und noch mal sorry. Jetzt lächelt sie anders als vorhin, atmet ein, und sagt im Weggehen, Wissen Sie, ich lass mich halt nicht gern verarschen.

Verstärker

Ein Toben hallt durch die drei Stockwerke des Treppenhauses. Das Gebäude wirkt wie ein Verstärker – je höher man kommt, desto lauter wird der infernalische Lärm. Die im Treppenhaus versammelten Schüler schreien, sie brüllen, röhren und kreischen aus Lust, aus Trieb und purer Unerzogenheit, sie berauschen sich an der Verstärkung ihrer Stimmen, von denen manche noch im Stimmbruch sind. Die Kleinen schrill wie Kreissägen, die Großen brüllend wie LKWs, gellt es im Raum. Ein Durchgangsraum, für den sie keine Regeln gelten lassen. Vor hundert Jahren wurden diese Flure für Schülerinnen gebaut, die in Zweierreihen für den Unterricht anzustehen, die sich auf Befehl zu bewegen hatten, gebaut – vooooorann! Nicht für junge Grobmotoriker, die sich, zumeist übergewichtig, ungelenk und ohne Gefühl für die eigenen Ausmaße und die des Umgebungsraums nicht sehr geschmeidig bewegen. Niemand hat ihnen beigebracht, einem anderen Platz zu machen, schon gar nicht einer Frau. Wenn der Dezibelwert im Klassenzimmer bei 86 liegt, beträgt er hier durch den Hall weit mehr. Kann ein Gebäude durch Lärm nachhaltig beschädigt werden? Den aktuellen täglichen Erschütterungen und Frequenzen zufolge, müsste das alte Gemäuer von zahllosen Haarrissen durchzogen sein. Manchmal warte ich darauf, dass das Ganze einkracht; eine Art Miniaturversion von 9/11.

Durch die vielen Körper auf den Treppen muss man sich den Weg nach oben bahnen. Die Schüler werfen ihre

Rucksäcke auf die Stufen und sich selbst darauf. Couch Potatoes haben wir hier und Hyperaktive, ADS-ler und welche, die das alles irgendwie zusammenkriegen. Sie vergessen, Platz zum Vorbeigehen zu lassen. Spricht man sie an und bittet um Durchlass, dann gewähren sie ihn. Zentimeter um Zentimeter rücken sie zögerlich auseinander und schauen einen dabei vorwurfsvoll an oder gleich ganz weg. Ich kämpfe um meinen Arbeitsplatz, Stufe für Stufe, Treppenabsatz für Treppenabsatz kämpfe ich mich dem Kunstraum entgegen. Als ich im zweiten Stock bin, löst sich eine Person aus den hinteren im Dunklen stehenden Gruppen der Großen. Sie kommt auf mich zugeschlendert. Die anderen bleiben im Hintergrund und haben ein Auge auf die jungen Schüler, als wär's ein Rudel Hunde. Sie selbst halten die Kleinen für unberechenbar und bissig. Die Silhouette kommt auf mich zu, weite Hosen, unten zusammengerafft, schmale Hüften und darüber eine Bomberjacke; der geschorenen Kopf. »Hallo, wie geht es Ihnen?« Ein Lächeln unter dem messerscharf rasierten Bart und eine ausgestreckte Hand versprechen Freundlichkeit. Ein einzelner Schüler möchte per Handschlag begrüßt werden. Was bedeutet diese Art, ein Gespräch so ganz auf Augenhöhe zu beginnen? Ich stehe hier anscheinend unter Beobachtung. Selbst die jungen Hunde sind etwas ruhiger. Dem jovialen Auftreten des Schülers fehlt nur noch »Kann ich etwas für Sie tun?«. Was ist das, läuft hier ein Test? Oder will er einfach nur höflich sein, eine Geste, die aus Unwissenheit überzogen und bizarr wird?

Eine ausgestreckte Hand nicht zu nehmen, ist fast unmöglich. Es bedeutet gemeinhin einen Affront. Für mich bedeutet es das, aber wird der Schüler das auch so wahrnehmen? Wie nimmt der Schüler mich wahr? Als Autoritätsperson? Als Verhandlungspartner? Als Frau, die sich von den Frauen in seiner Familie wahrscheinlich stark unterscheidet, nimmt er mich wahr. Mit dieser Geste, dem Angebot einer ausgestreckten Hand, nimmt er Fährte auf.

Der Unterricht reicht ihm nicht aus, um herauszufinden, was geht und was nicht geht und wie es gehen und zugehen könnte in der fremden Welt dieser Deutschen, die in Neukölln nun wirklich keine Mehrheitsgesellschaft mehr darstellen. Der Handschlag ist nach meiner Beobachtung für unsere Schüler Zeichen einer Zugehörigkeit und des Respekts, beides Dinge von zentraler Bedeutung. Will man ernst genommen werden, musst man von bestimmten Leuten, den Paten einer Gruppe nämlich, per Handschlag begrüßt werden. Und jetzt diese Hand, was mache ich nur? Bleibe ich bei mir vertrauten Höflichkeitsregeln, werde ich hier nicht verstanden. Und was heißt schon, dabei bleiben? Was mache ich denn mit einem bayerischen Schüler am Wittelsbacher-Gymnasium, der mir im Treppenhaus ohne besonderen Anlass die Hand zum Gruß hinhält? Hilfe! Die angemessene Konsequenz wäre jeden Schüler zu jeder Stunde am Tag per Handschlag zu begrüßen. Hand also nicht nehmen. Und dann?

Sie begreifen den Schulalltag, die unterschiedlichen Fächer, die an sie gebundenen Räume, Personen und Inhalte nicht als unterschiedliche Formate, deren Summe ein Ganzes ergeben soll, sondern als irgendetwas Zähes und Diffuses. Schule ist eine Pflicht, der man Tag für Tag genügen, die man hinter sich bringen muss. Sie dauert eine endlose Reihe von Tagen und das Leben droht immer dahinter zu verschwinden. Schule ist Pflicht, fast immer von anderen auferlegt, windet sie sich dahin als gefräßiges fremdes Ding. Ein Fremdkörper, der sich hineinfrisst in die Familien, in denen es so schön sein kann, sich dort wichtig macht, immer größer und fordernder auftritt und einen dann auch noch maßregelt, kritisiert und drangsaliert. Diesem Koloss von Schule begegnen unsere Schüler, vor allem die Jungs, mit stumpfer Gegenwehr. Ihr Verhalten ist von Ausweichmanövern bestimmt, öfter als wirklich aggressiv sind die Reaktionen meistens stumpf und verweigernd. Die Schulwelt ist kompliziert und bedrohlich, die Anforderungen oft schwer zu verstehen. Wenn sie in den Siebten ankommen, sind ihre Sprachfähigkeiten noch schwach, Deutsch als »Bildungssprache« ist schwer, vor allem im Schriftlichen und die Grundschullehrerin, die einen kannte, ist dann auch weg. Stattdessen dieses Riesengebilde, viele fremde Leute und zu Hause der Vater und der Abi, die sagen, du musst. Du musst, sei still, du musst. Es ist zu deinem Besten, sagen sie, wir erwarten, dass du das einsiehst.

Wenn man all die Zeit, die sie hier verbringen, auf sieben Schuljahre zusammenrechnet, kommt man, grob überschlagen, auf eine erkleckliche Summe: Ich gehe von einem Durchschnittsschultag von sechs Stunden aus und rechne zu den 65 Minuten normaler Pausenzeit zwischen diesen sechs Vormittagsstunden noch 20 hinzu, die vor und nach dem Unterricht an der Schule verbracht werden, plus vorsichtige fünf für Verspätungen und komme auf eine unterrichtsfreie Zeit von 90 Minuten täglich. Gehe ich von 1400 Schultagen Gymnasialzeit aus (die in Berlin zwischen dem Beginn der siebten Klasse und dem Abitur liegt), komme ich auf eine Summe von 126000 Minuten oder 2100 Stunden pro Schüler per Gymnasialzeit. In diese Berechnung fallen keine Ausfälle und keine Pausen, die zwischen Vormittags- und Nachmittagsunterricht liegen, des weiteren Stundenlücken, die in der Kursphase fast unvermeidlich sind. Diese Tausenden von Minuten werden Pausen genannt. Das ist beschönigend, nennen wir sie lieber Warte- oder Übergangszeiten. De facto entsteht hier der Stoff, aus dem die Konflikte sind, die in Mediationen und Gesprächen nur ansatzweise geschlichtet werden können. Provokationen, Streit und Gewaltausbrüche, unterstützt durch einen kollektiven Zuckerschub, passieren vor allem in den Pausen.

Was klingt wie ein Plädoyer für die Abschaffung jeglichen Frei- und Erholungsraums, ist dessen Gegenteil: Wir müssen sehen, dass die Pausen nicht mehr das bieten, wofür sie gedacht sind: Erholung durch Bewegung, Stärkung und Rückzug. Daran sind nicht nur die schwindenden Fähigkeiten der Jugendlichen schuld, allem voran ihre Unruhe bei chronischer Bewegungsunlust und ihre mangelnde Neugierde. Wenn sie außerhalb eines hallenden Treppenhauses keinen Ort für einen Rückzug geboten bekommen, dann vergnügen sie sich mit dem Hall dieses Treppenhauses. Wenn sie am schuleigenen Imbiss Tütenfraß und Zuckerzeug angeboten bekommen, dann essen sie Tütenfraß und Zuckerzeug. Einweggeschirr bleibt auf der Treppe, auf der man isst – logisch. Die Trinktüte liegt daneben; blassrot tropft es heraus.

Zur Bewegung: Wegen der kleinen Turnhalle gab es großen Ärger in diesem Jahr. Man konnte sie nicht sicher abschließen und gewitzt, wie nur Schüler sind, die Verbotenes wollen, knackten sie jeden neuen Schließversuch. Sie schlitzten die neuen teuren Lederbezüge der Turnkästen auf (warum sind die eigentlich in der alten Halle?) und hinterließen Edding-Tags an den Wänden. Die Halle wurde nur von Sportvereinen abends genutzt und schon lange nicht mehr gereinigt. Man hätte sie öffnen und mit einem Boxsack ausstatten können. Man hätte in den Pausen leise Musik einspielen und die dicken Matten als Pausensofa anbieten können. Man hätte so viel machen können, was nicht mehr als einer Idee, einer Aufsicht, einer Grundreinigung und etwas guten Willens bedurft hätte.

Es könnte ein Anfang sein dafür, dass mit der Zeit der Kinder und Jugendlichen nicht so verschwenderisch umgegangen wird. Verschwendung meint hier nicht Gammeln und Dösen. Mit Verschwendung meine ich, dass eben keine Räume zum Gammeln und Dösen zwischendurch, zum Musikhören und Quatschen da sind. Dass die Pausen in stinkenden Höfen und dreckigen Treppenhäusern verbracht werden. Dass es eine Bibliothek gibt, die so verstaubt und unzugänglich ist, dass sie kein Schüler in den vergangenen 30 Jahren freiwillig aufgesucht hat. Warum gibt es keine benutzbare Bibliothek an einem Gymnasium? Verschwendung von Motivation. Warum gibt es keine Arbeitsstationen für die Oberstufenschüler? Verschwendung von Selbstständigkeit. Der einzige Computerraum ist eine elektrostatisch geladene Vorhölle, in der man keine Luft bekommt und die trotzdem immer besetzt ist. Warum muss man 2100 unterrichtsfreien Stunden an der Schule in unwirtlichen Durchgangsräumen verbringen und darf in ihnen weder ausruhen noch sich bewegen noch arbeiten? Ich kann Ihnen sagen warum, es ist die immer gleiche Antwort: es gibt kein Geld dafür. Was lernen wir daraus? Verschwendung kostet kein Geld. Erst später.

Nehme ich nur ein einzelne Klasse von 25 Schülerinnen und Schülern, geht es bei der Pausenfrage um eine Zeiteinheit von 52500 Stunden, das entspricht 2187 Tagen. Diese Tage gehören der Jugend einer einzelnen Klasse. Die Klasse verbringt, zusammen genommen, fast sechs Jahre an Pausenzeiten. Ich frage Sie: Was ist uns diese Zeit wert? Als Gesellschaft haben wir die Möglichkeit, diese Zeit zur Erziehung und Ausbildung von Jugendlichen aus den sogenannten bildungsfernen Schichten zu nutzen, an die wir sonst gar nicht herankommen! Diese Jugendlichen, sind sie einmal von der Schule weg, werden kaum noch für die Vermittlung der Werte erreichbar sein, um die es uns doch so dringlich geht. Nützen wir diese Zeit! Sonst ist sie weg, irreversibel.

Die Jugendlichen selbst sind zwar sehr wohl in der Lage, unterschiedliche Qualitäten von Zeit wahrzunehmen, sie können sich aber nicht entsprechend verhalten. Sie brauchen Hilfen dafür, Pausenzeiten von Unterrichtszeiten zu unterscheiden, ein schrilles Läuten reicht da nicht. Oft kommen sie erst zum Unterrichtsende richtig in Fahrt, nachdem etwa eine halbe Stunde mit Begrüßung und Einführung und eine weitere halbe für Selbstorganisation und den Aufbau einer gewissen Konzentration benötigt wurden. Sie wollen dann nicht gehen. Sie finden es schön, ja, in jedem Alter finden sie es schön, sitzen zu bleiben, im kleineren Kreis, etwas mehr Ruhe zu haben und Dauer. Vielleicht finden sie es auch nur deshalb gut, weil es gegen die Regel ist. Sie wissen, sie müssen weiter und nichts motiviert sie so sehr, wie die Möglichkeit, sich gegen die Regel zu verhalten. Man muss sie gegen den Strich bürsten und ihren Umgang mit Zeit schulen. Sie haben keine Haltung im Umgang mit der Zeit, sie konnten sie nicht als Wert kennenlernen. Genussfeindlich ist ihr Umgang damit, eigentlich ein Nichtumgang. Gerade die Schulzeit ist für sie unterschiedslos, sie zeichnet sich vor allem dadurch aus, dass man ihr Vorübergehen erwartet. Die Schüler warten darauf, dass aufgeschlossen wird, dann warten sie darauf, dass die Stunde vorbeigeht. Ist die Stunde vorbei, warten sie darauf, dass die Pause, dann die nächste Stunde, schließlich der Schultag vorbeigeht; sie gehen nach Hause. Dort wartet man gemeinsam darauf, dass der Tag vorbeigeht. Irgendwann wird auch das Warten auf das Abitur der Kinder vorbeigegangen sein und schließlich der Aufenthalt in Deutschland. Ganze Großfamilien warten darauf, dass endlich das Unvermeidliche zu Ende gehe und das Eigentliche beginne. Das ist Zeit. Sie verrinnt, man verharrt darin, erträgt, was sie bringt, ersehnt dessen Ende und wartet auf das Leben, das danach bestimmt irgendwann anfängt.

Die Pausen verbringen die Schüler gern im Klassenzimmer, da kann man so ein bisschen privat mit der Lehrerin sein, den Unterricht aber am liebsten außerhalb; sie fliehen auf die Toiletten, in die Flure und überall dorthin, wo sie zu diesem Zeitpunkt nicht sein sollten. Im Unterricht können sie sich nicht konzentrieren und in den Pausen nicht abschalten. In den Stunden melden sie sich nicht, aber sobald es läutet, bestürmen sie einen mit tausend Fragen und erzählen, was sie alles schon gemacht haben.

Nach Unterrichtsende habe ich in jeder siebten Klasse eine Gruppe Kunstsachverständiger um mich. Im Unterricht selbst haben sie keine Zeit zum Arbeiten und keine Ruhe und kein Interesse. Dadurch verpassen sie viel. Ein Test, den ich gerne mache, um die Konzentrationsfähigkeit einer Klasse oder eines Kurses zu prüfen, ist das blinde Zeichnen. Er gibt genaue Auskunft über die Lernwilligkeit einer Klasse, über das Vertrauen zum Lehrer und untereinander. In den Klassen acht und neun beinahe undurchführbar, kann man in den siebten und zehnten Klassen unterschiedlichste Reaktionen darauf erfahren. Der Test besteht darin, mit geschlossenen Augen ein Selbstportrait zu zeichnen. Alles, was sie dafür wissen müssen, erfahren sie über das Fühlen. Das geht so: Jeder Schüler bekommt einen Bleistift, ein Blatt, das auf dem Tisch vor ihm festgeklebt wird und eine Augenbinde. Mit dem Zeigefinger der einen Hand betastet er sein Gesicht, ruhig und möglichst ohne abzusetzen. Die andere Hand überträgt diese Bewegung in direkter Analogie auf das Blatt. So entstehen auf den Formaten netzförmige Gebilde, die im Gegensatz zu den klischierten Darstellungen Plastizität, Körperlichkeit und grafische Sensibilität aufweisen. Die Aufgabe erfordert von den Schülern Mut. Zwei Herausforderungen spielen dabei eine wesentliche Rolle:

Herausforderung 1: Ich muss von ästhetischen und Vorstellungen Abstand nehmen und etwas tun, das sich meiner direkten Kontrolle entzieht. Die ersten Reaktionen auf die Ergebnisse sind fast immer entsetzt: »Hässlich!«, »lächerlich«, »behindert«, finden sie sie.

Herausforderung 2: Ich bin auf mich allein gestellt. Die Augenbinde unterbricht teilweise den Kontakt zur Klasse. Man fühlt sich allein den Anweisungen des Lehrers ausgeliefert. Jetzt kommt es darauf an, ob der nächste Schritt gelingt: Entweder wird die Herausforderung angenommen und man lässt sich auf die komische Aufgabe ein, oder aber auf das Bedürfnis, bei den anderen zu bleiben und weiterhin als gemeinsames System zu wirken. Das führt dann dazu, dass immer weiter, immer mehr und lauter gesprochen und gezappelt wird, man sich berührt. Wenn das Chaos, das nicht anderes als ein Sicherheitsbedürfnis ist, siegt, hat es gar keinen Sinn, mit der Aufgabe fortzufahren.

In dieser Aufgabenstellung kann man die Gesamtsituation unserer Mittelstufe erkennen. Die Entscheidung, ob die persönliche Neugierde und das Lernbedürfnis im Einzelnen siegen, hängt davon ab, ob die anderen mitkommen oder nicht – was nützt einem eine Erfahrung, wenn man riskiert, irgendwo allein stehen gelassen zu werden? Die Unruhe, diese wilde Aufregung, sobald die Augen verbunden sind, machen klar, dass unsere Schüler mehr Angst haben als andere; wahrscheinlich haben sie auch mehr Grund dazu. Sie klammern sich aneinander, gehen eher quasselnd als Gruppe unter, als dass einer einfach mal den Mund hielte und abwartete, was kommt. Abwarten, das tun nur Einzelgänger und Außenseiter, die, die sowieso anders sind und einem leidtun, solange man Schüler ist.

Erster Fluchtversuch

Je weiter der Grundkurs im Semesterthema »Mode und Design« vorankommt, desto mehr empört er sich über die Hässlichkeit unserer Räumlichkeiten. Ich sage, der Kunstraum hier ist doch nicht so schlimm, Sie müssen nur die Augen schließen, bis Sie hier oben sind, dann können Sie sie wieder öffnen, aber die Schüler sagen, doch, doch, ganz schlimm. Da muss was Neues her.

Stellen Sie sich den Kunstraum als langen Schlauch vor; zwei Räume, einfach eine Wand rausgekloppt, zack, schon hat man ein großes, langes Rechteck. An die Decke hat man Strukturfliesen gepappt und Neonlampen. Von denen flackerte eine, bis ich sie ausdrehte. Der Boden ist ein schönes und ziemlich ruiniertes Schiffsparkett. An der langen Seite sind vier große Fenster, an der Stirnseite Schubladenschränke und eine kleine Tafel, die auf Kniehöhe hängt. »Nüscht zu machen«, sagte Herr Schoof, als ich ihn bat, den Zugmechanismus zu reparieren. Gegenüber der Fensterseite sind Pinboards montiert, seitlich davon die beiden Türen. Hinten dann an der kurzen Wand eine Druckerpresse in traurigem Zustand, drei verklebte Waschbecken und ein riesiger Vitrinenschrank, der als Parallelogramm in zwei Richtungen eine reale Bedrohung darstellt. Dazwischen ewig rieselnder Putz und natürlich endlos Tische und Stühle. Eine normale Stimme reicht nur dann nach hinten, wenn es mucksmäuschenstill ist. Ich wandere also die zwölf Meter Bankreihen ständig auf und ab, hin und her, um gehört zu werden und selbst besser zu hören. Ich stehe vor der Klasse wie eine Galionsfigur und habe keinen eigenen Platz, weder Tisch noch Stuhl. Da muss also doch was Neues her.

Der Grundkurs bekommt die Aufgabe, einen Entwurf für die Neugestaltung dieses Raums zu erarbeiten. Bedingung: Es sollen bis zu 30 Schüler und ich hier arbeiten können, aber anders organisiert. Zweitens: Es kommt nichts an Einrichtungsgegenständen dazu, höchstens etwas weg. Drittens: Gefordert ist ein Farbkonzept.

Wieder ist es kurz vor Schuljahresende und wieder will ich weg. Ich habe ein Angebot als Kunst- und Mediendozentin an einer staatlichen Fachschule für Sozialpädagogik. Am Ende des Erfolg versprechenden Bewerbungsgesprächs hatte der Rektor »Und? Lässt man Sie gehen?« gefragt und ich war aus allen Wolken gefallen. Lässt man Sie gehen ... meine erste Konfrontation mit dem Beamtenrecht hatte mich wie ein Paukenschlag getroffen.

Jetzt saß ich im Büro der Schulrätin: »Das ist ja sehr ehrenwert, dass Sie diese Ausbildung machen und deshalb in Teilzeit sind. Aber können Sie mir verraten, warum ich

Sie jetzt gehen lassen sollte, wo doch alle Welt weiß, dass ich händeringend Kunstlehrer suche?« – »Meine Fähigkeiten sind auch an anderen Schulen gefragt und die Bedingungen dort besser«, antworte ich etwas gepresst. »Ich bin dafür verantwortlich, dass der Laden hier läuft«, sie hat sich schon halb erhoben, will mich hier raushaben. »Ich mache meine Arbeit, wo auch immer man mich hinstellt und schone mich nicht. Zuletzt habe ich den Kunstraum mit den heurigen Abiturienten komplett renoviert. Es ist sehr schön geworden, Sie können uns gerne besuchen.« Was wie eine Automatenansage klingt, war auch eine. Ich hatte mit meiner Therapeutin im Rollenspiel trainiert, wie ich argumentieren würde. Frau S. hatte gesagt, *diese Frau ist aus Beton. Sie macht ihre Arbeit wo auch immer man sie hinstellt und das erwartet sie auch von anderen. Also keine Befindlichkeiten.*

»Nicht obwohl, sondern *weil* ich meine Sache hier bisher ernsthaft und gut gemacht habe, möchte ich, dass Sie mich gehen lassen«, sage ich, »oder wollen Sie die, die sich engagieren, bestrafen? Wir zeigen auch neue Arbeiten. Sie können uns gerne besuchen.« Die Schulrätin sitzt wieder fest im Sessel. Sie sagt, sie könne mich jetzt nicht gehen lassen, auf die Schnelle sei es unmöglich, Ersatz zu finden. Sie mache mir jetzt einen Vorschlag. Es sei eine neue Stelle eingerichtet worden, sagt sie, für eine Fachbereichsleitung. Und es komme ein neuer Schulleiter. Nein, die Schule werde nicht geschlossen, im Gegenteil, gehe man jetzt dazu über, ein starkes neues Team aufzustellen, um die Schule zu halten und wieder aufzubauen. Und dafür brauche es erweiterte Kompetenzen. Ein Fachbereichsleiter habe Verantwortung für mehrere Schulen in Nord Neukölln und könne so wirklich Einfluss nehmen und so weiter. In meinem Kopf rumorte noch das definitive »Ich kann Sie jetzt nicht gehen lassen«. Dann steht sie plötzlich direkt vor mir: »Ich möchte Sie«, sagt sie, »auf diesem Posten sehen. Überlegen Sie es sich.« Sie tritt einen Schritt zurück. »Überlegen Sie es sich gut. Wenn nein, dann lass ich Sie nächstes Jahr laufen.«

Zur Beruhigung fuhr ich in die Schule. Ich würde räumen, das machte ich sowieso seit Wochen. Ich würde die letzten Schubladen von Schülerarbeiten befreien, deren letztdatierte von 1972 waren. Aus Angst, Diethardt Pudscholl zu begegnen, der mich ausbremsen würde, konnte ich diese Arbeit sowieso nur an den Nachmittagen machen. Vor den Sommerferien, die in zwei Wochen begännen, würde ich fertig werden. Die Renovierung war erschöpfend gewesen, aber nicht nur für mich. Drei Abiturienten hatten eine ganze Woche mit mir gearbeitet, obwohl sie schon längst nicht mehr zur Schule mussten; teilweise gab ich um zehn Uhr abends noch eine Runde Pizza aus. Aber es hatte sich gelohnt, der Raum strahlte in einem warmen Ocker. Die Decke und ein umlaufendes Band unterhalb der oberen Raumkante hatten wir weiß abgesetzt. Die Schubladenschränke waren weiß und hatten hellgraue Schattenfugen, der Vitrinenschrank war entsorgt und alles picobello sauber. Der Raum nehme sich aus, sagte eine Praktikantin im folgenden Jahr, wie ein Raum der Gemäldegalerie. Ich räumte, schleppte und merkte, dass ich vor meinem Abendtermin nicht mehr nach Hause würde fahren können. Egal. Ich wusch mich von Kopf bis Fuß in der neuen Gemäldegalerie des Gymnasiums, trank noch mehr Tee und fuhr völlig aufgekratzt zum Abschiedsessen der Abiturienten in eine Kreuzberger Pizzeria. Es wurde ein unerwartet schöner Abend. Ich bekam eine Urkunde »Beliebteste Lehrerin«. Es gab auch eine »Beliebtester Lehrer«-Urkunde für Hans F. Hans lebt nicht mehr. Schön, dass er das noch erlebt hat, denn sein Leben war tatsächlich die Schule gewesen. Adieu Grundkurs, schnell über die Augen gewischt und weg, bevor es richtig losgeht.

Drei

Zwei Jahre hatte ich ausschließlich für meine Schüler und mich gearbeitet. Ohne den Austausch von Erfahrungen und Entdeckungen, ohne Pilotprojekte, Denkwerkstätten und Ansätze zu strukturellen Veränderungen würde ich auf Dauer nicht glücklich werden können.

Aber nichts hatte sich ergeben und nichts war in Sicht; mein Glaube an die Möglichkeit der Veränderung begann zu schwächeln. Ohne diesen Glauben aber würde ich die Energie, die dieser Job einem abverlangt, nicht mehr lange aufbringen können. Nach zwei Jahren spürte ich gespenstische Anfänge dessen, was viele Kollegen über Jahre zu bandscheibengeplagten Misanthropen, Alkoholikern und Berufsphobikern gemacht hatte, ein physisch und psychisch kaputtes Personal, in das nichts mehr reingeht, aus dem nichts mehr rauskommt. Niemand schien diese Entwicklung zu bemerken, niemanden schien sie zu beunruhigen. Als ich an die Schule kam, war der soziale, mentale und gesundheitliche Zustand des Kollegiums bereits ein groteskes Zerrbild dessen geworden, was es einmal, vor vielen Jahren, gewesen sein musste – jung, stark und idealistisch. Gemeinsam war man alt, elend und wunderlich geworden, manche auch böse mit sich und der Welt. Ich sah diese Entwicklung, die Gründe dafür und mich selbst darauf zusteuern.

Uns war kein neuer Direktor angekündigt worden. In den vergangenen eineinhalb Jahren waren wir ohne Direktor ausgekommen und ein neuer war uns nicht angekündigt worden. Warum auch, wir sollten ja geschlossen werden. Herr Pflumm, pädagogischer Koordinator, organisierte den Ablauf im Großen und Ganzen. Es klappte so leidlich. Herr Pflumm wollte, es ist ihm nicht zu verdenken, zur Arbeit auch die Position und das Gehalt eines Direktors, deshalb hatte er sich um den Schulleiterposten offiziell beworben. Diese Bewerbung aber war bereits im

Vorfeld abgeschmettert worden. Man wolle ihn, so hieß es, trotz nicht vorhandener Mitbewerber nicht. Vom Kollegium wurde der Beschluss missgelaunt, aber mit jener typisch gewordenen Gleichgültigkeit, die mir bis zuletzt so rätsel-, wie für die Betroffenen schicksalhaft erschien, hingenommen. In dieser Phase, in der über die Beförderung oder Nichtbeförderung von Herrn Pflumm zwar nicht gesprochen, aber doch spekuliert wurde, gab es einen besonderen Besuch an unserer Schule.

Die Stadträtin kommt mit der Schulrätin W.. In einem der Klassenzimmer hatte die Steuergruppe eine schnurgerade Reihe aus Schulbänken von Wand zu Wand gebaut, welche die Politiker von uns Lehrern trennte wie eine Demarkationslinie. Die Stadträtin teilt uns mit gequältem Lächeln mit, dass bei Anmeldezahlen, die ohnehin schon katastrophal und dann noch von Jahr zu Jahr sinkend seien, der Betrieb an dieser Schule eingestellt werden müsse. Man habe sich das jetzt mehrere Jahre lang angesehen, wahnwitzige Zugeständnisse an Kurs- und Klassenstärken gemacht, hie und da Sonderkonditionen eingeräumt, und das Ergebnis davon sei nichts als weiter sinkende Abiturienten- und entsprechende Anfängerzahlen. Frau W. nennt unwirsch Zahlen: Jahrelang sei man von vier siebten Klassen ausgegangen, die bei über 30 Schülern gelegen hätten, inzwischen habe man Mühe, drei Siebte von 28 zusammenzubekommen. Und auch das gelänge nur, indem über 80 Prozent unserer Schulanfänger von anderen Schulen – Erstwunschschulen – umgelegt würden. Mit anderen Worten, kaum einer unserer Siebtklässler war auf eigenen Wunsch hier.

Unbewegt nimmt das Kollegium diese Zahlen zur Kenntnis, erträgt sie wie die Unausweichlichkeit eines Richterspruchs. Ich weiß endlich, warum wir einen Schüleranteil von bis zu 70 Prozent haben, der ohne »gymnasiale Empfehlung« zu uns kommt. Es kommen die, die übrig sind. Die, die man an den anderen Gymnasien ablehnt, weil man sie nicht für gymnasial geeignet hält. Und selbst sie kommen nicht direkt, sondern erst dann, wenn gar kein anderes Gymnasium im Bezirk sie aufnehmen will. Unsere Schule hatte sich den Ruf »zu schwer« zu sein erworben, sie ist gefürchtet. Offenbar sind darauf einige von den älteren Kollegen stolz. Wir seien eine »gute Schule« finden sie, hätten mittlerweile aber »leider die falschen Schüler«.

Offenbar kurz nach diesem Abgesang muss in der Schulverwaltung aus Gründen, die uns nicht bekannt gemacht wurden, ein Gesinnungs- und Kurswechsel stattgefunden haben. Am Tag der Vorkonferenz des neuen Schuljahres präsentierte sich uns der Mann, der offenbar dazu bestimmt war, das Ruder herumzureißen und einen neuen Kurs einzuschlagen.

Der neue Direktor stellt sich selbst vor. Er scheint ein musischer Mensch zu sein. Trägt er doch diesen wundervoll Beckett'schen Namen und einen Ring mit Mondstein am Mittelfinger der rechten Hand. Die zurückhaltende Eleganz seines Anzugs, den er ohne Krawatte und zu mittellangem Haar trägt, gibt seiner saturierten Erscheinung den Schliff des Großstadtintellektuellen. Keine Frage, dieses Geschmacksniveau hat Fremdkörpercharakter im Lehrerzimmer. In sympathischem Kontrast zu seiner Weltläufigkeit steht der Singsang seiner Mundart, dem Fränkischen, dem man völlig zu Unrecht bodenständige Bescheidenheit zurechnet. »Glotzn statt gleggern« war stattdessen eine Schwartz'sche Devise und bei Schülern, die »nix als die Bubbn dansn lassn«, würde er, so kündigte er an, straff durchgreifen. Schwartz begrüßt uns lächelnd. Er sagt etwas, was ihm unser aller Herzen zufliegen und was er kein einziges Mal einlösen wird: »Ich will mich kurzfassen.«

Was bringt einen musischen Gymnasiallehrer in mittleren Jahren dazu, eine gut bezahlte Position an einer deutschen Schule des europäischen Auslands aufzugeben?

Eine Position, in der dieser Mann als Spezialist für sprachliche Integration gelten mag, aus der er federführend die Geschicke einer kleinen Kulturelite vertritt. Deren Nachkommen machte er fit und polyglott für die harten Zeiten globaler Arbeitszusammenhänge. Es ist anzunehmen, dass diese kleine städtische Kulturelite sich dankend revanchiert, ein Abendessen mit dem Botschafter, eine Einladung zum Empfang des nationalen Staatsorchesters an der Wochenordnung ist und interessante Gesprächspartner wie auch politische Einflussnahme im Kleinen bietet. Auch das Einkommen, das man als Gymnasiallehrer im Ausland bezieht, ist von anderer Klasse. Das tauscht der Mann gegen einen Schleudersitz in Deutschlands bekanntestem Slum ein.

Jugend in Neukölln – bekannt geworden durch die Filme *Knallhart* und *Wut*, einen Koffermord, einen liquidierten Streifenpolizisten. Schule in Neukölln heißt vor allem »Rütli«, heißt über 200 tätliche Übergriffe von Schülern auf Lehrer im Jahr 2007, mehr als die Hälfte aller registrierten derartigen Übergriffe in ganz Berlin. Bildung in Neukölln, das heißt, dass ein Drittel aller Schulabgänger ohne Abschluss geht, dass 40 Prozent der Nordneuköllner ohne Berufsabschluss sind und es unter den jungen Erwachsenen bis 26 Jahre derzeit eine Arbeitslosenquote von 47 Prozent gibt; dass jede zweite türkischstämmige Frau zwischen 20 und 27 Jahren erwerbslos und damit im höchsten Maß von den Beschlüssen der Familie abhängig ist.

Schwartz hat das gewusst, bevor er sich für den Posten entschied. Schwartz hätte ein Gymnasium in Charlottenburg übernehmen oder sich nach Süddeutschland zurückversetzen lassen können. Stattdessen hat er sich ein muffiges Büro ausgesucht, aus dem schon im ersten Jahr zweimal der Computer und die Handkasse gestohlen werden, einen chronisch abgebrannten Haushalt in einem der ärmsten Bezirke Berlins, ein heruntergekommenes Schulhaus mit einem heruntergekommenen Hausmeister, eine Elternschaft, deren Sprache er nicht spricht und ein hochproblematisches Schülerklientel. Er steht einem Kollegium vor, in dem jeder, der etwas zu ändern gedenkt, ziemlich einsam bleibt. Das allerdings konnte er zu diesem Zeitpunkt noch nicht wissen.

Im Gepäck hat Schwartz pädagogische Überzeugungen, die Kreativität, Neues zu denken, Disziplin und persönlichen Ehrgeiz. Es ging in diesen Monaten des Anfangs um Grundsätzliches. Schule neu zu denken, hatte Schwartz sich vorgenommen, noch einmal grundsätzlich zu werden – für wen machen wir das? Wie kann gelingen, wo nur noch Scheitern war? Um große, beherzte Dinge ging es, mit Schwartz kam die Hoffnung. In persönlichen Gesprächen, zu denen er einlud, sprach er davon, dass sein Vertrauen in die erzieherische Kraft künstlerischer Projekte fast grenzenlos sei. Eine Erziehung des Herzens erwartete er sich von ihnen und die Entwicklung kognitiven Denkens, Erkenntnis und Handlungsfähigkeit, die Herausbildung weltanschaulicher und sozialer Fähigkeiten. Eigentlich alles Wesentliche. Diese Ansätze verband er mit einer Neudefinition des »guten Schülers«, die allerdings überfällig war.

Schafft Schule für Familien

Ahmed, 15, My Han, 18, und Selcuk, zwölf Jahre alt, hätten auf Gymnasien anderer Bundesländer nicht den Hauch einer Chance – hier bei uns sind sie richtig. Sie sind auf eigenen Wunsch hier und meistens gegen den Rat der Grundschullehrer. In München, Stuttgart oder Leipzig wären Ahmed, My Han und Selcuk nach der Grundschulzeit an die Haupt-, vielleicht Realschule, gekommen. Wären die Eltern dieser Schüler der Empfehlung des Grundschullehrers nachgekommen, wären die drei jetzt wohl an einer Schule, die die Steigerung von »Hauptschule« ist, nämlich Hauptschule in Neukölln. Frei nach der Devise »Du hast keine Chance, also nutze sie!« meldeten ihre Eltern sie aber am Gymnasium an. Im zarten Alter von zwölf oder 13 ließen sie so ihren Kindern und sich selbst noch etwas Hoffnung. Vielleicht könnten sie verhindern, was in ihrem Neuköllner Umfeld Normalität ist: Rast- und ziellose junge Männer, vor der Zeit alt geworden aufgrund der Überflüssigkeit ihrer Arbeitskraft; Aggressionen und Ausgrenzungsmechanismen, die die letzte Motivation dieser Männer darstellen; ansonsten eine tödliche Langeweile, die sich mit Nationalhysterie, Sexismus und Machismus innerhalb und außerhalb der Familien paart. Wie soll ein Mensch zwischen 16 und 20 Jahren mit einem Erwachsenenleben klarkommen, das vor allem vermittelt: Du nicht. Du musst leider draußen bleiben. Wie sonst kann man eine Serie von abschlägigen, häufiger jedoch unbeantworteten Bewerbungen um Arbeits- und Ausbildungsplätze verstehen? Ein allgemeiner Frust und eine Wut auf die Deutschen im Besonderen sind die logische Folge dieser Erfahrungen. Je nach Temperament und Gelegenheit entscheidet man sich für eine Laufbahn als Krimineller, Empfänger staatlicher Almosen oder steigt, wenn möglich, in Familiengeschäfte ein. Die Parallelgesellschaft erweist sich ein weiteres Mal als das wahre Zuhause – sie bietet dem Einzelnen, was der deutsche Staat nicht zu bieten hat: Das Gefühl, gebraucht zu werden.

Die Eltern unserer Schüler wollen anderes für ihre Kinder. Sie können ihnen zwar nicht beim Lernen helfen, sind in den meisten Fällen selbst nicht gebildet und unterstützen weder ihre Kinder noch die Schule in ihren jeweiligen Bemühungen. Sie ernähren und betreuen ihre Kinder schlecht, vernachlässigen Notwendigkeiten, verschwenden Talente. In vielen Familien wird geschlagen. Geschlagen werden und selbst schlagen ist, wie die Schüler sagen, »normal« (O-Ton: »Wieso? Ist normal!«). Viele Mütter sprechen gar kein Deutsch. Mit ihnen verbringen die Kinder den Großteil des Tages. Es sind die Familien einer großen und mit einer starken Infrastruktur ausgestatteten Parallelwelt, die sich selbst genügt. Eine Umfrage, die ich in einer elften Klasse gemacht habe, ergab, dass elf der 24 Schülerinnen und Schüler jeden einzelnen Text in jedem einzelnen Fach vom Deutschen ins Türkische übersetzen, den Text dann in der Muttersprache bearbeiten, um die Ergebnisse wiederum ins Deutsche rückzuübersetzen. Kein Lehrplan eines Gymnasiums sieht Zeiteinheiten für diese Übersetzungsarbeiten vor. Stunde für Stunde werden diese Schüler also weiter abgehängt.

Unsere Schüler kommen aus Familien, in denen weder gelesen noch vorgelesen wird, in denen der Versuch, Deutsch zu lernen, so es ihn denn je gab, aufgegeben wurde. Familien, die »einkommensschwach«, »bildungsfern« und »mit Migrationshintergrund versehen« sind. Familien, die in Zeiten der »sozialen Kälte abgehängt werden«. Familien, die in der deutschen Gesellschaft anzukommen sich seit mehreren Generationen weigern, die aber, vollkommen abhold einem generellen Verständnis für außerfamiliäre soziale und institutionelle Zusammenhänge, diesen einen, diesen frei schwebenden Wunsch hegen – Erfolg und Wohlstand für die Kinder hier und überhaupt. Diesen Wunsch hegen Eltern, die zu keinem Elternabend erscheinen, die nicht ans Telefon gehen, wenn wir Lehrer anrufen, und die jeglichen Kontakt und jedes Zusammenwirken mit uns tunlichst vermeiden. Diese Eltern haben keine Ahnung, was Schulbildung bedeutet.

Aber sie sind Eltern und sie lieben ihre Kinder. Sie lieben sie, wie Eltern im Prenzlauer Berg, in Freiburg und Schwabing ihre Kinder lieben – jede Familie nach ihrer Fasson, aber alle wollen das Beste fürs Kind. Was den einen mittlerweile die mehrsprachige Privatschule, das ist den anderen das öffentliche Gymnasium. Berlin mit seiner speziellen Regelung der freien Oberschulwahl stellt jedem diese Wahl frei. Bedenkt man, dass für die Erzieherausbildung oder eine Banklehre das Abitur inzwischen Voraussetzung ist, kann man die Eltern selbst bei bescheidenen Wünschen an die Zukunft der Kinder sehr gut verstehen. Ihr Motiv, sich über die Empfehlung der Grundschullehrerin hinwegzusetzen, führt ohnehin nicht zu mehr als 12,5 Prozent Gymnasiasten in Neukölln. Ein mittlerer Schulabschluss – da hat sich unser System selbst überholt – ist kaum mehr etwas wert.

Für uns an den Schulen aber ergibt sich aus der Unvereinbarkeit der Ansprüche – des gymnasialen Rahmenlehrplans einerseits, des elterlichen Bildungsauftrags andererseits – die Spannung einer nicht zu bewältigende Aufgabe. Wenn nicht von beiden Seiten massive Unterstützung geboten wird, kann keine der weiterführenden Schulen in den sozialen Problembezirken auf Dauer in diesem Spannungsfeld Konstruktives leisten. Die Eltern müssen in neue Konzepte einbezogen werden. Es gibt Grundschulen, an denen parallel zum Unterricht der Kinder Deutschunterricht für Mütter stattfindet. Die Gymnasien dürfen nicht weiterhin bei solchen innovativen Ansätzen ausgespart werden, ein Gymnasium im Problembezirk ist zunächst eine Schule im Problembezirk – eine bürgerliche Schülerschaft kann es an einem Ort ohne (bildungs-)bürgerliche Elternhäuser nicht geben. Die uns anvertrauten Kinder können nur gemeinsam mit ihren Eltern die ersten Schritte in eine wirkliche Integration gehen, die Eltern müssen gemeinsam mit ihren Kindern in die Ziele, Methoden und Pflichten einer Schullaufbahn eingeführt werden.

Davon sind wir weit entfernt. Schwartz aber setzt da an, wo er auf die Fähigkeiten der Kinder und den Ehrgeiz der Eltern bauen kann. Wenn man die Kinder mehr an die Schule binden könnte, so sein Ansatz, dann würde auch mehr gelehrt und gelernt werden. Die Kinder sollten also zukünftig nicht nur von der Straße, sondern auch von zu viel Zeit im Privaten ferngehalten werden, andernfalls würden sie unsere Sprache nie wirklich lernen. Am Gymnasium selbst, bei uns, so sein Prinzip, mussten die Schüler zu Gymnasiasten gemacht werden.

Dieser Plan bedeutete eine Umwertung aller Werte. Wo früher die »gute Schule« Maßstab war, war es jetzt der Erfolg des Kindes. Schule sollte künftig für, nicht gegen Schüler gemacht werden; und zwar für genau die Schüler, die zu uns kamen. Wo bisher der »falsche Schüler« weichen musste, musste sich jetzt die Schule den Notwendigkeiten des Schülers anpassen. Wo das Kollegium als Apparat staatlicher Autorität und traditioneller Standards argumentiert und beschlossen hatte, mussten wir Lehrer jetzt den Verlust eines jeden Schülers versuchen zu vermeiden. Schwache Leistungen waren jetzt das Ergebnis ungenügender Vermittlungsarbeit und eine mangelnde Sprachfähigkeit musste hier, bei uns, behoben werden. Wo denn auch sonst?

Zu Beginn seines zweiten Amtsjahres richtete Schwartz ein dicht gestaffeltes Netz von Nachhilfeleistungen ein, für die der türkisch-deutsche Verein Leute zur Verfügung stellte. Man muss wissen, der türkisch-deutsche Verein in Neukölln kann alles. Er kann innerhalb von Minuten Transportfahrzeuge inklusive Fahrer herbeischaffen, er bietet Rechtsbeistand, Hilfe bei Kreditanträgen, Problemen mit Aufenthaltsgenehmigung und Heirat, er dient der Wahrung kultureller Güter, er besorgt Räume, Verpflegung, Ausstattung und Personal für so ziemlich jede denkbare Gelegenheit und schafft selbstverständlich ein ganzes Heer von Nachhilfelehrern ran. Wir danken staunend, woher auch immer die kommen mögen. Noch einmal sei, gewissermaßen im Vorbeiwehen der Schleier, die Frage nach dem Staat erlaubt. Danke, türkisch-deutscher Verein, danke, möchte man sagen, dass ihr das klarmacht, dass ihr das schafft. Und die Schulbehörde? Freut sie sich, ist sich einen klitzekleinen Moment einer verpassten Verantwortlichkeit bewusst, oder bekommt sie einfach nichts mit? Tatsächlich herrscht jetzt ab den Nachmittags- und bis in die frühen Abendstunden ein lebhaftes Kommen und Gehen, hektisches Rennen und Rufen, ein Suchen und Finden im Schulhaus. Türkische Trainer sammeln in Sportkleidung ihre Mannschaften zusammen, vor den offenen Klassenräumen stehen ältere türkische Männer, die ziemlich laut in ihre Handys sprechend wohl ihren Geschäften nachgehen; stille Frauen sitzen auf den Stufen im Treppenhaus und tauschen Pikantes und Süßes, während sie auf die Nachhilfekinder warten; lebhafte Geschwisterkinder jeden Alters sind auch da, die Nachhilfe gleicht einem Familienausflug. Die Atmosphäre aber ähnelt eher der auf einem Amt, als der im Tiergarten, viele Gesichter, junge wie ältere, sind angespannt vor Müdigkeit. Die Tage sind lang für die Schüler, zu lang, sie sind ja erst 13 oder 14 und oft geht es bereits auf acht zu wenn ich von der Probe komme. Noch immer herrscht dann Betriebsamkeit, ungegrüßt geht man hinaus und weiß, in zwölf Stunden schon geht es weiter hier – dann wieder auf Deutsch. Je später es wird, desto hässlicher und schmutziger sieht die Schule aus. Es ist hart, aber trotzdem geschieht etwas ganz Wesentliches. Der Verein schafft, was die Schule nicht schafft, und Schwartz hat es erkannt – sie sind da. Die Eltern sind da!

Das Wort der Schulrätin noch im Ohr und in der Überzeugung, es begänne mein letztes Jahr hier, ging ich ziemlich gelassen mit den Veränderungen um, die mein drittes Schuljahr hier begleiten sollten. Fast bedauerte ich, der Ära Schwartz nicht mehr lange folgen zu können. Die Reibungen in den Konferenzen deutete ich als Ausdruck von Stellungskämpfen und als vorübergehend. Viele der Ansichten und persönlichen Privilegien, die hier verteidigt wurden, hatte ich sowieso nicht gut gefunden und verfolgte mit einer gewissen Genugtuung, wie hier alte Pfründe und eine konstituierte Beleidigtheit aufgedeckt und disqualifiziert wurden.

Schwartzs Philosophie stand für mich im Vordergrund. Sie hatte mich im Sturm erobert, seine Ansätze überzeugten, seine Forderungen klangen notwendig und ich hielt ihn für unkorrumpierbar. In bester 70er-Jahre-Mentalität an die Selbstheilungskräfte des Menschen glaubend, schien er Mentorenqualität zu haben. Schwartz machte im Kollegium kein Geheimnis daraus, dass der Fachbereich Kunst bei der neuen Erziehung, die ihm vorschwebte, eine herausragende Stellung einnehmen würde; das Fach fördere im Besonderen die persönlichen Entscheidungs- und Handlungskompetenzen. Die plötzliche und umfassend neue Dimension meiner beruflichen Arbeit beflügelte mich. Hier war endlich Raum für Ideen und gedanklichen Austausch, alles ging, alles wurde erlaubt, all meinen Ideen wurde konstruktiv begegnet. Exkursionen und Besucher wurden begrüßt, neue Zeitfenster für Projekte möglich gemacht, und hinter allem schimmerte eine vage Ahnung von Unterricht jenseits des Stundenklingelns und bar der Lehrereinsamkeit im aufreibenden Kleinkrieg des Klassenzimmers. Die außerordentliche Offenheit künstlerischen und interdisziplinären Projekten gegenüber war bemerkenswert. Prüfungen und Bürokratie rückten in den Hintergrund und alles, was sich an eine kleine wie größere Öffentlichkeit richtete, hatte ausdrückliche Priorität. Es war, als würden wir sagen: Hurra, wir leben noch!

König ohne Krone, Vogel ohne Flügel

Die 7a war jetzt die 8a und hatte bereits den dritten Klassenleiter. Auch Herr Polke würde nicht mehr lange bleiben, vor Weihnachten noch ginge er in Pension. Ich weiß nicht, warum die Berliner Schulbehörde grundsätzlich mitten im Schuljahr pensioniert; »Ach, Herr Polke«, sagen die Schüler mit einem Anflug von Zärtlichkeit, »soll er's mal gut haben.« Er war nicht mehr der Richtige, sich um die Belange der Klasse zu kümmern. Als Vertreterin des Klassenleiters ernannt, übernahm ich. »Wie kann man jemandem wie Herrn Polke nur eine Klassenleitung geben?«, fragt Dzifa, ein Dreikäsehoch mit einem Mundwerk wie geölt. »Wie soll Herr Polke denn mit jemand wie zum Beispiel mir umgehen?« Mehr staunend als herausfordernd schaut mich Seine Schlacksigkeit an, ganz Inkorporation eines Fragezeichens. »Das kann der doch gar nicht schaffen!«, Dzifa ist einer der beiden interessanten Neuzugänge der 8a. Er kam in die Klasse, nachdem er an einem Reinickendorfer Gymnasium geflogen war, und wurde sofort zum Klassensprecher gewählt; die Schüler konnten seinen ausgeprägten Wunsch nach Gerechtigkeit riechen. Lachen wäre jetzt unpädagogisch, aber dieser Weitblick! Dieses Verständnis! Man muss ihn lieben.

Dachte ich; andere sahen ihn ganz anders, ließen sich von Dzifa um ihre Contenance bringen. Es war eine von zwei Klassenkonferenzen, die wegen Dzifa stattfanden, einer von zwei ganzen Nachmittagen in nur einem Schuljahr, die wir ihm widmeten. Beide Eltern waren da, insgesamt waren wir etwa zu zehnt. Dzifas Vater ist aus Ghana. Ich kann nicht mehr sagen, welchen Vergehens der Junge sich schuldig gemacht hatte, es waren grundsätzlich disziplinarische Übertretungen, wiederholt harmlose Frechheiten, nie ernsthaft bösartig. Die Intelligenz und Selbstsicherheit des Jungen reizte einige der Kollegen bis aufs Blut; der Wille, ihn zu bestrafen, war ausgeprägt. Er war teilweise größer als gegenüber den Jungs, die sich für gewaltsame Übergriffe zu erklären hatten; ihn, den Klassensprecher, den so beliebten wie aufmüpfigen Hübschling, der so geschliffen sprechen und so gezielt den Finger in jede Wunde legen konnte, wollte man hier Mores lehren. Dzifas Mama, eine schöne Frau und darüber hinaus als Musiklehrerin eine Kollegin, schien durch ihre auffällige Erscheinung Öl in dieses Feuer zu gießen. Hier gab es Leute, die hassten alles Auffällige; das Schöne, das Glitzernde war dazu da, ausgetreten zu werden. Man beschwerte sich zwar über die Sprachlosigkeit der Eltern und trotzdem, so hatte ich den Eindruck, trotzdem hatten sich einige Kollegen nicht ungern an die devote Stummheit anatolischer Mütter gewöhnt. Hier war jetzt eine Mutter ganz anderen Formats. Sie fand ihren Sohn gut. Sie konnte differenzieren. Sie würde hier keinen Klagegesang vom guten Jungen anstimmen, »Er ist ein guter Junge, zu Hause immer guter Junge«, vielmehr wollte sie zunächst hören, was passiert war. Sie sagte, sie wisse, dass er reize, herausfordere und man ihm Grenzen setzen müsse. Diese Art der Rede war einigen Kollegen zu selbstbewusst, sie fielen geradezu her über den Jungen und seine Mutter, sie türmten Vorwürfe und Anklagen, überboten einander mit Empörung. Die Front war massiv zu spüren, Dzifas Mutter binnen Kürze aufgelöst. Sie weinte. Sicherlich bangte sie um ihn, schließlich hatte er bereits eine Schule unfreiwillig verlassen müssen; sie litt an Sohnes statt und versprach an seiner Stelle Besserung. Er assistierte, sah alles ein, gab sich geschlagen und vollkommen einsichtig. Er entschuldigte sich. Hier wäre die Sache bei nüchterner Betrachtung zu Ende gewesen. Aber die Kollegen grollten. Dzifas Vater hörte sich alle Vorwürfe an den Jungen und die Diskussionen darüber ruhig an. Als es zu einem vorläufigen Ende kam, stand er auf. Groß und hager, die Hände hinter dem Latz seiner blauen Arbeiterhose verborgen, sodass die Arme aussahen wie komische Flügel, stand er über uns allen und in seinem dunklen Kopf schimmerte das Weiß der Augen rötlich. Er sprach ganz ruhig. »Ich weiß nicht, was ich mit dem Jungen machen soll. Ich bin aus Ghana, dort bin ich erzogen worden. Mein Vater hat uns als Kinder oft geschlagen. Wenn wir etwas falsch gemacht haben, wurden wir zur Strafe geschlagen. Hier in Deutschland habe ich gelernt, dass man Kinder nicht schlagen soll. Wie kann ich meinem Sohn zeigen, dass ich wütend auf ihn bin, weil er etwas falsch macht? Er ist frech, er sagt freche Dinge zu Lehrern. Das wäre für uns undenkbar gewesen. Ich glaube, mein Vater hätte mich totgeschlagen. Ich darf meinen Sohn nicht schlagen und ich darf ihn nicht anschreien. Hier werden sonst die Eltern bestraft. Sagen Sie mir bitte, was ich tun kann! Sie sagen, ich muss hierherkommen. Es ist wegen Dzifa. Hier bin ich. Was kann ich tun? Sagen Sie es mir. Wie soll er lernen, die Dinge auseinanderzuhalten? Wenn ich ihn nicht strafen darf, wie kann ich ihn dann erziehen?«

Der Vater von Dzifa erhielt keine wirkliche Antwort auf seine Rede. Jede Antwort würde hier nur dürre Worte bieten. Jean war es, glaube ich, der ansetzte, der den Impuls hatte, ein Gespräch aufzunehmen. Jenes Gespräch, das man immer forderte und nie führte; er versuchte zu sagen, sprechen Sie mit Ihrem Sohn, wir glauben hier an eine Erziehung durch Sprache, erklären Sie ihm die Dinge. Der Mann stand noch eine Weile, er wartete auf mehr. Aber eine plötzliche Befangenheit hatte sich breitgemacht, man räusperte sich und stand unruhig auf. Die Familie wurde gebeten den Raum zu verlassen, damit man sich intern über eine Maßnahme einigen könne.

Die Situation war angeheizt von diffusen Ansprüchen und der Spannung zwischen denen, die den Moment gekommen sahen, ein Exempel zu statuieren (»Man täte der ganzen Familie einen Gefallen!«), und denen, die es ablehnten. Er muss es spüren, spüren muss er es, es muss wehtun, raunte es. Ich wurde aufgefordert, Dzifa von der geplanten Klassenfahrt auszuschließen, was ich ablehnte. Man einigte sich auf einen schriftlichen Verweis und drohte Dzifa für nicht erfolgte Besserung einen zeitlich begrenzten Ausschluss vom Unterricht und die Versetzung in eine Parallelklasse an. Vielleicht würde ihm so endlich seine unsichtbare Krone vom Kopf fallen.

Schnitt

Die Schülerinnen und Schüler wälzten sich wie junge Hunde auf dem Boden, sie stöhnten und ächzten, verlangten lautstark nach Essen und Trinken, konnten unmöglich stehen, ohne sich aneinander anzulehnen, konnten nichts sehen, ohne ihre dicken Zeigefinger fast auf die Exponate zu drücken, und drohten mich wegen Körperverletzung zu verklagen, denn sie würden demnächst den Erschöpfungstod sterben. Ich hatte meine dickste Elefantenhaut angelegt, die auch gegen empörte Blicke von Museumsbesuchern und -wärtern gut ist, und ließ die Schüler nicht aus meinen Krallen. Sie mussten sagen, was sie sahen – und nur das, was sie sahen. Nicht Sichtbares auszusprechen war verboten. Erbarmungslos mussten sie »langweilige Bilder« ansehen, von denen sie immer erst mal behaupteten, da sei »nichts« drauf. Was sie nach wenigen Minuten nicht alles in diesem Nichts entdeckten! Für den Besuch der »Brücke«-Ausstellung in der Neuen Nationalgalerie hatte ich eine Kunsthistorikerin gebucht; Frau C. hatte sichtbar Schwierigkeiten damit, dass die Klasse vor jedem Bild, das sie im Programm hatte, buchstäblich zusammenbrach. Meine Beteuerung, sie solle es bitte nicht persönlich nehmen, half auch nicht. Sie sprach unnachgiebig mit dem Knäuel, wollte Fragen stellen, aber der Knäuel hatte selbst jede Menge Fragen; ob »Franzi« auf dem Bild von Macke gut ausgesehen habe, oder nicht vielleicht zu dünn sei – ein Essproblem oder Kriegsfolge? Ob die keuschen Kopftuchmädchen die nackten Frauen nun anschauen dürften, weil sie »voll abstrakt« seien, oder nicht und ob wir so was auch machen können und wer dann das Modell sei. Gleichzeitig äußerte der Haufen sich über Komplementärkontraste, Flächigkeit in der modernen Malerei und den pastosen Farbauftrag. Wie immer gab es das Problem der Gleichzeitigkeit beim Sprechen. Als wir Frau C. nach zwei Stunden verließen, war ich sehr zufrieden mit dem Grundlagenwissen und einer lebendigen Betrachtung meiner Klasse, sie aber wirkte erschöpft. »Bringen Sie denen erst mal Manieren bei«, zischte sie mir genervt zu und bevor ich antworten konnte »Wir sind aus Neukölln«, war sie schon weg. Ein paar Tage später fand ich einen Brief in meinem Fach: »Sehr geehrte Frau Rogg, kürzlich waren Sie mit einer achten Klasse des Gymnasiums bei einer Führung von mir durch die ›Brücke‹-Ausstellung. Ich habe über das Verhalten und die Beiträge der Schülerinnen und Schüler nachgedacht. Ihr frischer und direkter Bezug zu den Exponaten und die Kreativität ihrer Äußerungen haben mich im Nachhinein sehr beeindruckt. Ich würde mich freuen, wenn Sie sich zu einer regelmäßigen Zusammenarbeit mit der Klasse und mir bereiterklären würden. Für Sie entstehen dadurch keine Kosten. Mit freundlichen Grüßen ...« Es folgte eine lange Referenzliste von Publikationen in Fachzeitschriften und Ausstellungskatalogen.

Es wurde eine zweijährige Zusammenarbeit. Wir haben alle viel davon gehabt. Jedes Halbjahr verbrachten wir zwei halbe Tage in Museen und Ausstellungen, wir hatten Besuch von einem Künstler und einer Tänzerin. Am Ende der achten Klasse besuchten wir eine Ausstellung von Hanne Darboven in der Deutschen Guggenheim. Die Schüler hatten nicht das geringste Problem mit dem Kunstbegriff dieser konzeptuellen Ausstellung – Hanne Darboven arbeitet mit Schrift. Im Gegenteil, die Schüler aus muslimischen Häusern – und das war wie immer der größte Teil – fanden sofort einen Zugang. Wieder wurde deutlich, dass die visuelle Kultur des Islam eine Selbstverständlichkeit im Umgang mit Abstraktion mit sich bringt. Ihr Schönheitsbegriff ist in vielem sehr viel freier und losgelöster von dem starren Realismusbegriff, den man bei gleichaltrigen deutschen Schülern findet. Im Anschluss an die Darboven-Ausstellung setzten wir uns mit Picassos »Denkmal für Apolinnaire« auseinander. Frau C. zögerte nicht, den Schülern anspruchsvolle Gedanken und künstlerische Konzepte einfach auch zu erzählen und sie hörten zu, sie wollten es verstehen. Ich staunte immer wieder und es machte mich sehr froh. Wir sahen einmal eine Skulptur von Picasso an, eine Art Zeichnung im Raum. Die Dinge, die wir sahen, auch solche, die wir machten, wurden immer leichter, immer traumartiger. Ich konnte inzwischen mit meiner Klasse über eine Kunst sinnieren, über deren Ursprung Picasso schreibt: »Ich war ergriffen worden durch die verführerische Wirkung von Karten des Himmelgewölbes. Es schien mir, dass da etwas vorlag, das weitab von jeder Bedeutung einfach schön war. So zeichnete ich denn eines Tages Punkte, durch Linien verbunden, Linien, die sich wieder untereinander verbanden, Flecken, die an einem Himmel zu schweben schienen. Ich sagte mir, dass ich dies brauchen könne, dass ich dies einmal in einer Komposition würde verwenden können.«

Dann fuhren wir los, wir waren jetzt so weit.

Klassenfahrt in winterliche Landschaft

Sie hatten seit einem halben Jahr gedrängt und plötzlich drückte mir eine Biologie-Referendarin eine Broschüre über eine erlebnispädagogische Einrichtung in die Hand und ich dachte, das ist es. Luft, Landschaft, Bewegung. Die Fahrt in ein Land, das für die Schüler wie für mich exotisch, fremd und in gefühlter Entfernung sehr weit weg war, würde eine Herausforderung sein: Mecklenburg-Vorpommern. Als ich sagte, wir fahren, lagen sie sich in den Armen – eine Klassenfahrt, unvorstellbar! Wie lange hatte es so etwas hier nicht gegeben? Es müssen ein paar Jahre gewesen sein, niemand konnte sich an eine erinnern.

Die Schüler gingen nach Hause und erzählten es ihren Eltern. In der Stunde darauf sagte fast die Hälfte von ihnen, ich fahre jetzt doch nicht mit. Sie zuckten die

Schultern und sagten, sie hätten es sich anders überlegt; dabei schauten sie weg. Nach dem Läuten wollten zwei nicht gehen. Zu teuer, das wollten sie aber nicht vor der Klasse gesagt haben. Nachmittags telefonierte ich mit den Veranstaltern. Sie schenkten uns einen Platz, weil wir so arm waren. Sie sagten auch, dass das Amt die Klassenfahrt für einkommensschwache Familien übernimmt. Ob ich das schriftlich haben könne. In der nächsten Stunde teilte ich Zettel aus und in der übernächsten fragte ich wieder, wer fährt mit? Jetzt waren es nur noch vier, die zu Hause bleiben wollten. Ich rief bei den Familien an. Einmal hieß es, die Eltern seien nicht da. Ich hörte laute Stimmen im Raum, sie klangen erwachsen, aber wer weiß, wo die Eltern waren. Ich rief noch ein paar Mal an, aber die Eltern waren nie zu Hause. Ich rief die zweite Nummer an. »Wissen Sie, ich Angst, Angst um Tochter«, sagte eine freundliche Frauenstimme. »Bei uns bleibt Mädchen zu Hause.« Das war doch ein offenes Wort. Am Telefon würde ich diese Angst nicht nehmen können. Ich sagte, ich verstehe, aber ob ich mich wieder melden dürfe. Kein Problem, kein Problem, lachte die Stimme. Nummer drei ist eine joviale Männerstimme, die sagt, natürlich dürfe die Tochter mit. Dann hätte ich sie wohl falsch verstanden, sage ich und verabschiede mich erfreut. Nummer vier ist wie Nummer eins, nur stiller. Erst habe ich minutenlang ein Kleinkind am Apparat, dann, nach einem raschelnden Kampf um den Hörer, sagt meine Schülerin, die Eltern arbeiten Schicht, zum Telefonieren hätten sie keine Zeit. In der folgenden Stunde sagt die Schülerin mit dem freundlichen Vater, sie dürfe nicht mit und fügt hinzu, ihr Vater fände es nicht gut, wenn ich privat bei ihnen anrufe. Ich solle das bitte lassen, sonst bekäme sie Ärger.

Ich erfahre, dass es eine Regel für Klassenfahrten gibt: Wenn zehn Prozent nicht mitfahren, kann die Fahrt nicht stattfinden. Wenn also nur drei Schülerinnen nicht mitfahren, platzt das Ding. Ich möchte, dass alle fahren und melde die Klasse geschlossen an. Wäre Herr K. nicht gewesen, es hätte nie geklappt. Herr K. ist Kurde, trägt aber einen urdeutschen Vornamen als Familiennamen, er ist studierter Sozialpädagoge und auch sonst ganz und gar ungewöhnlich. Seine Tochter Canan ist ein sanftes schönes Mädchen mit schwarzen Augen und Haaren, die ihr bis zur Hüfte reichen. Herr K. ist Elternvertreter in der Klasse und kennt viele Eltern, weil er sich in der Moschee engagiert. Ihn rufe ich an und gebe ihm die vier Nummern. Ich hätte so gern, sage ich, dass sie nur einmal zum Informationsgespräch kämen. Sie möchten sich das bitte einmal anhören und, so soll er ihnen sagen, sie dürften alles fragen. Ich bitte Herrn K. auch, während des Infoabends zu übersetzen.

Es wird voll, die Kinder müssen ihre Eltern regelrecht bearbeitet haben, einen solchen Zulauf hatte bisher kein Elternabend. Die Sprecherin der erlebnispädagogischen Einrichtung, eine etwa 30-jährige Frau ist auch gekommen, sie weiß nichts von meinen Bedenken, noch teilt sie meine Aufregung. Bereits die Begrüßung wird von Herrn K. übersetzt, »nehmen Sie nichts für selbstverständlich«, hatte er gesagt, »manche Menschen hier denken, bei den Deutschen geht alles drunter und drüber, Mädchen, Jungs, alles durcheinander, keine Moral«.

Wir sehen Fotos einer wunderschönen Seenlandschaft, wir hören, dass die Schüler möglichst vieles selbst entscheiden und machen müssen; dann wird die Unterkunft gezeigt. Wir sehen Schlafräume mit Stockbetten; leises Gemurmel. Ich weise darauf hin, dass sie geschlechtergetrennt belegt werden. Wieder Unruhe im Raum. Auch was die Waschräume angeht, sage ich und wüsste zu gern, was da gemurmelt wird, sind Jungs und Mädchen getrennt. Wir sehen jetzt Bilder von Jugendlichen bei verschiedenen Spielen draußen. Die Pädagogin betont, wie ungezwungen die Jugendlichen sich dort bewegen könnten, sie tragen, weil es Sommerfotos sind, kurze Hosen, Röcke und

T-Shirts und ich denke: oje. Begeistert erzählt die Frau vom lustigen Sitzkreis, den wir auch als Bild sehen dürfen: Die Jugendlichen bilden einem Kreis und zwar so, dass sie relativ nah hintereinanderstehen. Sie haben jetzt die Aufgabe, sich jeweils ihrem Hintermann auf die Knie zu setzen und richtig sitzend, gemeinsam ein labiles Gleichgewicht zu bilden. Während die Pädagogin erzählt, was das für ein Spaß sei, denke ich, du dumme Kuh. »Man kann ja auch zwei Kreise bilden, einen Mädchen- und einen Jungenkreis, nicht?«, unterbreche ich. »Und vielleicht erzählen Sie uns noch etwas über die Verpflegung?« Darüber hatten wir nämlich bereits gesprochen. Bevor sie noch mehr quasselt, soll sie lieber brav berichten, dass wir zum Frühstück Geflügelwurst und Käse bestellt haben, zu allen weiteren Mahlzeiten sowieso kein Fleisch. Neben dem Klettern, Hängebrückenbauen, Nachtwandern und Selber-Pizza-Machen steht auch eine Grillaktion auf der Auswahlliste. Champignons und Tofuwürstchen soll es geben, dass da mal ja nichts schiefläuft von wegen gemischtem Hackfleisch und nicht koscher oder so. Mit der Bahn hin, mit der Bahn zurück und draußen nichts und niemand als Natur. Hans, der Sportlehrer fährt auch mit, wo ist er eigentlich, schnell erfinde ich ihm eine Ausrede, heute sei eben der Geburtstag seiner Tochter. Wer eine Tochter hat, der muss ja wissen, wie man auf Töchter achtgibt. Warme Sachen mit und das Handy bleibt zu Hause. Ja, wir seien erreichbar. Nein, ist nicht notwendig, nicht jeden Tag, Essen mitgeben auch nicht. Wir passen auf. Geschwister können leider nicht mitfahren, auch wenn sie selbstständig seien, leider. Taschen bitte tragbar packen. Ja, wir passen auf. Spiele ja, Computer nein, Handschuhe bitte, bitte, auch Mützen. Ja, wir passen auf. Immer, rund um die Uhr. Herr K. übersetzt, es kommen immer wieder die gleichen Fragen, er übersetzt mit Engelsgeduld. Noch zwei Erzieher im gleichen Gebäude, auch sie werden aufpassen. Gott, welch Verantwortung! Wir haben es dann irgendwann geschafft, haben tatsächlich alle überzeugt, alle sind dabei. Als ich die dicke Tüte Geld zur Überweisung ins Sekretariat bringe und auch den letzten Namen auf der Schülerliste abhake, erlebe ich einen seltenen Moment – ich bin stolz auf mich. Ich habe mir um meine Tochter immer schrecklich wenig Sorgen gemacht, vor allem wenn sie auf Klassenfahrt ging. Aber um diesen Eltern die Sorge zu nehmen, musste ich förmlich in ihre Bedenken hineinkriechen, musste Eventualitäten, die ich als Mutter selbst nie erwogen hatte, erwägen und sie möglichst noch vergrößern. Jetzt musste ich nur noch aufpassen, dass bei dieser ungeheuren Verantwortung die Freude an der Fahrt nicht ganz ins Hintertreffen geriet. Es war wirklich nicht einfach. Bis zum letzten Abend blieb offen, ob wir tatsächlich alle fahren würden, die Vogelgrippe hatte Meck-Pom erreicht. Schreckliche Bilder von Hunderten getöteter Hausvögel und Menschen mit Schutzanzügen und Atemmasken flimmerten täglich über die Bildschirme. Nimas Mutter hatte schreckliche Angst; nicht mehr so sehr davor, dass der Junge nicht regelmäßig beten, sondern dass er von einem Huhn gebissen werden könnte.

Wir fahren alle. Doch tatsächlich gibt es noch bevor wir ankommen eine erste Krise. Keine Stunde vom Berliner Hauptbahnhof entfernt, kommen sie; Springerstiefel, Bomberjacken, deutschnationale Gesänge. Sie patrouillieren den Waggon auf und ab, den die Schüler mit riesigen Gepäckstücken und duftenden Proviantttüten belegt haben. Gespräche verstummen, Brotzeittüten und Verpackungspapier knistern nicht mehr, sogar die Gameboys schweigen. Die Brandenburger Kerle gehen mehrmals auf und ab, bleiben nacheinander neben den Viererabteilen stehen und nehmen die starr gewordenen Kinder aggressiv ins Visier, sie rucken und zucken mit den Köpfen, ihre Halsadern schwellen unter den Tätowierungen, während sie ihre Lieder grölen. Nach der Ewigkeit ihres Auftritts verlassen die eingeborenen Sängerknaben nacheinander das Abteil, nicht ohne vorher, einer nach dem anderen, an der Schiebetür ausgespuckt zu haben. Die Angststarre hält noch kurz an. »Iiiii, igittigitt, wie oberekligs«, quietschen die Mädchen und stürzen zur Toilette. Hans und ich sehen uns betreten an, ich bin froh, dass er nicht den Helden markiert hat. Sie werden uns da draußen doch in Ruhe lassen?

Wir verbringen eine Woche im Schnee, laufen täglich stundenlang durch die Landschaft, trotz Listen, Ermahnungen und Elternbriefen viel zu kalt angezogen. Das Aufwärmen ist schrecklich schön, die Schüler singen türkische Klagelieder, so weh tut es, wenn Hände und Füße auftauen und das Blut wieder in die Fingerspitzen schießt. Wir machen eine Nachtwanderung am See, gruseln uns zur mitternächtlichen Zeit und machen, zurück im Haus, noch ein spätes Feuer an, vor dem die meisten sofort einschlafen. 25 Paare viel zu leichter Turnschuhe werden Abend für Abend in den Trockenraum gestellt, bevor die Jungs sich zum Kartenspielen und die Mädchen zum Haareflechten und Geschichtenerzählen treffen. Es gibt keinen, der raucht, keinen, der Alkohol dabei hat. Am letzten Tag scheitert der Versuch, eine Party zu machen, Dzifa und Jonas sind stinksauer und die anderen verstehen nicht, wieso. Sie wissen noch nicht, wie das geht, Party. Wir bauen einen Seilzug, überqueren damit eine Schlucht, gehen in einer ehemaligen Scheune klettern, und haben jeden Abend noch ein bisschen Hunger, wenn wir ins Bett gehen. Die allabendliche Pizza macht doch viel Arbeit und Attila und Lisa finden, die anderen könnten auch mal Küchendienst machen. Die anderen schaffen das nicht und ich breche jedesmal ab, wenn ich Hilfe anbiete und mich kurz darauf alleine in der Küche wiederfinde. Lisa ist Kind chinesischer Einwanderer, wiegt etwa 30 Kilo und bäckt zusammen mit Attila, der sagt, er koche zu Hause so gerne für seine Mutter, an zwei Abenden Pizza und Apfelkuchen für 28 Leute.

Es ist fast zu schön. Keinerlei Vorfälle, außer einer Schmiererei, die Cagla mit ihrem Vorrat an Nagellackentferner wieder wegrubbeln muss, stören die Zeit auf dem Land. Nur Jonas bleibt allein. »Unser Deutscher«, wie ihn die anderen nennen, hält sich an mich. Bisher war Jonas mal Attilas, mal Nimas Freund gewesen, hatte sich an die Intelligenz der Klasse gehalten, jetzt nicht mehr. Jonas ist kein Junge, der freiwillig mit der Lehrerin vorliebnimmt. Er ist lebhaft, kann wegstecken, ist witzig und interessiert, außerdem schlau; er hatte eine Klasse übersprungen, bevor er zu uns kam. Seine Mutter ist alleinerziehend und Krankenhausärztin. Die beiden kamen im vergangenen Sommer von der Insel Spiekeroog nach Berlin. Dort musste alles schnell gehen, Arbeit, Wohnung, Schule. Wie aus Versehen landete er an unserer Schule. »Ein richtiger Gymnasiast«, freuten sich einige Kollegen, und es war in der Tat eine Freude mit ihm. Wenn er sich äußerte, lernte man nicht selten als Lehrer etwas dazu; nur, so wie er sprach, verstand ihn die Klasse nicht, sein Wortschatz und sein Wissen waren zu umfangreich. Ich beobachtete die Lage und wartete auf den Zeitpunkt, an dem der Unterschied eklatant werden und Spannungen auftreten würden. Lange passierte nichts. Auf der Fahrt dann schien er von allen verlassen. Sie wollten ihn nicht. Manchmal nahmen ein paar Mädchen ihn mitleidig für einige Zeit in ihre Mitte, dann vergaßen sie ihn wieder. Ich wollte nicht, dass Jonas mir leidtat, er war niemand, der einem leidtun musste. Leid tat mir, dass er anfing, nach seinen Fehlern zu suchen. Er machte nichts falsch. Die Klasse, meine nette, aufgeweckte, offene Klasse aber hatte gegen ihn entschieden. Er musste nichts falsch machen, er war es – er war ein kleiner, blonder, gewitzter Vertreter einer Schicht, die hier, im Norden Neuköllns keiner brauchte: ein Kind des deutschen Mittelstands.

Am letzten Abend lande ich in der Friseurrunde vor dem Kamin. Mehrere Mädchenhände flechten mir unzählige Zöpfchen, sie ziehen und zupfen an meinem Kopf herum und ich muss damit schlafen gehen. Am Tag der Rückreise habe ich einen famosen Angela-Davis-Look. Die Eltern oder ältere Geschwister erwarten die Schüler auf dem Bahnsteig; sie nehmen sie in Empfang und sind auch schon weg. Von einigen Schülern kann ich mich nicht verabschieden. Ein paar wenige Eltern bleiben noch ein paar Minuten, fragen dies und das und bleiben verlegen lächelnd stehen. Jonas kann nicht geholt werden, seine Mutter hat Schichtdienst im Krankenhaus. Ich fühle mich hohl und leer, trotz des großen Blumenstraußes, den mir Dzifas Mutter noch überreicht.

Drei Wochen später gibt es aufgeregte Debatten innerhalb der Klasse über den Status von Jonas. Die Lehrer würden ihm zu viel durchgehen lassen. Er nehme zu viel Redezeit in Anspruch, man verstehe ihn nicht, andere Schüler würden für die gleichen Regelverletzungen unverhältnismäßig mehr »ausgeschimpft«. Je mehr sich die Beschwerden häufen, desto stiller wird Jonas selbst. Er gibt auf, sich verteidigen zu wollen, sondern sagt nur immer wieder »Was kann ich eigentlich dafür?«. Wir gehen alle Punkte einzeln durch. Am Ende bezichtigt sich die Klasse selbst eines »umgekehrten Rassismus«.

Um die Stimmung zu heben, schlage ich vor, gemeinsam in den neusten Harry-Potter-Film zu gehen, er läuft im Kino den *Neukölln Passagen*. Unterwegs habe ich eine kleine Fahrradpanne und komme erst kurz vor Filmbeginn an. Ich renne die Rolltreppe hoch. Auf der riesigen Freifläche vor den Kinokassen herrschen Geschrei und Aufruhr. Die ganze Klasse ist schon da. Akin mit verrutschter Brille schreit irgendetwas und Jonas hat einen hochrotem Kopf und Tränen in den Augen, er blutet an der Lippe. Ein paar Mädchen schreien durcheinander, Dzifa fuchtelt herum und alle sehen irgendwie derangiert und erschrocken aus. Von der Treppe kommend sehe ich mich einer Gruppe von fünf fremden Jungs gegenüber, sie sind höchstens zehn Jahre alt und fast einen Kopf kleiner als die Schüler. »Die waren das, die haben das gemacht!«, schreit Selcan empört, »Die haben uns hier einfach angegriffen!« Noch während sie das sagt, rennen die Jungs wieder auf Jonas zu, reißen an seiner Hose und seinem T-Shirt, spucken um sich und fuchteln mit ihren kleinen Händen vor dem Gesichtern des Jungen herum, in dem Versuch, ihn abermals zu ohrfeigen. Was machen, ohne sich ins Gefecht zu stürzen? Am Kassenstand und an der Popcornmaschine stehen junge, kräftig gebaute Männer, sie stehen hinter ihren Absperrungen und sehen mit verschränkten Armen dem Treiben zu. »Helfen Sie uns bitte«, sage ich. Sie schütteln die Köpfe, während die Giftzwerge weiter den totalen Angriff proben. Meine Schüler sind vielleicht weniger beeindruckt als ich, aber mit diesen Gegnern ohne jede Beißhemmung können auch sie nicht umgehen. »Wir kennen die schon, die sind uns zu giftig«, sagt der Kartenverkäufer und hat bereits sein Handy am Ohr. Kurz darauf treten zwei ältere Jungs auf, sie sind vielleicht 16 oder 17. Sie bauen sich auf, rufen scharf ein paar wenige arabische Sätze, und wie Hunde, deren Herrchen plötzlich »Aus!« rufen, lassen die Kinder von den Jugendlichen ab. Sie sammeln sich widerstandslos um ihre großen Brüder und lassen eine kurze Standpauke über sich ergehen. Dann ziehen sie lässig im Gefolge ihrer Chefs ab; sie lachen laut und rollen mit den Augen, die Köpfe zu uns zurückdrehend, während die Rolltreppe sie abtransportiert.

Während ich Jonas mit einem Eisbeutel versorge, bitte ich ihn, seiner Mutter meine Telefonnummer zu geben. Sie meldet sich am Abend nach dem Kino bei mir; ich bitte sie, sich nur einmal eine einzige Pause lang für 20 Minuten auf den Schulhof unserer Schule zu stellen. Danach möge sie überlegen, ob sie die Herausforderungen, die dieser Lern- und Lebensort an ihren Sohn stellen, konstruktiv und sinnvoll für die Entwicklung von Jonas fände.

Nein, ich könne ihr das nicht sagen, sie müsse das selbst wissen. Aber sie möchte bitte kommen und zusehen, nur ein einziges Mal.

Zum neuen Schuljahr war Jonas weg. Schwartz war sauer auf mich, er unterstellte mir mangelndes Verantwortungsgefühl. »Solche Schüler sind wichtig für uns«, sagte er.

Achtung: Schwelle!

Die plötzliche und massive Einschränkung persönlicher Entscheidungsbefugnisse unter uns Lehrern war keine populäre Maßnahme. Da nützte auch das Abmontieren des Schildes »Achtung: Schwelle!«, einem Relikt aus Mueck'schen Zeiten nichts. Schülerverluste hatte man über Jahre vollkommen selbstverständlich durch Notennachweise legitimiert, sie waren ein nicht unwillkommenes Mittel geworden, Klassen, die nicht mehr zu unterrichten waren, zu dezimieren. Die Kollegen konnten nicht fassen, dass der Erhalt dieser großen schwierigen Klassen jetzt ein Ziel darstellen sollte. Bisher hatte man die sechs Monate Probezeit irgendwie überstanden, um dann mit einer reduzierten und auf ein vertretbares Maß gestutzten Gruppe von etwa 21 bis 26 Schülern und Schülerinnen den »wirklichen Unterricht« zu beginnen. Und jetzt sollten die Klassen möglichst so bleiben, wie sie kamen? Nur weil Eltern, die sich nicht eben mit Ruhm bekleckerten, was die Erziehung ihrer Kinder anging, das so wollten? Waren wir denn nur noch Erfüllungsgehilfen irgendwelcher persönlicher Ansprüche?

Die Schule, bekamen wir den Eindruck, sollte nun nicht mehr nur erhalten werden, durch sie sollte ein Exempel statuiert werden. Nord Neukölln sollte mit der ersten Ganztagsschule an die Öffentlichkeit treten, Integration und engagierte Pädagogik sollten dort geboten werden, wo es am dringendsten gebraucht würde. Ein Zusammenschluss starker Persönlichkeiten, wie der Kulturamtschefin, der streitbaren Schulrätin und dem neuen Direktor, von engagierten lokalen Institutionen, die mit Ausschreibungen und Projekten herauskamen und sich an uns wandten, schien nicht weiter bereit zu sein, auf »Rettung von oben« zu warten. Es wurden Haushaltsmittel umgewidmet, Kommunikationsstrukturen aufgebaut und das Gespräch zur türkischen Gemeinde gesucht, ohne die sowieso nichts mehr ging. All diese positiven Veränderungen waren mit einem enormen Maß an – selbstverständlich unbezahlter – Mehrarbeit verbunden. Selbstständigkeit in Sachen Organisation und Kommunikation mit Stellen und Personen außerhalb der Schule war jetzt gefragt. Ich war begeistert. Das Aushecken von gemeinsamen Projekten in Patenschaften, die selbst und neu zu gründen waren, machte mir Freude und erlöste mich schlagartig aus meiner sozialen Isolation. Viele meiner Kolleginnen und Kollegen aber hatten sich mit dem Ende der Schule abgefunden und auch angefreundet. Nach vielen unfreiwilligen Jahren an diesem schwierigen Standort hatte zwischenzeitlich Hoffnung bestanden, ihn durch eine Versetzung (am liebsten in einen anderen Bezirk) zumindest für die letzten Jahre vor der Pensionierung verlassen zu können. Ein nachvollziehbarer und gerechter Wunsch, denn hauptverantwortlich für die Problematik an der Schule ist die Unfreiwilligkeit. Die Arbeit an einer solchen Schule ist gleichermaßen hart und wichtig für die gesamte Gesellschaft. Um sie gut zu machen, sind persönliches Engagement, ein emphatisches Interesse für fremde Lebensformen und viel Energie vonnöten. Außerdem eine robuste Natur; nervlich und gesundheitlich stellt der Arbeitsplatz Schule ein Extrem dar. Warum sucht man nicht nach Freiwilligen für diese Herausforderung? Wenn man aber Anreize setzen würde, wie eine terminierte Arbeitsphase von vier bis sechs Jahren, eine Reduzierung der

Stundenzahl, die durch Weiterbildungen ausgeglichen würde, Supervision und gesundheitliche Betreuung, dann würden sich sicherlich Freiwillige dieser Aufgabe widmen. Die Ignoranz aber, mit denen die Schulbehörde auf Klagen und Probleme reagiert, sucht in ihrem Zynismus ihresgleichen. Mein Kollege A., Doktor der Mathematik und leidenschaftlicher Pädagoge, arbeitete an einer Gesamtschule in Kreuzberg. Nach elf Dienstjahren stellte er einen ersten Umsetzungsantrag; ohne Nennung von Gründen wurde er abgelehnt. Ich vermute, Dr. A. arbeitete zu gut, einen solchen Mann mochte man nicht gehen lassen. Die Umsetzungsanträge und deren Ablehnungen wiederholten sich 13 Mal, Jahr für Jahr. Im 14. Jahr wurde dem Antrag stattgegeben und Dr. A. wurde von Kreuzberg nach Neukölln versetzt. Wäre da nicht die bittere Wahrheit eines persönlichen Schicksals, würde man über den grotesken Zynismus dieser Geschichte lachen müssen, sie klingt wie ein Treppenwitz deutscher Bürokratie.

Die Kolleginnen reagierten mit einer Art passivem Widerstand gegen Schwartz. Dazu kam, dass ein kollektives Bedürfnis nach Verständnis, Vermittlung und Fürsorge – Qualitäten, für die die Fähigkeit des Zuhörens die Grundlage bildet –, in Schwartzs Führungsstil nicht vorgesehen waren. Bald schon waren die Konferenzen gefürchtet, deren mehrstündige Redezeit er größtenteils alleine bestritt und sie für patriarchalische Auftritte und vorwurfsvolle Monologe nutzte. Ich sah Kollegen, die nach Konferenzen verloren und entsetzt, manche den Tränen nahe im Lehrerzimmer standen und Erklärungen für ihren »Fehltritt« stammelten. Der letzte von ihnen und ein regelmäßiger Kandidat dieser unwürdigen Abstrafungsprozeduren vor versammelter Mannschaft war Hans F., der in den ersten Tagen des folgenden Schuljahres beim Nachmittagssport einem Herzinfarkt erlag.

Veränderungen auf demokratischer Ebene herbeizuführen, war sein Interesse nicht. Keine Arbeit im Team, keine

Debatten. Ja gab es denn keine Konferenzen, werden Sie fragen – natürlich gab es sie. Konferenzen dienten vor allem dazu, dass bereits vorbereitete Entscheidungen vorgestellt wurden und verabschiedet werden mussten. Das Vorstellen geschah in schmerzhaft langen, monotonen Monologen durch den Direktor. Ich sehe jetzt noch die Kollegen vor mir, ältere Menschen, die müde und erschöpft vom Unterricht kamen und sich über Stunden bemühten, nicht einzuschlafen. Kontroverse Diskussionen wurden abgewürgt, es waren Scheindebatten, deren Ausgang im Vorfeld bereits feststand. In den zwei Jahren, die ich von dieser »Zusammenarbeit« erlebt habe, wurde nichts Wesentliches je in einer Konferenz ausgetragen. Beschlüsse wurden bespiegelt oder beklagt, nie aber gemeinsam pädagogisch reflektiert und auf ihre Machbarkeit hin untersucht. Stattdessen wurden uns riesige Konzepte präsentiert, deren Tragweite zu diesem Zeitpunkt niemand ermessen konnte. In spontanen Abstimmungen und per Handzeichen wurden gravierende Umstrukturierungen legitimiert. Das Kollegium der Schule hatte im Lauf der Jahre seine Streitkultur und Diskussionsfähigkeit zugunsten einer allgemeinen Beschwerdehaltung eingebüßt. Es war ein Leichtes, diese nach Ordnung und Fürsorge lechzende Gruppe zu einem wunschgemäßen Abstimmungsergebnis zu bringen, fast möchte ich sagen, zu nötigen. Man brauchte nur klarzumachen, ihr habt keine Wahl.

Die »Entscheidung« für den Umbau zur Ganztagsschule fiel zum Beispiel, indem man uns vor die Wahl »Ganztagsschule oder Samstagsunterricht« stellte. Eine dieser Änderungen einführen zu müssen, wurde als ultima ratio dargestellt. Das Kollegium, völlig verschreckt und ohnehin chronisch erschöpft und überarbeitet, bangte panisch um sein infrage gestelltes Wochenende. *Das* und keinerlei pädagogische Debatte war der Grund für den gemeinsamen Beschluss, unsere Schule würde Berlins erstes Gymnasium im Ganztagsbetrieb sein. Eine Annäherung zwischen Kollegium und Direktor blieb aus, sie wurde mit jedem Monat seiner Amtszeit unwahrscheinlicher.

Bis jetzt, da ich an einer anderen Problemschule im Bezirk Wedding unterrichte, weiß ich von keinem Gymnasium in Berlin, an dem samstags unterrichtet wird. Noch immer ist die Schule das einzige Berliner Gymnasium, an dem Ganztagsbetrieb herrscht. Auch ich halte die Ganztagsschule an sich und gerade in diesen Bezirken für unbedingt sinnvoll. Aber wir waren nicht so weit! Weder gab es einen Rückhalt unter den Kollegen für diese Umstellung, noch ein pädagogisches Konzept; personell, finanziell und räumlich waren wir nicht dafür gerüstet. Es gab keinen funktionierenden Zeitplan; durch die Zusammenarbeit mit den anderen beiden Gymnasien im Bezirk, ohne die wir die Oberstufe gänzlich verloren hätten (und damit unsere Legitimation als Gymnasium) kollabierte der Tagesrhythmus. Unterrichtszeiten, Studien- und Freizeit ließen sich nicht koordinieren, sodass die siebten Klassen zu anderen Zeiten ihren Unterricht begannen als die Mittelstufe und die wieder zu anderen als die Kursphase. Im letzten Schuljahr konnte ich mit den Schülern der Kursphasen 12 und 13 keine einzige Unterrichtsstunde gemeinsam gleichzeitig anfangen, sie hatten die unterschiedlichsten Wege zu unterschiedlichen Zeiten. Ständig rannte ich durch das Schulhaus und sammelte desorientierte Schüler einzeln ein. Hilflose Aushilfsbetreuer unterschiedlichster Nationalität und der deutschen Sprache oft kaum mächtig, standen verloren in den Treppenhäusern herum. Und als sei sie von der strukturlosen Unruhe selbst erfasst, schrillte unentwegt und ohrenbetäubend laut die Schulglocke.

Ein anderes Beispiel für die Auswirkungen dieses überambitionierten Schnell-Umbaus war die Essensversorgung. Eine der ersten Neuerungen durch Schwartz war die Einführung einer Cafeteria gewesen. Mit Frau Bülent zogen türkische Pizzen, Börek, Spaghetti Bolognese, chinesische Tütensuppen, Waffeln und Süßigkeiten aller Art in unsere Schule ein; das Angebot war heiß, fettig und klebrig süß, voller Geschmacksverstärker und Verdickungsmittel. Die Kollegen, die im Parterre des Hauptgebäudes unterrichteten, beschwerten sich heftig über die permanenten Küchendünste von fett Gebratenem und Frittiertem. Weil kein Geld für einen Abzug vorhanden war, reagierte Frau Bülent darauf mit einem Ventilator, der die Gerüche auch in die oberen Stockwerke blies. Frau Bülent musste rechnen, sie war schließlich Unternehmerin und nicht beim Land Berlin angestellt. An einem Februartag hatte sie ihren Raum, der als Unterrichtsraum zu klein war, bezogen und hantierte dort hinter ihrem provisorischen Plexiglastresen mit Friteuse, Waffeleisen und Mikrowelle. Zum Schuljahr 2006/07, in dem die siebten Klassen mit einem Mittagsmahl versorgt werden mussten, bekam Frau Bülent das Klassenzimmer daneben als Speiseraum dazu. Der Raum war mit gespendeten Möbeln ausgestattet worden. Es gab vier runde Plastiktische, eigentlich als Gartenmöbel gedacht, die passenden Stühle dazu und mehrere Kunstledersofas. Unter Postern türkischer Fußballmannschaften futterten die Schüler ihre Tütensuppen (trocken!) meistens nicht auf den Wachstuchdecken der wackeligen Tische, sondern verteilten ihre Spaghettisauce gleich auf den abwischbaren Sofapolstern. Geputzt wurde leidlich. Da das Essen in Plastiknäpfen ausgegeben wurde, wurden jetzt neben den knallbunten Verpackungen für Schokoriegel und ewig tropfenden Tetrapacks auch noch Plastikschalen mit Resten von Hackfleisch und roter Sauce in diesem Raum und im gesamten Schulhaus verteilt. Pikanterweise lagen die beiden Räume dieser Cafeteria gegenüber einer Schülertoilette, die monatelang im Sanierungszustand war. Die Rohre der sanitären Anlage sollten ausgetauscht werden und an manchen Tagen mischten sich in die Waffel- und Pommesgerüche noch welche ganz anderer Art.

Durch Zufall hatte ich erfahren, dass die Cafébetreiberin in der Bibliothek meines Wohnbezirkes dabei sei, einen Catering-Service für Schulen aufzubauen. Die Frau machte mir sofort ein Angebot, ab hundert Essen würde sie für 2,60 Euro liefern – fleischlos, biologisch und allergikergerecht. Schwartz fand das zu teuer. Sie ging auf 2,30 Euro. Es blieb dabei, die Schulspeisung bestand aus Yam-Yam-Tütensuppe und Pizza, keiner, so der Direktor, würde ein Mittagessen bestellen, das über 1,50 Euro läge.

Schlaglichter

»Ey, was soll'n das, ey?!« Zum wiederholten Mal fragt mich Jamal dieselbe Frage. Dazu klopft er mit den gespreizten Fingern der rechten Hand gegen ein Klausurpapier, das er mit der anderen vor meinem Gesicht hält. Ich sitze am Pult. Er steht. Sein Gesicht ist dem meinen so nahe, dass ich kleine Schweißtropfen auf seiner Stirn erkenne. Jamal hat eine Drei und die reicht ihm nicht, er fühlt sich »scheiße ungerecht« behandelt. »Ich hab' alles geschrieben und die Zeichnung ist auch gut. Ha'm Sie selber gesagt. Was soll'n das?« Er tänzelt vor mir herum, das Blatt in der Hand, ich kann nichts erkennen, weiß, dass seine Theorie schwach war, müsste die Arbeit durchsehen, um die Bewertung nachweisen zu können, aber er gibt sie nicht aus der Hand. Hinter ihm die üblichen Verdächtigen, eine Beschwerde kommt selten allein. Ausschnitthaft sehe ich die grinsenden Gesichter von Viktor und Benjamin. Ich lehne mich zurück. »Könnten Sie mal bitte ...«, unmöglich, zu Wort zu kommen. Jamal steht so nah, dass ich nicht aufstehen kann. Benjamin und Viktor stehen so nah hinter Jamal, sodass der nicht zurückkann. Stattdessen stützt er sich jetzt mit einer Hand auf das Pult und kommt mir auf Augenhöhe näher bis er nur noch eine Nasenspitze von mir entfernt ist. »Ich will da was anderes draufstehen haben«, schnaubt er. »Wie viele Punkte fehlen zur Zwei? Die Dings sagt, meine Arbeit ist viel besser, aber sie hat die bessere Note.« – »Darf ich mal?«, frage ich und schaue in die Klasse. Ein Stimmungsbild ergibt, dass keine Unterstützung zu erwarten ist. Simge sieht mich zwar offen an und verdreht die Augen, arbeitet aber still weiter. Patrick, blass und verschlossen wie immer, sieht aus dem Fenster. Neroshan steht an seinem Platz. Der spirrelige Junge grinst breit, seinem begeisterten Ausdruck zufolge muss das hier ein Riesenspaß sein. Die beiden hinten nicken bestätigend, »Was anderes, ja?!«, »Wird schwierig, hast halt kein blondes Haar«. Sie amüsieren sich und verpassen Jamal einen Stoß von hinten, dass er gegen mich fliegt und ich gegen die Wand. »Was geht denn hier, du Wichser?« Sofort geht ein Mordsgeschrei und Gerempel neben mir los, ich kann jetzt aufstehen. »Schluss jetzt!«, schreie ich und verbitte mir, als sie überrascht voneinander ablassen, jede weitere Diskussion. So schnell wie sie übereinander hergefallen waren, wendet sich das Blatt wieder. Ein Wortgewitter geht über mir nieder, zu dritt reden sie auf mich ein. Allesamt sind sie viel größer als ich, sie umringen mich und kommen schon wieder zu nahe; so nah, dass ich ihren Atem und das Waschpulver in ihren Sweatern riechen kann. Ich kann noch nicht einmal einen Arm heben. »Zurück!«, brülle ich. »Sofort zurück!« Den unvermeidlichen Kontakt jetzt in Kauf nehmend, schiebe ich ihre kräftigen Körper auseinander und mich durch zur Tür. Ich mache sie auf: »Verlassen Sie meinen Unterricht. Sofort. Alle drei.« – »Wir lassen uns hier nicht einfach rausschmeißen. Damit so viel mal klar ist.«, sagt Viktor leise. Der Kurs verfolgt das Geschehen gespannt, Nero steht noch immer und strahlt, als wäre er im Zirkus. Manchmal zweifle ich an seiner Intelligenz. Viktor lässt nichts offen. Bestehe ich weiter auf meiner Forderung, beschwöre ich die nächste Konfrontation herauf. »Ihre Klausuren können Sie der Schulleitung vorlegen«, sage ich, »sollten Sie sich jetzt nicht schnellstens an ihre Plätze begeben oder den Raum verlassen, werde ich Hilfe rufen.« Ich halte mein Mobiltelefon in die Höhe. »Oh, ohhh«, singt Akin betont harmlos, »war da nicht mal was von wegen Handyverbot?« Benjamin und Jamal stehen unschlüssig herum, Viktor zeigt mit dem Kinn, wie es weitergeht. Betont langsam schlendern die drei zu ihren Plätzen, während ich in der offenen Tür stehe. Viktor und Benjamin setzen sich und sehen zur Decke. Rafael bleibt an seinem Platz stehen und fängt an, den Inhalt seiner Hosentaschen zu leeren. Scheppernd fällt ein Autoschlüssel auf die harte fleckige Kunststoffoberfläche des Tisches, kurz darauf hört man das Ploppen einer Zigarettenschachtel. Die Geräusche stehen im Raum wie freigestellt. Langsam und mich dabei nicht aus den Augen lassend, lässt Jamal dann ganz langsam eine schwere metallene Kette auf den Tisch sinken. Glied für Glied knickt sie geschmeidig ein und reflektiert dabei das einfallende Licht dieses schönen Herbsttages.

*

Schwartz möchte, dass ich bleibe. »Wo wollen Sie je wieder eine solche Wertschätzung für Ihr Fach finden?«, fragt er. »Bleiben Sie. Das mit der Bewerbung wird klappen. Lassen Sie das mal meine Sorge sein, Sie müssen Sie nur schreiben.«

Eine so direkte und offene Ansage steht im Kontrast zu dem, was ich will, und das ist etwas ganz anderes. Einerseits. Andererseits – es gibt wirklich etwas zu tun hier. Ohne es zu realisieren, habe ich hier ein riesiges Projekt begonnen.

Schwartz sagt, ich könne aus der Position der Fachbereichsleiterin Einfluss nehmen und Dinge verändern. Ich schreibe jetzt meine offizielle Bewerbung. Offenbar hat das Leben anderes mit mir vor, als ich dachte.

*

Zu dem Zeitpunkt, als Präsident Bush zum zweiten Mal gewählt wurde, zeigte ich den Schülern des neuen Grundkurses ein Zeitungsfoto mit der Familie des Präsidenten im Wohnzimmer während der Wahl. Auf verblüffende Weise wies das Bild anhand der Figurenkonstellation und Blickrichtungen eine Ähnlichkeit mit *Las Meninas* von Velazques auf. Ich wollte mit den Schülern analysieren, wie einzelne Figuren im Bild durch ihre Stellung zueinander, wie durch ihre Blicke und Haltungen die Beziehungen untereinander beschrieben werden. Ich projizierte beide Bilder. Nachdem sich einige der männlichen Schüler ausgiebig über die Schönheit der Infantin und die Hässlichkeit der Zwergin neben ihr und das Aussehen der Zwillingstöchter Bush geäußert hatten, fiel ihnen nichts mehr ein. Ich forderte Freiwillige auf, in einer Gruppe das Bild nachzustellen, aber niemand wollte das machen. »Auf jeden Fall«, sagte der Schüler B., »haben wir die perfekte Besetzung für die Zwergin. Na«, er nannte ein Mädchen beim Namen, »das ist doch die Rolle deines Lebens!« Die drei Freunde prusteten, der Rest des Kurses schwieg. Die Schülerin selbst winkte lächelnd ab, »Ach lassen Sie, der ist immer so«. Die Situation schien für einen experimentellen Unterrichtsstil ziemlich ungeeignet und ich versuchte, zum Gespräch zurückzufinden.

»Was meinen Sie denn, wie kommt es denn zu einer Zwergin am Hof?«

A: »Der König von Spanien wird halt besondere sexuelle Vorlieben gehabt haben.«

B: »Und außerdem, woher wollen Sie denn wissen, dass sie so ausgesehen hat.«

A: »Das ist doch nur gemalt, das ist doch nicht mal ein Foto!«

»Ich will nicht wissen, wie jemand ausgesehen hat, ich will wissen, was wir erfahren, wenn wir auf das Bild schauen«, sage ich, »und da sehen wir unterschiedliche Figuren, Menschen unterschiedlichen Alters, Geschlechts und unterschiedlichen Ranges.«

A: »Was Sie da alles hineinsehen wollen, vielleicht ist das gar keine Zwergin gewesen und der hat sie einfach zu klein gemalt. Der hat das einfach nicht besser hinbekommen, hat er halt gesagt, mach ich 'ne Zwergin draus. Und jetzt sagen Sie, hach so 'ne Zwergin, was sagt uns die und so. Waren Sie dabei, oder was?«

»Ich versuche, Informationen aus dem Bild zu lesen. So wie man alte Texte liest, kann man alte Bilder auch lesen. Dafür muss man nicht dabei gewesen sein. Man muss nur hinsehen.«

B: »Ach, und was, wenn er es einfach nur so hingemalt hätte? Einfach so?«

»Hat er nicht. Er hat es aus bestimmten Gründen genau so gemalt und nicht anders.«

»Wieso?«

»Einfach *weil* er es so gemalt hat.«

A: »Er hat es zufällig so gemalt. Und Sie wollen das jetzt alles wichtig finden, was der einfach so gemalt hat. Yallah, so 'ne Missgeburt! Ich sag Ihnen mal was. Da pinselt irgend so ein Typ vor paar hundert Jahren was hin und Sie wollen wissen, was der sich dabei gedacht hat. Komm mal klar, Mann, das Bild ist ein Scheiß, wenn Sie mich fragen und die Leute, die da ein Wort mehr darüber verlieren, einfach nur Spinner.«

*

Sie kennen und beherrschen kaum Arbeitstechniken. Arbeitsaufträge interpretieren sie individuell, das heißt völlig unterschiedlich, und benötigen dafür unterschiedlichste Zeiteinheiten; die meisten haben eine eher kurze Aufmerksamkeitsspanne, andere werden nach einer Stunde erst warm. Wenn die Ersten schon rufen »Reicht das?!«, haben die anderen noch nicht begonnen. Fast alle nehmen sich zu viel vor, weil sie im Umgang mit Materialien keine Erfahrung haben. Gleich die erste Idee ist die beste, bleibt meistens die einzige und die Begeisterung reicht genau bis zum Moment der Umsetzung. »Ich mach das schon« – schön wäre es. Es wird zu viel gesprochen und zu wenig gehandelt; wenn doch, scheitert das Projekt schnell an der niedrigen Frustrationstoleranz. Sie haben keine Erfahrungen mit Materialien und Experimenten und keine außerschulischen Erlebnisse, die mit dem Bauen oder Konstruieren von etwas je zu tun gehabt hätten. Sie kennen in der Regel kein einziges Kunstwerk im Original. Ihr Interesse gilt dem schnell Verfügbaren und Käuflichen. Sie können ihren Umgang mit Material nicht einschätzen, weil sie sich selbst nicht einschätzen können. Noch in der Oberstufe bereitet es ihnen Probleme, den Aufriss einer schlichten Form winkelgenau und auf halbe Zentimeter aufzuzeichnen; sie sind unvorsichtig und ungeschickt, verschwenden und beschädigen vieles von dem, was man ihnen gibt, Farben, Papier, Werkzeuge, Bücher.

Die meisten von ihnen schätzen den persönlichen Kontakt mit der Lehrerin. Dann, wenn sie sich ihnen ganz persönlich zuwendet, dann mögen besonders die lauten und aufmüpfigen Jungs ihre Lehrerin. Sie können gar nicht genug Hilfe bekommen. Hilfe, Platz für das Blatt zu finden, Hilfe, ein Lineal anzulegen, das Schneidemesser zu führen. Die Schüler dieser Oberstufenklasse eines Gymnasiums schätzen es, kompetentes Personal neben sich zu haben, bereit, rutschende Blätter und fallende Objekte aufzufangen; bereit, jeden Wunsch zu erfühlen, für jedes Problem eine Lösung zu finden; auch für den häufigen Fall, dass ihnen einfach nichts einfällt. Die stärksten Kerle werden weich, wenn man ihnen den Bleistift spitzt, Wasser holt und hilft, mit dem Lineal eine gerade Linie zu ziehen.

*

Ich wachte jetzt nachts regelmäßig auf, weil es mir im Traum zu laut wurde. In meinen lauten Träumen stieg ich ein Treppenhaus hinauf, Stufe um Stufe und Stockwerk für Stockwerk. Es war dort laut, sehr laut. Viele junge Stimmen riefen sich Unverständliches zu, sie lachten und kreischten und pfiffen. In jeder Etage, in die ich kam, vermehrten sich die Stimmen, neue kamen hinzu ohne dass sich die aus den unteren Stockwerken abschwächten, sodass sich die Lautstärke immer mehr steigerte. Ich hielt mir die Ohren zu, aber es nützte nichts. Die meiste Zeit hörte ich die Stimmen nur, aber manchmal sah ich auch Schemen von Personen. Wie böse Clowns kamen sie, entlang der merkwürdig geschwungenen glänzenden Wände auf mich zu. Kurz bevor wir aneinander vorbeigingen, machten sie einen schnellen Ruck, eine Bewegung wie für einen Kopfball. Mit dieser Bewegung, mit der sie auf meinen Kopf zielten, wurde zugleich ein kurzer wilder Schrei ausgestoßen. Drehte ich mich um zu ihnen, sah ich sie nur ruhig davongleiten. Sie schienen beglückt und lächelten ein verhaltenes Lächeln. Die kühle Verhaltenheit der Bewegung und des Raums – wir befanden uns im Inneren eines Blechblasinstruments – stand in einem Kontrast zu diesem Gebaren, das mir unheimlich vorkam.

Von der Treppenhausgruppe, die kein Traum war, erfuhr ich erst Wochen später. Es muss nach meinem Tête-à-Tête mit Jamal gewesen sein, der sich in dieser Sache auffällig zurückhielt. Noch in der zwölften Klasse war es für Typen wie Burak B., Viktor D. und ein paar weiteren aus Jamals Clique ein willkommener Anlass für Häme und hysterischen Spott, die Vornamen einiger Lehrer zu kennen. Namen wie Diethardt, Adelgunde, Birgitta, Ingmar oder Ursula stellten phonetische Absonderlichkeiten für die jungen Männer dar. Im ewigen Spiel von Beleidigung und Verleumdung musste dieses Wissen unbedingt zur Anwendung gebracht werden. Zielscheibe dieser neuen Angriffe wurden deshalb mehrere Kollegen und Kolleginnen, die das nicht voneinander wussten. Jeder hielt sich für das alleinige Opfer. Die genannten Schüler, junge, kräftige Männer über 18, hatten in zwölf Schuljahren eine bis zur Perfektion gereifte Wendigkeit entwickelt, die zwischen unverhohlener Aggressivität und einem souveränen und gewissenlosen Bedienen von Erwartungen oszillierte. »Entschuldigung? – Sagt man halt so«, beschreibt in Buraks eigenen Worten diese Haltung. Wahrscheinlich ist sie Folge einer langjähriger Geständnis-Pädagogik.

In ihren Angriffen ging es nicht um die Reibung in einem mehr oder weniger gefährlichen Spiel mit Autoritäten oder mit der älteren Generation. Es ging um die Grausamkeit an sich, um eine archaische Befriedigung, die in der Erniedrigung des Gegners liegt. Die Gegner sind dabei austauschbar; dieses Mal sind sie durch ihre Vornamen definiert.

Man steigt die Treppe hoch, hört seinen Namen rufen. Ein merkwürdiges Rufen ist es, eines mit verstellter Stimme in hohen Tönen. Gerufen wird von einer nicht einsehbaren Ecke aus. Man dreht sich suchend um; in dem Moment läuft ein weiterer Schüler wie aus Versehen zu dicht an einem vorbei, schnellt vor und schreit einem aus nächster Nähe direkt ins Ohr. Man fährt zusammen, erschrickt. Man versucht, den Schüler zur Rede zu stellen – vergeblich; mit dem üblichen »Spaaaß, Mann!« läuft er lachend weiter. Man wird wieder gerufen. So geht das Spiel, das Treppenhausspiel. Das Rufen indes war keines, es war ein Plärren und Kreischen, das durch die Akustik in diesem Gebäude zu einem unbeschreiblichen Krawall wurde. Menschlicher Lärm hat eine Frequenz, die an den Nerven zerren und ins Schmerzhafte reichen kann. Das Geschrei trieb uns Lehrer durchs Treppenhaus wie eine Horde von Hunden, denen verwilderte Kinder Blechdosen an den Schwanz gebunden haben. Es war eine Schmach. Von diesen Angriffen war man in kürzester Zeit erschöpft, man wurde durch ein Gebäude gehetzt, das sich wie ein durchgeknalltes Geisterhaus gebärdete, aus allen Winkeln den eigenen Namen plärrend. Für unsere Schüler war es ein gelungener Scherz, sie wiederholten ihn wochenlang. Die Jungs gingen davon aus, es würde ihnen nichts geschehen und sie behielten Recht.

Das Ende des dritten Jahres

Schwartz rief mich zu sich ins Büro. »Wollen Sie die Stelle wirklich haben?«, fragt er und antwortet sich selbst: »Na klar wollen Sie.« Es gibt einen Mitbewerber, der ist mit dem Personalratsvorsitzenden befreundet. »Am besten jetzt schnell, jetzt. Frau S. wird auch Fachbereichsleiterin und den Doktor will ich in die Schulleitung. Wird ein super Team hier!«

Es wird heiß. Berlin kennt nur zwei Jahreszeiten, aber manchmal gibt es in gnädigen Jahren einen Herbst. Der Frühling fällt grundsätzlich aus. Plötzlich war es also wieder Sommer geworden, man wird träge und entspannt sich vom Berliner Winter. In diese Entspannung hinein rasselt die Stimme auf dem Anrufbeantworter: »Kommen Sie am Montag in die ... Schule, dort hat sich ein Kollegin zur Beurteilungsstunde bereit erklärt. Danach führen wir ein Gespräch und am Mittwoch findet das offizielle Bewerbungsgespräch statt. Sind Sie fit? Haben Sie Fragen? Na dann, toitoitoi.«

Ich bin ein einziges Fragezeichen. Ich habe keine Ahnung, was von mir erwartet wird. Ich fische mir ein paar Beurteilungskriterien aus dem Netz, da stehen Dinge wie Entscheidungs- und Führungskompetenz. Hab ich, denke ich, Zielvorstellung, geht in Ordnung, pädagogische Erfahrung, na denn. Die Gespräche laufen gut. Ich bin ruhig und nehme mir, nachdem alles vorbei ist, Zeit beim Ausfüllen der Wunschlisten für das kommende Schuljahr.

Der Schulalltag holt mich schnell zurück, ich grüble nicht, ich grolle nicht, ich habe zu tun mit dem Abschluss meiner Ausbildung für Darstellendes Spiel. Nach fast zwei

Jahren soll ein Stück zur Aufführung kommen. Dazu muss ich mit meiner Kollegin Susi zusammenarbeiten. In gemeinsamen Gesprächen versuchen wir, eine Richtung für das Stück festzulegen sodass wir getrennt voneinander Einzelproben machen können. Möglichst wenig Berührungsfläche ist mein Ziel, die Kollegin ist schwierig. Seit sie sich vergeblich um Fachleitungen, erst innerschulisch, dann an einer anderen Schule, beworben hat, ist alles noch problematischer geworden. Die Zeit drängt. In den wöchentlichen Proben wollen wir nur noch, so ist es geplant, einzelne Spielelemente zu Szenen zusammenbauen. Ich probe jetzt fast jeden Tag nach dem Unterricht mit Einzelnen und organisiere, was wir brauchen. Lampen und Kostüme, Musik- und Geräuschaufzeichnungen. Ich reaktiviere meine Bekanntschaft mit der Kostümmeisterin des Maxim Gorki und darf einen Korb mit fantastischen Kostümteilen und Accessoires abholen. Unter anderem ein hellblaues Hasenkostüm. Tzulia hatte sich zwar gewünscht als Huhn aufzutreten, aber ich bin froh, überhaupt ein Tier zu bekommen. Ein bisschen warm ist es, aber eine Garantie für einen tollen Auftritt. Mein Freund durchforstet seine Musiksammlung, kreiert Geräusche und baut einen Mechanismus, an dem wir Deniz, unsere Tragödin, sicher in eine scheinbar lebensgefährliche Position am äußeren Rand der Galerie bringen und sie dann abstürzen lassen können. Ich fange an, Spaß an der Sache zu haben. In den Proben wird viel gelacht, Lucia schwirrt jeden Nachmittag durch das Schulhaus und baut am Bühnenbild und Susi, die ständig über die »Belastung der Fleißigen und Zuverlässigen« klagt, wird entlastet. Alles scheint gut zu werden, bis ich eines Tages, zu spät, wie ich zugeben muss, auf der gemeinsamen Probe erscheine.

Tzulia sitzt in Hasenkostüm und Trauermiene im Saal, Emre blass neben ihr. Die jüngeren Schülerinnen sind ungewöhnlich schweigsam und wirken belastet. »Was ist?«, frage ich, noch ehe ich mich für meine Verspätung entschuldige. Keiner sagt etwas, auch Susi schweigt. Was ist los, frage ich noch mal. Tzulia atmet tief ein und sagt: »Frau J., wir schaffen das mit diesem Stück. Wir schaffen es aber nur, wenn hier keine zu großen Spannungen sind.« Darauf Lucia: »Sie sagen Frau Rogg jetzt genau das, was Sie uns über Frau Rogg gesagt haben. Vorher können wir hier nicht weitermachen.«

In meinem Hals klopft die Aufregung, in meinem Kopf zähle ich die Merkwürdigkeiten der letzten Wochen zusammen. Eine Kollegin, die Scheinwerfer versteckt, denke ich. Die die Kostüme versteckt und mich anlügt. Eine Kollegin, die klagt und jammert, oft fast am Weinen ist. Ein Mensch, der sich »umzingelt« fühlt, weg will, bleiben muss, mehr Einfluss will, ihn nicht bekommt. Und jetzt: Eine Kollegin, die mich vor den Schülern anschwärzt.

Da staunt man nicht schlecht. Die Schüler, das spüre ich, halten das Schweigen kaum aus. Verkehrte Welt, sie kommen mir vor wie vorzeitig reife Scheidungskinder, die wollen, dass Papa und Mama vernünftig miteinander umgehen. Das alles tut mir sehr leid, ich sitze und bemitleide die Schüler, mich selbst, die Schule, alle anderen Lehrer und alle Schüler, Neukölln, Susis Mann, Susis Generation, sogar Susi selbst. Ich bin von großem Mitleid und Bedauern erfüllt und habe den Drang wegzugehen. Raus aus der Aula, der Schule und aus Neukölln, raus, raus aus allem Kaputten und Krudem, ein für alle Mal.

»Dazu werde ich jetzt hier sicher nichts sagen«, lispelt Susi leise, »ich schlage vor, wir beginnen mit der Probe.« Die Schüler sehen mich an. »Jaja, wir beginnen mit der Probe«, sage ich matt, »Frau J. und ich besprechen uns intern.« Auch in der Ausbildungsgruppe zwischen lauter anderen Lehrerinnen erging es mir jetzt ähnlich. Das Gift war gestreut und es war nicht mehr wegzukriegen. Manche Kolleginnen halten sich von mir fern, andere bezeichnen Susi als hilfsbedürftig und geben mir den Rat, vorsichtig zu sein und Abstand zu halten. Leicht gesagt, aber kaum machbar in den Endproben eines Stücks. Ab jetzt kommuniziere ich per E-Mail und sichere jedes Schreiben und jede Antwort als Dokument. In einer letzten unvermeidbaren Besprechung bitte ich Susi nachdrücklich darum, Abstand zu halten, egal ob es sich um Beschwerden, Lügen oder Verleumdungen handelt, um Geschichten über Schüler, oder Geschenke wie Stricksocken oder Lieblingsromane. Ich bitte nachdrücklich darum, mich einfach in Frieden zu lassen und mir all das zu ersparen, denn ich könne nichts damit anfangen. Sie sieht mich mit müden großen Augen an und schon wieder mitleidig werdend, sage ich mir, »Früher nannte man mich Sonnenscheinchen«. Das wirkt, ich muss lachen.

Es wird ein lustiges und wildes, ein zartes und erfolgreiches Stück, das wir irgendwie gemeinsam hinbekommen. Bei der Premiere sind es über 30 Grad im Saal, das Gewitter draußen und das Theatergewitter drinnen finden gleichzeitig statt. Es ist eine Entladung, die es in sich hat und während des Applauses verbeugen wir uns alle schweißnass. Schwartz kommt auf uns zu: »Also des war ja fandasdisch wie me damals des Stück …«, und erzählt von einem Schultheater mit Lehrern, Schülern und Eltern (in dieser Reihenfolge!) in dem er mitgewirkt hätte. Er schüttelt Hände und lässt sich beglückwünschen. Danach erinnert er uns daran, doch bitte das Aufräumen nicht zu vergessen. Unsere Ausbilder bitten uns in den Chemiesaal zur Nachbesprechung; bevor sie uns gnädig den Schein ausschreiben, der uns zur »Spielleiterin« adelt, mäkeln sie hier und kritisieren da und für einen kurzen Moment sind Susi und ich endlich ein Team. Ich fühle eine große Erleichterung und hoffe auf die reinigende Kraft und die Stille nach dem Sturm.

Dienstag war mein kurzer Tag und ich sollte noch Utensilien zum Feiern besorgen. Aber der Schultag blieb nicht kurz – es gab ja keine kurzen Tage mehr –, sondern wurde zu einer langen Sitzung. Am Ende dieses Tages bekam ich den neuen Stundenplan. Es dauerte, bis der Schock bei mir ankam. Der neue Stundenplan sah nicht eine einzige Oberstufenklasse für mich vor. Der neue Stundenplan ließ mich in keiner einzigen Klasse, in keinem einzigen Kurs, in denen ich bisher unterrichtet hatte. Ich konnte nichts von dem weitermachen, was ich in diesem Schuljahr angefangen hatte. Alles war weg. Weg war die Zusammenarbeit mit Frau C., nicht machbar die angebotene Zusammenarbeit mit der Neuköllner Oper. Das Fach Darstellendes Spiel, für das ich mich zwei Jahre lang ohne Stundenreduzierung ausbilden hatte lassen, kam auf meinem Stundenplan ebenso wenig vor wie die Klasse 8, bzw. 9a, für die ich zweieinhalb Jahre lang die Klassenleitung übernommen hatte. Alles weg. Die gesamte Oberstufe, die ich, wie ich auch regelmäßig mitteilte, am liebsten unterrichtete, kam auf meinem Plan mit keinem Kurs vor, stattdessen sollte ich alle vier siebten Klassen übernehmen. Der neue Stundenplan. Erst gegen Mitternacht wurde mir bewusst, was das bedeutete: Alles weg, alles wieder von vorne, alles umsonst.

Warum sollte ich einerseits Fachbereichsleiterin (ohne Oberstufe) werden und Aufbauarbeit leisten und andererseits mit dieser Zuteilung umgehen, die mir jede Aufbauarbeit zunichtemachte? Kontinuität als oberstes pädagogisches Prinzip wurde hier komplett missachtet. Wie sollte ich das verstehen?

Für einen Lehrer steht und fällt die Qualität seiner Arbeit mit den Gruppen, mit denen er arbeitet. Es geht in diesem Beruf weder um Produkte noch um Reproduzierbarkeiten, sondern um den Aufbau von Beziehungen als Grundlage für gemeinsames Handeln. Beziehungen brauchen Zeit. Beziehungen an schwierigen Orten in schwierigen Umständen brauchen mehr Zeit. Und wenn diese Beziehungen unterbrochen werden, fängt man wieder von vorne an. An einer Schule wie dieser, an der kein festes Regelwerk existiert, Kollegialität und Vertrauen in die Schulleitung schwach, das Misstrauen der Schüler in ihre Lehrer aber umso stärker sind, ist die Kontinuität sogar noch wichtiger als an anderen Schulen. Dieser Plan war eine Missachtung meiner Arbeit und, in Konsequenz davon, eine Missachtung meiner Person. Er war ein Schlag ins Kontor. Alle Gespräche, die mit Schwartz während des Jahres geführt worden waren, waren hiermit unglaubwürdig, alle Bemühungen, zum strukturellen Umbau der Schule beizutragen, wertlos geworden. Kommentar- und skrupellos gab man mir zu verstehen: Danke, nein, Wir wollen Ihr Engagement hier nicht. Gehen Sie nicht über Los, Sie sind zum Gehorchen und nicht zum Denken hier.

Das ganze Wochenende stand ich wie unter Schock. Sonntagabend, es war keine zwei Wochen vor den großen Ferien, formulierte ich einen Brief an Schwartz, in dem ich ihm darstelle, dass ich diesen Stundenplan nur als Affront sehen könne und infolge eines Vertrauensbruchs meine Bewerbung zurückzöge.

Montags erwartete er mich nach meiner letzten Stunde vor der Tür und sagt mit Samtstimme »nanana«. Ich musste ihm in sein Zimmer folgen, musste mich dort setzen. Das ganze Prozedere nahm inzwischen Züge einer Schmierenkomödie an. Er habe den Plan nicht gemacht. So. Wer denn? Gemacht habe den Plan die neue Konrektorin, die er – uns im Übrigen noch gar nicht vorgestellt –, gleich aber mit solch heikler Aufgabe betraut hatte. »Es war ein Fehler.« Die Pause danach war perfekt. Frau BRENNER kannte keinen von uns, war offenbar auch in nichts eingeweiht und hatte nach logistischen Gesichtspunkten – sie ist Mathematikerin –, einen vernünftigen Plan erstellt. Ich fragte, warum wir unsere Wünsche aufschreiben sollten. Es sei nicht ganz sicher, ob alle Wunschzettel bei Frau BRENNER angekommen seien, ich möge doch verzeihen. Mit diesem »Ich möge doch verzeihen« verschob sich das Verhältnis von einem, der sich aufrecht entschuldigt zu einem, der versucht, seine geschätzte aber doch ein wenig übernervöse kleine Mitarbeiterin wieder in Stimmung zu bringen. Nach einer weiteren aufrichtig wirkenden Entschuldigung und dem Versprechen, die Stundenpläne in meinen Fächern nochmals komplett zusammen mit Frau BRENNER zu überarbeiten, sagte er dann: »Bleiben Sie. Bitte! Soll ich denn auf die Knie fallen?«

Dass ich lächelte, ist schlimm. Dass ich aber abgewunken habe, kann ich mir bis heute nicht verzeihen.

Vier

Schwartz und die Ästhetik des Erfolges

Wie ein eilig aufgerissenes und geplündertes Paket zeigte sich das Schulhaus dem Besucher im Sommer 2006. Durch weit geöffnete Doppeltüren blickt man durch einen staubigen Schlund von Durchfahrt auf den Hof. Er wird von einer Friedhofsmauer eingegrenzt, die trotz kindlicher Malereien auf ihre Trostlosigkeit zu bestehen scheint. Die Rückfassade, zum Hof hin, wird renoviert. Sie bekommt neue Fenster, Jalousien und einen neuen Putz; die Hauptfassade wird nicht renoviert. Die Arbeiten sollten während der Sommerferien abgeschlossen werden, tatsächlich beginnen sie mit dem Schuljahresbeginn.

In und um das Schulhaus staubt und lärmt es gewaltig und permanent scheppern ausgebaute Fassadenteile in die beiden Container rechts und links der Eintrittstüren, dass die Fensterscheiben und Brillengläser in allen Unterrichtsräumen erzittern. Zwischen den Containern steht einsam wie ein Wegweiser die Friedenssäule: »FR..D.N« heißt der Ort hinter dem Staub.

In der Vorkonferenz wird uns Frau BRENNER vorgestellt. Sie kommt aus der ehemaligen DDR – Berlin wird seine Teilung noch lange nicht los sein – und wirkt wie ein Gegenmodell zu Schwartz: Berechenbar, bieder und freundlich. Sie trägt eine rabenschwarze Kurzhaarfrisur und ein strenges Kostüm in zurückhaltender Farbe, dazu stabiles Schuhwerk. Mein Vorschussgroll, den ich ihr trotz unschuldiger Ahnungslosigkeit zugedacht hatte, erledigt sich sofort. Frau Brenner erinnert an den Typ Grundschullehrerin, bei dem man sich nie fragen musste, ob man sie schön fand und nett, und wenn, wie nett, ob so nett, dass man sie gegen die eigene Mutter getauscht hätte oder nicht, sie war einfach Lehrerin, Punkt.

Den neuen Stundenplan nahm ich nicht ohne Aufregung aus dem Fach. Zwei von vier Siebten waren mir geblieben, insgesamt war etwa die Hälfte der Gruppen ausgetauscht. Während der Vorkonferenz erfahren wir, dass wir jetzt eine Ganztagsschule seien. Die neue Unterrichtsregelung sehe fünf Schultage für die siebten Klassen von acht bis 17 Uhr vor – schreckgeweitete Augen im Kollegium –, für die Siebten gäbe es einen gesonderten Stundenplan – demonstratives Kopfschütteln im Kollegium –, der parallel zu den anderen Klassen laufe und eine eigene Rhythmik habe. Verzögerungen und Anlaufprobleme bitte man im Kollegium zu entschuldigen, es brauche eben eine Weile, bis sich alles eingespielt haben würde. Erschwerend käme hinzu, dass in den Ferien zweimal eingebrochen wurde, einmal sei der Computerraum komplett ausgeräumt worden und einmal das Direktorat. Die neuen Stundenpläne seien in zwei Tagen an den Privatrechnern der Schulleiter entstanden, für den allgemeinen Unterricht habe man vier Laptops bestellt; das sei alles, was im Moment finanzierbar sei. Eine Cafeteria könne aus Raumnot nicht eingerichtet werden, aber Frau Bülent – vernehmbares Stöhnen im Kollegium – habe sich bereit erklärt, in ihrem Raum täglich warm zu kochen.

Herr Schwartz lehnt sich zurück, er lächelt; dann erklärt er uns, es sei in den letzten Wochen geglückt, einen einflussreichen Kooperationspartner zu finden: Den türkisch-deutschen Verein. Ein Riss geht durch das Kollegium. Der Verein würde ab jetzt Personal für Pausenaufsichten, Freizeitangebote und Nachhilfestunden schicken. Hier passiert etwas Interessantes: Die grundsätzliche Skepsis allem Neuen gegenüber scheint ins Wanken zu kommen. Ein Kollegium erwacht aus dem Dornröschenschlaf. Überraschung und Aufmerksamkeit sind auf einigen Gesichtern zu lesen, Ablehnung und Bestürzung auf anderen. Schwartz ignorierte sämtliche Wortmeldungen und fährt unbeirrt fort, neue Regelungen, Strukturversuche und Aufgaben anzukündigen.

Was mich angeht, so waren diese Aktionen, die Schwartz über den Sommer eingeleitet hatte, das Äußerste, was ich je von einem Schulleiter an Improvisationstalent und autonomer Selbstverwaltung gehört hatte. Was gut werden sollte, sollte auch gut aussehen. Schwartz wollte – hier komme ich ins Spiel – eine Ästhetik des Erfolgs. Seine Erscheinung ließ durchaus vermuten, dass er sich auf diesem Gebiet sehr sicher fühlte; das erleichterte unser Arbeitsverhältnis nicht. Ich schätzte sein Auftreten, genoss die ausgesucht gute Kleidung des Direktors im typischen Bild des einheitlichen Bequemlooks. Aber einen guten Geschmack zu haben ist nicht gleichbedeutend mit einem zeitgenössischen Sachverstand für Kunst.

Zwei Wochen nach seiner Amtszeit hatte ich einen Flyer in meinem Fach mit Abbildungen informeller Gemälde in der düsteren Farbigkeit und monumentalen Größe der späten 80er-Jahre gefunden. »Schwartz-Rix« stand darüber, offenbar ein Künstlerpaar. Ich hatte die Malereien scheußlich gefunden und es beim förmlichen Dank für die Information belassen, als ich ihn zum ersten Mal in seinem Amtszimmer aufsuchte.

Bereits hier machte ich Bekanntschaft mit Schwartz'scher Kommunikation. Alles, so der Eindruck, würde hier ohne meine Anwesenheit genauso stattfinden. Oder würde er es bemerken, wenn man sich jetzt plötzlich in Luft auflöste und etwa nur noch als Geruchsnote anwesend wäre? Wahrscheinlich würden ihm die kleinen »Ah«- oder »Ach so«-Einwürfe fehlen, für die er gerade genug Platz ließ, Einwürfe, die seine Ausführungen am Laufen hielten und ihnen den Charakter von Relevanz bescheinigten. Die Schwartz'sche Kommunikation funktioniert ganz einfach: Man kommt rein, sagt Guten Tag und dann hält man den Mund. Bleibt nur die Frage: Wie kommt man wieder raus? Gegen die Schwartz'sche Kommunikation hilft kein Stundenläuten und kein vielsagender Blick zur Uhr, noch nicht einmal Hörnchens vorwurfsvoller Blick, mit dem sie ihren Kopf wiederholt durch die kaum geöffnete Tür schiebt, Telefonat um Telefonat vermitteln will und ablehnen muss, nützt da was. Schwartz spricht. Und wenn Schwartz spricht, hört er nicht mehr so schnell auf, Telefonate hin, Unterrichtsanfang her. Auf unterschiedliche Art habe ich zwei Jahre lang versucht, höflich zu fliehen. Gegen Ende verließ ich mehrmals den Raum, während Schwartz noch weitersprach. Vorher aber rutschte ich noch oft, sehr oft unruhig auf meinem Stuhl herum im Bemühen meine Ungeduld zu verbergen. Jedes »Sie entschuldigen …« oder »Der Unterricht hat bereits …« verhallte ungehört. Manchmal stehe ich, während er spricht auf und stehe neben dem Stuhl, den er mir vorher nicht angeboten hat, bereit zu gehen. Er aber bleibt sitzen, keineswegs irritiert von diesem plötzlichen Niveauunterschied und spricht weiter, als wäre es die einzige Gelegenheit. Rückwärts gehe ich Schritt für Schritt gegen die Kraft seiner endlosen Rede kämpfend in Richtung Achtung-Schwelle-Tür. Mühsame Versuche, Land zu gewinnen, denn was nützt es, neben der Tür zu stehen? Durch muss man und zu muss sie sein, erst dann ist es vorbei. Ich hänge hier in diesem Direktorat fest und weiß, eine schäumende Achte begehrt Einlass. Ich weiß um den Lärmpegel, das Schubsen und sinnlose Drängeln vor der verschlossenen Tür. Ich ahne Schlimmes, weil Stecknadeln und Reißnägel in greifbarer Nähe an den Pinboards sind, und spüre fast körperlich Gefahr im Verzug. Schwartz ist frei von Ahnungen dieser drängenden und unangenehmen Art, ich aber werde irgendwann nach einem befreienden »Danke« im Laufschritt ins Nebengebäude hetzen und den Rest dieser verschenkten Stunde mit Versuchen der Deeskalation und der Beruhigung verbringen. Ich weiß es vorher, und während mir diese plastischen Bilder durch den Kopf gehen, erzählt mir der Chef von seinen künstlerischen Projekten. Und so dauert es und dauert viele Stunden Schwartz'scher Ausführungen. Manchmal ging es um das Projekt Ganztagsschule aber viel öfter darum, was früher war, an anderen Schulen, zu anderen Zeiten und als Künstler im Duo Schwartz-Rix.

Über Reformen wurde nicht geplaudert, er beschloss sie im Alleingang. Sein Gebilde, sein Entwurf, sein Werk musste es sein und dafür wurde einiges geopfert; Fürsorge und Schutz der Kollegen fielen übereilten Maßnahmen und erzwungenen Scheinerfolgen zum Opfer. Auch die Glaubwürdigkeit mancher Zahlen, buchstäblich hausgemacht, wurde dem verordneten Erfolg geopfert. Wie sollte es plötzlich zu einer Erfolgsquote von 97 Prozent bestandener Probezeit-Absolventen kommen, ohne dass die Schüler auch nur richtig Deutsch, geschweige denn Schriftdeutsch konnten?

Die Chancenlosen

Die neuen Siebten waren etwas Besonderes – sie waren die ersten Kinder der ersten Ganztagsschule im gymnasialen Zweig, Schwartzs einsamem Entwurf. Ein beachtlicher Mitarbeiterstab internationaler Prägung, verantwortlich für Beaufsichtigung und Beschäftigung der etwa 120 Schüler und Schülerinnen bereicherte von jetzt an unsere Schule. Wir Lehrer wussten nie, wer hier in welcher Funktion war. Einerseits achteten wir darauf, dass sich schulfremde Personen nicht ungehindert überall bewegen konnten, andererseits hatten wir, obwohl wir eine sehr kleine Schule waren, überhaupt keinen Überblick mehr. Niemand stellte uns einander vor und wir wussten nichts über die Aufgaben der neuen Kollegen, deren Fluktuation enorm zu sein schien. Es häuften sich Missverständnisse und Kollisionen von Interessen und Zuständigkeiten. Ich erinnere mich an einen polnischen Kunstmaler (so stand es auf seiner Visitenkarte), einen freundlichen älteren Herrn, der nun plötzlich täglich zur Mittagspause auftauchte und mir mit erwartungsvollem Lächeln und in gebrochenem Deutsch mitteilte, was er für seine Malstunde jetzt brauche. Nicht nur verschwanden in seinem Malunterricht für ganze drei Schülerinnen erstaunliche Mengen unseres mageren Bestandes, auch waren ihm unsere Begegnungen eine willkommene Gelegenheit zum Plaudern, von Künstler zu Künstler gewissermaßen. Jeden Tag lud er mich wieder in sein Atelier ein, es war wirklich mühsam. So plötzlich er da gewesen war, war er auch wieder weg.

Später in der Halle, während der Endproben für das Schultheaterprojekt *Freibeuter*, kollidierten die Pläne der Fußballtrainer mit unseren. Ständig mussten wir verhandeln, wer wohin ausweicht, Koordination war keine Stärke unserer Schulleitung. So entstanden täglich viele kleine Kollisionen, die Lehrern wie Betreuern ein zu hohes Maß an Improvisationsgeschick abforderten und nicht gut für die allgemeine Laune war. Das penetrante und ständig unpassende Gellen der Schulglocke tat ein Übriges, um Orientierungslosigkeit in Zeit, Raum und Angebotsstrukturen für alle Betroffenen herzustellen. Die sogenannte Freie Beschäftigungsphase mündete in ein monatelanges Chaos während der langen Mittagsstunden, in denen Siebtklässler marodierend durchs Haus zogen, während überforderte Betreuer das Handtuch warfen und Haus und Job verließen. Ich sah einen nigerianischen Betreuer aus dem Hausaufgabenraum stürmen, er hatte rote Augen und zitterte vor Empörung; er schrie mich an, was das für Kinder seien, dass man mit solchen Kindern nicht in einem Raum sein könne. Dass er jetzt wegginge, ganz gleich, was ich wolle. Er rannte im Foyer auf und ab, ziellos bis er schließlich die Treppe hinunter- und aus dem Schulhaus hinausrannte, ich konnte ihn von oben weggehen sehen. Rein zufällig hatte ich mich im Foyer befunden als er zur Tür herauskam. Dann kamen die Kinder, sie brüllten und waren ebenso aufgeregt wie er. Angeschrien habe er sie und mit Schlägen gedroht und das dürften Lehrer doch nicht. Das wussten sie. Schwartz kam vorbei und ich sagte, fragt ihn, was ihr jetzt zu tun habt.

Es ist kaum davon auszugehen, dass, mit Ausnahme einiger weniger Pädagogik- und Lehramtsstudenten, irgendjemand für die Arbeit mit den Jugendlichen ausgebildet oder auch nur eingewiesen worden war. Dazu kam die sprachliche Barriere, die Betreuer sprachen häufig schlechteres Deutsch als die Schüler selbst, was zur Folge hatte, dass diese nur noch untereinander und somit vor allem Türkisch sprachen.

In mehrerer Hinsicht handelte es sich bei den neuen Siebten um eine neue Schülergeneration. Die Vernachlässigungsproblematik war nun auch am Gymnasium deutlich zu spüren, Kinder kamen ohne Arbeitsmaterialien, ohne Pausenbrote, immer öfter auch ohne Schultasche zur Schule. Phasen der Konzentration herzustellen war in jeder neuen Siebten während der ersten Monate schwierig gewesen und sie dauerten nie lange an, aber inzwischen fanden Momente geschlossener Aufmerksamkeit, und seien sie noch so kurz, gar nicht mehr statt. Ein weiterer Verlust an Verlässlichkeit war das Wegbrechen der natürlichen Hierarchie zwischen jüngeren und älteren Schülern. Inzwischen gehen die älteren den jüngeren aus dem Weg. Die erhöhte Aggressivität und eine in ihrer ungebärdigen Wildheit fast frivole Neuordnung dieser Klassen hatte mit den neuen Mädchen zu tun.

Nach wie vor gab es eine geschlechterspezifische, durch familiäre Strukturen verstärkte strikte Rollenzuweisung, die in der Rangordnung den aktiven, egozentrischen Jungen über das stille, passive Mädchen dominieren lässt. So weit, so bekannt. Bei aller Problematik war es aber in den großen Klassen durchaus so, dass man konstruktive Arbeitssituationen entstehen lassen konnte, indem man die »wilden Jungen« im Raum zwischen den »braven Mädchen« verteilte. Das funktionierte jetzt nicht mehr. Die Mädchen nahmen sich ebenso viel persönlichen Raum wie die Jungen neben ihnen. Was gut und gleichberechtigt klingt, war in der Praxis unentwegtes Chaos: Kleine Furien

– manche kopftuchtragend, manche nicht –, die nicht einen Moment zögern, bevor sie mit einer Kaskade härtester Schimpfwörter jeden, der »einfach mal nervt« attackieren; kuscht der oder die Angegriffene nicht, wird unter gellendem Kampfgeschrei sofort gespuckt, gebissen und geprügelt. Diese wilden Kinder haben nicht den Hauch der Duldsamkeit und Passivität ihrer Glaubensschwestern an sich. Zwischen ihnen und den Jungs tobt ein fortwährender Geschlechterkampf, der jede Situation und jedes Thema dominiert. Ihr Leistungsstand geht quer durch alle Niveaus, liegt aber im Durchschnitt weit über dem ihrer männlichen Klassenkameraden. Sie geben jetzt den Ton in den Klassen an. Sie haben keine Angst mehr, sie wehren sich blind gegen alles. Sie waren es, die den Betreuer aus dem Hausaufgabenraum und aus seinem Job getrieben haben.

Mit diesen »neuen Mädchen«, den wilden, distanzlosen und hochaggressiven, umzugehen, stellt eine weitere enorme Herausforderung dar. Ich setzte auf unterschiedlichste Weise mit unterschiedlichsten Themen an und scheiterte auf ganzer Linie – Stunde um Stunde versanken wir im Chaos. Die schwierigste Siebte hatte ich am Freitagnachmittag zwischen drei und fünf zu unterrichten. Freitag für Freitag ging ich wie zerschlagen in mein Wochenende.

Das Verhalten dieser Kinder ist das Verhalten jener kinderreichen und bildungsfernen Familien, deren Lebensweise, Werte und Umgangsformen den Albtraum einer kultivierten Mittelschicht darstellen. Diese Kinder sind arm, sie wachsen wild und großenteils unkontrolliert auf, sie haben einen enormen Medienkonsum und in ihnen spiegelt sich bereits im zartesten Alter die Gewalt, die sie real oder medial erfahren. Ihre Aufmerksamkeitsspanne ist minimal. Begeisterung kennen viele dieser Kinder nicht.

Es sind ihrer viele. Bereits heute wird jedes zweite Kind in Berlin in eine Familie nicht deutscher Herkunftssprache hineingeboren und jedes dritte Kind lebt unterhalb der Armutsgrenze. Die Zahl der Kinder, die also in bildungsfernen Familien aufwachsen, in denen sie wenig Fürsorge und kaum Erziehung erfahren, wächst stetig. Gibt es Ideen dafür, was mit diesen Kindern, aus denen Jugendliche und junge Erwachsene werden, geschehen soll?

Das Wort »bildungsfern« klingt merkwürdig harmlos; im Verhältnis zu dem, was man im Umgang und in der Beschäftigung mit diesen Kindern und Jugendlichen erlebt, ist es ein Euphemismus. Die Verrohung ganzer Horden von Zwölf- und 13-Jährigen in den deutschen Großstädten scheint noch nicht als gesellschaftspolitisches Thema in den Gremien und Parlamenten angekommen zu sein. Bildung ist mittlerweile Wahlkampfthema, aber im politischen Tagesgeschäft unattraktiv und grundsätzlich zu teuer. *In keinem Haushaltsbereich wurde in den letzten Jahren so gekürzt wie bei den Schulen, in der Jugendarbeit und bei der Polizei.* Vermutlich werden die Sparmaßnahmen an der Infrastruktur unseres Erziehungs- und Bildungssystems in absehbarer Zeit sehr teuer werden.

Frau BRENNER sorgte dafür, dass der Unterrichtsausfall eingeschränkt wurde. Durch die inzwischen sehr langen Arbeitstage hatte die Schule mit einem ständig wachsenden Krankenstand zu kämpfen. Der hatte im Durchschnitt bei etwa einem Viertel gelegen, jetzt näherten wir uns dem beständigen Drittel. Gnadenlose Vertretungspläne waren die Folge. Manche Kolleginnen waren so gut wie täglich davon betroffen, ich selbst kam im Durchschnitt auf etwa drei Vertretungsstunden wöchentlich. In den seltensten Fällen wurde man ins Bild gesetzt, woran die Klasse arbeitete, die meisten Vertretungen hatte ich in mir unbekannten Klassen. Man wartete vor allem darauf, dass die Stunde vorbeiginge; Spiel- und Gesprächsversuche kosteten eine Wahnsinnskraft. Bezahlt wurden diese Stunden nicht.

Im Monat November kam ich auf 17 Vertretungsstunden. Anfang Dezember, es war kurz vor dem Ablauf der

Probezeit für die Siebten, brannte das Schülerklo aus. Am selben Tag erfuhr ich von einer Kollegin, dass Lucia die Schule geschmissen habe. Bei einem Kaffee erzählte sie, dass sie das alles nicht mehr schaffen würde, Abend für Abend sitze sie mit ihrem »Babba« am Chat und schreibe Briefe an Frauen, die er gerne kennenlernen würde. Sie sei seit dem Auszug ihrer Schwester Lilly die Einzige, die dafür sorge, dass Maxi, der Jüngste, zumindest hin und wieder den Fernseher ausmache und etwas Warmes esse. Tristan, den Zweitjüngsten habe sie aufgegeben, er habe die falschen Freunde und sitze, wenn er überhaupt nach Hause käme, nur vor dem Computer. Mit seiner Familie rede er seit Wochen nicht mehr.

Als ich ihr antworten will, merke ich, dass es nicht geht. Meine Stimme ist weg.

Lucia

Verrohung schreien die Zeitungen. Hilfe, denke ich selbst, wo ist die gute alte Bundesrepublik geblieben? Warum geht hier permanent alles kaputt, eine zerbrechliche, in tausend bunte Plastikstückchen zerberstende Umwelt, die Umwelt dieser Kinder.

Warum wird hier nie etwas repariert? Etwas wieder oder neu zusammengesetzt? Ich hab es nie gesehen, dass ein Flicken auf eine Hose genäht, ein Taschenriemen ausgebessert, eine Brotzeitdose mit Klebeband oder Gummis zusammengehalten wurde, außer an meinem eigenen Zeug. An den mitleidigen Blicken der Schüler auf mein Handy, das statt einer Rückwand ein ausgefranstes schwarzes Gaffa-Tape hatte, labte ich mich fast eineinhalb Jahre lang. Cooles Handy, Frau Rogg, ja, nicht? Gekicher.

Wieder passt etwas nicht zusammen – die armen Kinder und eine Umgebung, die für alles jederzeit Ersatz findet.

Da kommt Lucia, in allem anders, knüppert und fingert die dünnen Träger von ihrem Kleidchen zusammen, das viel zu viel sehen lässt, die Schnürsenkel der Springerstiefel, die sie dazu trägt, sind wahrscheinlich aus denen recycled, die ihre vielen Geschwister irgendwann aus ihren vielen verschiedenfarbigen Turnschuhen gezogen haben, die Schultasche ist ein knotiges Etwas mit Militärvergangenheit. Meine liebste Kollegin Katja sagt, wenn sie Lucia sieht, bekäme sie es mit der Angst zu tun. Es mag daran liegen, dass Lucia nicht auf einen zukommt oder einen Raum betritt, wie man eine junge Frau einen Raum betreten sieht. Sie hat vom ersten Augenblick an etwas von einer Naturgewalt, etwa einem Heuschreckenschwarm. Heuschrecken mit Geist. Normalerweise würde ich das Wort Aura nicht einmal flüstern, sie hat sie. Und jeder darf eindringen. Es ist schrecklich.

Entschuldigen Sie, Frau Rogg, Entschuldigung. Ich bin zu spät. Sie ruft es in die Halle, ich musste meinen kleinen Bruder vom Computer wegholen. Dabei hat er versucht, mich zu beißen. Sehen sie? Immer noch läuft sie auf uns zu, schafft dabei, was ich seit bereits 20 Minuten vergeblich versucht hatte, nämlich die Gruppe zur Ruhe zu bringen. Zeigt auf einen schmuddeligen Verband ums Handgelenk, an dem noch viel anderes an Leder, Gummi und Metallzeug baumelt, ruft dann strahlend, endlich bei uns angekommen: Und dann ist auch noch die Waschmaschine ausgelaufen! Ich, wir alle, können nicht anders als sie ansehen, dann sage ich matt, und da kommst du nur 20 Minuten zu spät? Dabei hättest du doch heute und so weiter. Ihre Haare fuchsteufelswild rot, schwarz umrandete Augen und ein wunderschönes Grinsen, ergib dich nicht so schnell, ich ergebe mich. Schon wieder.

Frau Roooog, biite. Ja. Sie riesig, ich ein kleines Seufzen, das ist Lucia. Aber sie hat sich unterwegs (unterwegs!) ganz viel überlegt, ja wirklich. Später gern. Und es wird wirklich wieder so sein, sie wird wieder Abhandlungen und Geschichten schreiben, durchsetzt mit Aphorismen, die sie gerade mal, wahrscheinlich für den Bruchteil einer Sekunde, beschäftigt haben, etwa in der Art: Und dann tritt sie, Anne Bonnie (eine Piratin in unserem Stück), nach vorn und spricht: Ob Mann, ob Frau, vor Gott sind wir doch alle gleich. Oder: Zu stark geschminkt und zu wenig bekleidet ist bei den Frauen immer ein Zeichen der Verzweiflung. Sie wird sie mir nach der Probe vortragen, denn lesen kann ich sie nicht. Lucia schreibt spiegelverkehrt. Mit ihrer winzigen schlaufenreichen Linkshänderinnenschrift schreibt sie von rechts nach links. Kalligrafisch wahrscheinlich genial. Dann steckt sie mir etwas zu, sie hat es auf dem Computer geschrieben, damit »auch Sie, meine liebe Frau Rogg, es lesen können«, es ist die Weiterentwicklung einer Nebenfigur aus den Freibeutern, eine neue Wendung. »Anne Bonnie wird schwanger. Nachdem sie auf Kuba ein Kind zur Welt gebracht hat, kehrt sie, dieses zurücklassend, aufs Schiff zurück!!! Nachts, wenn sie alleine ist, suchen sie jetzt die Geister heim, das schlechte Gewissen. Sie erzählt und erzählt von ihren Abenteuern auf See, der Piraterie als ihrem größten Traum. Da geschieht eines Tages etwas merkwürdiges, irgendetwas stört. Aus dem Off dringt eine Kinderstimme, vielleicht nur ein Murmeln, ein Lachen, Weinen, dann kleine Sätze: Ich habe Hunger. Ich kann nicht schlafen! Kannst du mir eine Geschichte vorlesen? Sie versucht, nicht hinzuhören, doch alle anderen tun es, sie verstehen jedes Wort von der kleinen Stimme. Bonnie versucht immer wieder, die Aufmerksamkeit auf sich zu ziehen, doch sie schafft es nicht. Dann ein Ruf: Mama? Bist du das?

An diesem Punkt müsste man darüber nachdenken, an welchen Punkt man die Geschichte lenken möchte. Einen wunderschönen Tag wünscht Ihnen Lucia

P.S. Man weiß gar nicht, ist es das zurückgelassene Kind, oder ist es gar das noch nicht geborene Kind? Ist es das Kind, welches große Angst hat, zurückgelassen oder geboren zu werden? Sie, in großer Trauer. Hier könnte man noch viel mehr interessante Aspekte einbringen. Tschüss noch mal.«

Auf der Suche nach Dreh- und Spielorten für das Schultheaterprojekt *Freibeuter* hatte ich die Schüler nach ihren Lieblingsorten in der Stadt gefragt. Natürlich hatten sie nicht darauf reagiert, wer, bitteschön, führt schon einen Lehrer an einen Ort, der nur deshalb Lieblingsort sein kann, weil er die Absenz von Eltern, Lehrern und anderen Mächten, die die Welt beherrschen, garantiert? Lucia, in allem anders, rief an. Ob ich Samstagnachmittag zum Friedhof Yorkstraße kommen könne, aber bitte nur, wenn sie mir nicht die Zeit stehle. Da sei ihr Lieblingsort. Du stiehlst mir nicht die Zeit, führst mich zum Grab deines Bruders. Von einem toten Bruder hatte ich bis dato nichts gewusst, auch nicht von einem weiteren Geschwisterkind überhaupt. Bisher hatte sich das Wunder auf fünf beschränkt. Fünf Kinder, von denen ich nur zwei kannte. Zwei wunderbar begabte, fordernde, tödlich ernste, alberne, leidenschaftliche Kinder, Lucias jüngeren Bruder Tristan und sie, die mittlere. Leuchtend in der Mitte stellte ich sie mir zwischen ihren zwei jüngeren Brüdern und den beiden älteren Schwestern vor. Einen polnischen alleinerziehenden Vater dazu, Hartz-IV-Empfänger. Was ist das für ein Mann?

An diesem Nachmittag erfuhr ich also von einem ältesten Bruder, dem »Schönsten, dem Begabtesten. Alle haben ihn geliebt, sogar meine Mutter«. Mutter, zum ersten Mal hörte ich Lucia »Mutter« sagen – »die spinnt«. Der Bruder war an einer Vergiftung gestorben über Nacht in einem Berliner Krankenhaus, nachdem er das Wochenende in Polen bei seiner Mutter verbracht hatte, 21 war er da. Das Grab hat weder Kreuz noch Einfriedung, eine kleine Steinplatte, die in den Boden gelassen ist, das ist alles. Ich kann nicht lesen, was darauf geschrieben ist, sehe nur Efeu und Plastikblumen.

Anfang der 90er-Jahre ging Lucias Vater nach Berlin. Damals hatte er einen Job dort. Der Plan war, die großen Kinder gleich mitzunehmen und die drei kleinen nachzuholen. Die drei kleinen, von denen Lucia die älteste war, blieben zunächst bei ihrer Mutter, die sie erst zum Bleiben überreden wollte, sie alle drei dann heftig verdrosch und sie anschließend in einen Schrank sperrte, um sie unauffindbar zu machen. Maxi, das Baby, holte sie bereits nach einem Tag wieder aus dem Schrank, Tristan und Lucia blieben drin. »Klar, wir kackten und pissten uns ein und tausend blaue Flecken und so hatten wir auch. Wir müssen übel gestunken haben, als wir wieder rauskamen. Dabei war meine Mutter nicht dumm. Sie war Lehrerin und sie schrieb.«

Wie dieses Martyrium endete weiß ich nicht. Da sitzt sie auf dem Grab ihres Bruders, von dem man nicht weiß, wie er zu Tode gekommen ist, und erzählt mir, ihrer Lehrerin diese Geschichte. Sie sagt wieder, »Ich will wirklich nicht Ihre Zeit stehlen«. Ich mache ein Foto von ihr, schwarzweiß, wie sie es mag. Es ist nichtssagend. Als ich ihr einen Abzug gebe, sagt sie »Vielen Dank für das schöne Foto«; fehlte nur, dass sie einen Knicks machte.

Etwa drei Monate nach diesem Samstag verliere ich meinen Schulschlüssel; eines jeden Lehrers Albtraum. Wegen der *Freibeuter*-Proben, die mittlerweile auch am Wochenende stattfinden, habe ich fast so etwas wie einen Generalschlüssel, nur die Räume des Direktorats sind ausgenommen. Pikanterweise hatte es just zwei Tage davor zum wiederholten Mal einen Einbruch gegeben. Handgeldkasse leer, alle Rechner und Zubehör fein säuberlich aus Lehrerzimmer, Sekretariat und Computerraum abgebaut und abgeräumt. Eigentlich ein Totalschaden für die Schule und seit Beginn der Renovierungsarbeiten, seitdem also das Gerüst steht, der dritte. Ich also in heller Panik male mir bereits Folgeszenarien aus. Ich schwöre mir, sollte der Schlüssel an mich zurückgelangen, ohne dass er, in falsche Hände kommt, für noch schlimmere weitere Verluste gesorgt hätte, würde ich ihn nie, nie mehr aus meinen Händen geben. Schon gar nicht an Schüler, aber auch an sonst niemanden. Ich würde ihn mir um den Hals hängen, mit ihm schwimmen, duschen und schlafen gehen. Ich würde eher Hunderte von Treppen steigen, mich durch endlose Schulflure schleppen, Stühle, Schachteln, Scheinwerfer selbst tragen. Aber alle Vorsätze und alles Laufen und Suchen im Schulhaus, dem Nebengebäude und Imbiss bleiben vergeblich. Weg.

Lucia bleibt an meiner Seite. Ich sage, geh heim. Sie bleibt. Zunächst als Streife (»Wo haben Sie ihn denn zum letzten Mal benutzt?«), Krankenschwester (» Jetzt bleiben Sie mal schön hier und setzen sich, ich sehe nach«) und Freundin – »Ich glaube, wir brauchen einen Kaffee!«. In den kurzen lichten Augenblicken zwischen Panik und Erschöpfung versuche ich mir immer wieder klarzumachen: sie ist so alt wie deine Tochter! Ein Teenager, gerade 18 geworden, ein Kind wie dein Kind. Umsonst, ich brauche sie. Brauche ihren wüsten Humor (»Sie lassen mich hier mit Ihrer Tasche allein? – Ich bin Pole!«), ihren Blick auf die Vorgänge in der Gruppe, die mir wenig transparent sind.

– Fabi? Der ist anders, der ist reich! Norbert, Albert, Fabi, da gehört niemand dazu.

– Alberts Vater bezieht Hartz IV, genau wie deiner!

– Ja, aber anders reich, Sie verstehen das doch, die gehen wandern und so. Da gehört noch nicht mal Steffi dazu.

Steffi ist seit etwa einem Jahr Fabians Freundin, sie sind eines der wenigen bekennenden Liebespaare an unserer Schule. Ich lasse das Thema fallen. Die Reichen, das sind die anderen, die werden nie verstehen. Zu den Reichen gehöre auch ich, hier in dieser Welt bin ich reich. Ich frage mich, ob Enes, dessen Familie ein Haus in Treptow hat, einen Scharan und einen Golf in Lucia'scher Logik zur Kategorie der Reichen gehört. Aber ich frage nicht. Die Reichen, so viel habe ich verstanden, verstehen nicht. Was? Was verstehen sie nicht? Das »wirkliche Leben«? Soll das wirkliche Leben das Straßenleben in Neukölln sein? Oder soll es das einer vielköpfigen Familie sein, die mit wenig Geld, ewigem Heimweh und permanenten Auseinandersetzungen zurechtkommen muss? Ist das wirkliche Leben das schwierigste, das konfliktreichste, das unberechenbarste Leben? Und ihre Ambitionen in Kunst, Theater, den Sprachen – haben die mit dem wirklichen Leben nichts zu tun? Reine Schöngeisterei, ein Zeitvertreib? Ist das wirkliche Leben das wahre Leben? »Die haben keine Ahnung.« Diesen Satz habe ich unendlich oft von ihr gehört.

Sie unterbricht meine Gedanken, indem sie mir zum wiederholten Mal erzählt, sie müsse, muss, muss, muss eine Frau für ihren Vater finden. Ich denke, welch maßlose Selbstüberschätzung, und frage mich, ob es für sie der Startschuss in die Freiheit wäre. Würde sie sich entschließen können, auszuziehen, wenn ihr Vater wieder eine Partnerin hätte? Dann lege ich den Finger in die Wunde. Lucia, warum denkst du, das du das alles kannst? Was konntest du denn wirklich verändern, seit letztem Jahr?

Wir waren noch am Anfang des Schuljahrs und Lucia war gerade 18 geworden. Sie hatte Kunst Leistungskurs gewählt, das war ihr Traum. Endlich Kurssystem, endlich Schwerpunkte setzen dürfen, selbst gewählte Aufgaben. Sie berichtete von den interessanten Aufgaben, die ihr die Kollegin von der Kooperationsschule gegeben hätte, guten Zensuren und sogar eine Ausstellung wäre in Vorbereitung! Ich freute mich für sie. Kurz darauf komme ich ins Lehrerzimmer und höre die Erdkundekollegin sagen – wie schade.

Ich durfte das, ich durfte mich persönlich darüber aufregen, dass sie die Schule an den Nagel hängte. Wir hatten zwei Jahre Kunstunterricht, viel Beratung bei Kaffee, Pfefferminztee und ein Theaterprojekt hinter uns, in dem sie die Hauptrolle gespielt hatte. Nur für ein Jahr, sagte sie, plötzlich war sie ganz leise geworden, nur für ein Jahr. Ich weiß dass ich hier nur mit Abitur rauskomme, hier aus Neukölln raus.

Ich brachte sie als Praktikantin an einem Theater unter. An die Schule und, ich gestehe, auch an mich, band ich sie, indem ich sie in das laufende Theaterprojekt einbezog. Ich wollte nicht, dass sie verloren geht, Neukölln ist so gefräßig. Wir sprachen Stunden. Sie hatte zu Hause alles im Griff, würde ihren kleinsten Bruder von den Ballerspielen, Tristan von der Straße und den falschen Freunden wegholen. Ihrem Vater würde sie eine Frau organisieren, klar, über die Partnervermittlung im Internet eben. Ich wollte, dass sie zum Arzt ginge, aufhörte in jedes Glas, in jede Tasse Löffelweise Zucker zu kippen, und darüber nachdachte, zu Hause auszuziehen. Ja, ich war behutsam. Ja, ich habe mich an Fachleute gewandt. Habe ihr diskret Telefonnummern von betreutem Wohnen über die Freundin zugespielt.

Es war jetzt zehn Monate später, zwei vor Beginn des neuen Schuljahres, zwei Wochen vor Sommerferienbeginn. Außer Punkt zwei auf meiner Wunschliste hatte sich nichts, gar nichts geändert. Sie zuckerte ihren Tee nicht mehr, das war alles. Sie hatte noch immer schwere somatische Störungen und alles, alles war geblieben, wie es war, als sie gesagt hatte: Ich muss Pause machen mit der Schule. Ich schaff das nicht mehr so. Sie, die alles für alle zu Hause machte, aber niemanden hatte, der ihr Halt gab. Niemanden, der ihr Regeln und Gesetze gab, sie auch mal zu ihrem Glück, das hätte geheißen, zur Ruhe zwang. Sie war ein Mädchen ohne Halt.

Und da war mein Finger, der darauf zeigte, gerade mal zwei Monate vor dem vermeintlichen Neuanfang, zu dem doch alles hätte gelöst und gesundet hätte sein sollen. Kein Problem, sagte sie, wirklich, aber ich muss jetzt los. Strotzend vor Energie, leuchtend im Übermut ging sie davon. Es war das letzte Mal, dass wir uns gesehen haben.

Ein paar Tage später bekam ich eine E-Mail, in der sie Folgendes schrieb: »Frau Rogg, wenn Sie meinen, dass ich auf Ihr Niveau herunterkäme, dann haben Sie sich voll geschnitten.«

In meinem Kopf eine dunkle Kugel, die im Kreis rollt. Lucia, was ist passiert, was regt dich so auf? Noch eine letzte Nachricht: »Ich und aufgeregt? Hahahaha.« Zwölf Zeilen Hahaha.

Freibeuter

Mitgebracht hatte ich eine Tasche voll mit Kram. So eine von den großen blauen, so ein Ding mit dem man vom Umzug über schmutzige Wäsche alles transportiert. In der Tasche waren Stoffbahnen, eine Abdeckplane aus dünnem, durchsichtigen Plastik, eine Wäscheleine, Klammern, Karabiner und kleine Sandsäcke. Ich sagte »Baut ein Haus«, Jungs, baut ein Jungenhaus, und Mädchen, ihr ein Mädchenhaus. Es waren 28 jugendliche Teilnehmer in der Gruppe und der Geräuschpegel war unbeschreiblich. Wir hatten noch kein Stück, aber eine Idee, die bereits einen Namen trug: Wir waren die Freibeuter.

Ursprünglich hatte ich ein Mehrgenerationendrama vorgehabt: Ausgehend von der Frage, wie sich die Mitglieder der Gruppe gemeinsam definierten kam ich auf den Gedanken, dass sie alle auf der »Insel Nord Neukölln« angespült worden waren. Eltern und Großeltern waren Schatzsucher gewesen, gestrandete, heimatferne Pioniere auf fremdem Territorium; Alle wollten sie ein besseres Leben. Deshalb waren sie und ihre Kinder hier. Eigentlich hatte ich diese Idee den »Schatzinselkongress« getauft. Damit war die Idee der Schatzinsel geboren, der Name war dabei wichtiger als der Roman selbst. Es sollte eine Art öffentlicher Befragung werden, die Schüler würden ihre Eltern befragen, wie alles gekommen war: Wie hatte das

Leben in der Heimat ausgesehen, damals, als man sich entschied, wegzugehen? Was und wen hatte man dort zurückgelassen? Welches Ziel hatte man, an welchem Punkt würde man zurückkommen? Wenn genug Geld verdient, die Ausbildung der Kinder abgeschlossen, die Eltern noch nicht zu alt wären? Woran war die Rückkehr gescheitert, was hatte man gewonnen, was verpasst? Hatten sich die Wünsche, hat sich die Sehnsucht selbst verändert? Was davon war übertragbar, wie viel davon tragbar? Diese Art einer Befragung auf der Bühne hatte ich mir vorgestellt und wollte sie kombinieren mit Videoaufnahmen von jugendlichen Seefahrern – Freibeutern in Sachen Zukunft.

Dabei wollte ich der Liebe der Jugendlichen zu Kostümen, zu Akrobatik und heroischer Selbstinszenierung Raum geben, sie in ihrer Energie und Schönheit in Szene setzen um damit gleichsam ein barockes Gegengewicht zum Bühnengeschehen zu bieten, das auf das Sprechen, vielleicht in mehreren Sprachen reduziert bliebe; so das Konzept.

Es wurde etwas ganz anderes daraus. Ein aufregendes und aufreibendes Projekt, das an mir zehrte und von Abschieden und Verlusten gekennzeichnet war. Ein Projekt, an dem ich mit Ausdauer und Liebe hing, ein Gegenprojekt, eines wider die Umstände, die begrenzten Möglichkeiten; so etwas geht nur entgegen einer ökonomischen Vernunft. Es war mein Abschied von Neukölln.

Wir begannen im September 2006. Informiert durch einen Aushang hatten sich drei Schüler aus der elften Klasse gemeldet. Mit diesen drei Schülern einen Termin zum gemeinsamen Proben zu finden war nicht einfach, denn es waren just die drei Schüler unserer Schule – ausgenommen das Zeitungsteam – die bei allem mitmachten. Sie waren in den Sport AGs, der Vorbereitungsgruppe für die 100-Jahr-Feier, sie waren drei Viertel der Schulband, machten Führerschein, bildeten das Ruderkader und hatten darüber hinaus auch noch Komparseriejobs und kleinere bis mittlere Rollen an den städtischen Bühnen Berlins. Eine schlagkräftige Gruppe und trotzdem zu klein. Alle 20 Grundkursschüler, von meiner DS-Kollegin und mir gemeinsam in zwei vorausgegangenen Jahren ausgebildet, wurden ihr als Grundkurs zugewiesen. Mir sagte man, ich solle mir halt eine AG zusammenstellen. Allerdings müssten wir zweistellig werden, sonst wäre das nicht haltbar. Ich schrieb ein Fax an die Kooperationsschule die selbst keinen DS-Kurs anbieten konnte. Eine Antwort erhielt ich nie. Ich sprach Schüler, von denen ich dachte, sie seien geeignet, auf dem Flur an. Norbert zum Beispiel. Norbert kannte ich aus dem Kunstunterricht in Neun und Zehn. Als Neuntklässler hatte er sich unmöglich benommen, aber wunderbare Sachen gemacht – immer weit am Thema vorbei. Seine Elaborate waren so schön, dass ich sie immer ausstellte und Abbildungen davon in meinem persönlichen Computerordner, der »Wunderbare Schüler« heißt, konservierte. Als Zehntklässler hatte er sich unmöglich benommen und gar nichts mehr gemacht. Sein Verhalten wurde immer durchgeknallter, er zog sich ein Kondom über den Kopf, legte sich während des Unterrichts auf die Werkbank seiner Mitschülerinnen und miaute und war überhaupt nicht ansprechbar. Ich rief seine Mutter an. Mit einem beeindruckend rasselnden und sehr polnischem R rief sie ins Telefon »Diesärrr Jun-kää!«. Ich bedauerte den Anruf sofort. Monate später traf ich ihn auf dem Schulflur und lud ihn ein, bei DS mit zu machen. Er kam, kam regelmäßig und wurde bald Häns (ursprünglich Israel Hands). Häns eröffnet die Geschichte mit einem wüsten Monolog von der durchgetackerten Hand auf der heimischen Baustelle und seinem Vater, der einen Kamin durch das Zimmer seines Sohnes baut. Ein begnadeter Geschichtenerzähler und aufmerksamer musikalischer Begleiter, das ist Häns. Ohne ihn wäre die Geschichte nicht dieselbe, sie wäre nicht so gut. Norbert ist mittlerweile bei der Bundeswehr, seine Eltern haben ihn geschickt. Zunächst habe er sich gewehrt und jemand vom Jugendamt sei gekommen und habe betreutes Wohnen angeboten. Eigentlich habe er darauf »Böcke gehabt«, aber als seine Stiefmutter »übelst zu heulen« anfing, da habe er »ebent Mitleid bekomm'. Außerdem«, meinte er, »ist daheim eh kein Platz mehr. Wegen dem Kamin.« Mit Norbert waren es vier und mit den Überläufern aus dem Grundkurs der Kollegin und den Neuen, die plötzlich von der Kooperationsschule gekommen waren, 28.

Die 28 Freibeuter also machten sich ans Hausbauen. Wie bei einer Dompteursnummer muss man nur rufen »Los!« und schauen, dass man schnell wegkommt. Sie stürzen sich auf die Sachen, zerren an der Tasche und ihrem Inhalte. Planen, Überlegen, das wäre vergeudete Zeit. Reviere müssen abgesteckt werden, das der Jungs nimmt etwa vier Fünftel der gesamten Fläche ein. Die Mädchen leisten keinerlei Widerstand. Sie tuscheln, kichern und ackern und allgemein herrscht ein geschäftiges Gezirpe, in dem die Hände nach einem geheimen Plan ineinandergreifen. Alle wissen, was zu tun ist: Weiteres Baumaterial wird herbeigeschafft, Korb- und Netzständer von Ballspielen werden zu Säulen, zwischen die Planen gespannt und ein Dach gestützt wird, riesengroß und transparent wie das Münchner Olympiastadion. Das machen die Jungen, aber es ist ihnen nicht genug, Hochsprunglatten werden eingezogen wie T-Träger, weit ausragende Dächer mit ihnen angebaut und der Innenraum durch hängende Wände geteilt. Böcke, Matten, Pferde und Kästen werden angeschleppt, gestapelt, arrangiert, Leitungen gezogen. Sie bauen einen Flaschenzug aus einer Trinkflasche, einem Sandsack, der Wäscheleine und einem Karabiner; darin ein Netz für Lebensmittel. Der Raum ist angefüllt mit Geräuschen der Anstrengung und Vorfreude, hin und wieder hört man Rufe, Ideen, ein Bühnenflüstern mit angehaltener Luft, Aufregung, die mühsam an sich hält.

Die Mädchen verbauen alle Matten. Auf einer sehr kleinen Grundfläche bauen sie eine Art Baumhaus auf ebener Erde, einen Ort der Sicherheit und des Rückzugs. Nach vorne, zum Zuschauer hin, hat es eine schlitzartige Öffnung, ansonsten ist es massiv und schottet sich gegen das Territorium der Jungs hin ab. Wir auf der Zuschauerbank können Ausschnitte von dem turtelnden Innenleben dieses Mädchenhauses mitbekommen. Eng ist es da drinnen, viel mehr wird nicht deutlich. In welchem Kraftakt war es ihnen nur gelungen, die riesigen weichen Turnmatten zu einem nach oben offenen Quader zusammenzubauen? Wann? Wie? Ich hatte es nicht mitbekommen. Wahrscheinlich, dachte ich, wahrscheinlich waren Dolmen und Menhire auch irgendwann in grauer Vorzeit von ein paar gut gelaunten jungen Frauen angeschleppt und aufgerichtet worden. Sie stapeln sich, haben ihren Spaß und machen keine Anstalten, wieder rauszukommen. Wir bekommen nur hin und wieder einen spitzen kleinen Schrei mit, Gemurmel und Gelächter.

Die Jungs schauen immer öfter rüber. Burak geht sogar hin und versucht durch einen Spalt an der hinteren Ecke zu spähen, da, wo sich die Matten unter dem Eigengewicht aufbiegen. Nach vorne zu kommen traut sich keiner. Es wäre zu viel des eindeutigen Interesses. Burak bleibt betont lässig; als er sich bückt, um besser sehen zu können, hören wir den schrägen Klang einer zu fest gezupften Geigensaite. Er verdreht die Augen, geht betont langsam zurück. Tolga braucht noch Hilfe beim Strippenziehen, die anderen wollen nicht, sagen, lass sein. Sie haben genug getan, wollen ihr Haus jetzt präsentieren. Aber die Mädchen wollen aus ihrem Haus nicht raus. So sind sie von der Welt abgeschottet. Die Jungen aber wollen nicht präsentieren, ohne dass die Mädchen zuschauen. Also gut. Die Mädchen genießen ihren Auftritt. Es ist wie bei einer dieser Fernsehwetten, wie viele Menschen passen in einen Cinquecento? Gezählte 14 Mädchen kommen aus der

Hütte. Sie haben gerötete Gesichter, sagen immer wieder, was für ein schönes Haus wir haben, setzen sich, genießen ihre Verschwesterung.

Was haben die Jungs gebaut? Wir haben alles, sagen sie, und es stimmt: Sie haben eine Couchgarnitur, einen Tisch zum Essen und zum Kartenspielen, sie haben ein Lebensmittel-Aufbewahrungssystem gegen Räuber und gefährliche Tiere und einen Ausguck oberhalb der Sprossenwände. Sie haben Kabel und einen Sendemast, so sind sie mit der Welt verbunden. Sie haben ein Auto und eine Garage dafür. Sie können viele verschiedene Dinge in ihrem Haus machen und sich frei darin bewegen und wir dürfen alles sehen. Zu Recht sind sie stolz, finden ihr Haus toll. Aber mehr als die Freude über das neue eigene Haus beschäftigt sie die Frage, ob sie mal in das Haus der Mädchen dürfen. Die schütteln den Kopf. Melike sagt: Danach ist es nicht mehr schön da drin. Die Stimmung droht zu kippen, ich bitte um das Vortragen der Hausaufgabe. Das Schönste davon hier:

Ich will eine Welt, wo ich in Ruhe das machen kann, wofür ich geeignet bin und nicht dafür gezwungen werde, nicht das zu machen, was ich nicht machen möchte. Ich will eine Welt, in dem man gefördert wird in dem, was man gut ist.

Ich will eine kleine Welt, meine Welt, in der ich sage, was abgeht und alle anderen halten die Guschen. Damit meine ich aber keine Diktatur, denn wer ist besser geeignet, eine Welt zu regieren, als einer, der total bekloppt ist? Nix da immer mit Friede, Freude, Eierkuchen, wir brauchen ein geregeltes System! Und wer sich dem System nicht beugen will, der eröffnet eine neue Welt.

Ich wünsch mir eine andere Welt, sie soll voll Essen sein, ich will von den Bäumen Jellybellies essen können, lecka!, und Erdbeertorte will ich. Aber ohne fett zu werden! Nargile rauchen, so eine leckere Welt will ich.

Ich wünsch' mir eine Welt in Frieden, Ruhe und Vernunft. Im Leben sollte jeder Mensch seine Träume, Wünsche und

Hoffnungen erleben. Ich wünsche mir, dass es keine Kriege, Ermordungen und Vergewaltigungen gibt. Jeder sollte ehrlich sein, nicht lügen und nicht stehlen und nicht anderen die Würde verletzen. Ein Mensch hat das Recht auf Hoffnung und Ehre. Das ist meine Aussicht auf eine Traumwelt.

Es soll eine Welt sein, in der man alle seine Mitmenschen mit Musik und guter Laune zufrieden macht. Wir verändern die Menschen mit der Power, die die Freibeuter mitbringen. Wir sind losgefahren, um unser Genießen des Lebens zu verbreiten.

Im März fanden wir es an der Zeit, in der Theatergruppe etwas intensiver zu arbeiten. Ben vom kooperierenden Theater schlug ein Probenwochenende außerhalb Berlins vor, »Ich mach' das schon«, sagte er; Ingrid, Sängerin und Gesangslehrerin, sollte auch mitkommen sowie Esther, eine Filmemacherin. Auch mein Freund, um Unterstützung gebeten, sagte zögerlich zu. Ich schrieb unser Stück, soweit vorhanden, auf und verhandelte telefonisch mit besorgten Eltern, die nicht besorgt klingen wollten, sondern dringende Familienangelegenheiten vorschoben. Bei den Schülern, das wusste ich, musste man sich entschlossen geben: kein Raum für Verhandlungen, keine Jobs, keine Verwandtenbesuche und keine Fantasiekrankheiten würden geduldet. Dafür war der Aufwand zu groß. T. und ich bereiteten eine raffinierte Schatzsuche vor, die Esther filmen würde. Die geschnittene Version der Suche sollte Teil der Inszenierung werden. Was Ben mir erst drei Tage vor Abfahrt sagte war, dass wir Selbstversorger seien. Also fuhr ich zu Aldi und kochte (schweinefleischlos!) vor.

Ferch ist zauberhaft, ein kleiner Ort an einem See im Süden Berlins. Wir waren in kleinen Bungalows untergebracht, einer ehemaligen Ferienkolonie der Jungen Pioniere, die jetzt einem Gasanbieter gehörte. Der Hausmeister übergab uns die Schlüssel und zeigte uns eine Küche, die so groß wie unappetitlich war und den Saal zum Essen,

Singen und Proben. Er sagte, »In diesem Land gibt es einfach zu viele Ausländer«, dann ging er. Wir hörten erst wieder von ihm, als ein Beschwerdebrief einging.

Wir waren 20 Jugendliche und fünf Erwachsene. Es gab keine Katastrophen oder größere Zwischenfälle und doch lief es irgendwie nicht richtig. Neben all den Organisationsaufgaben wie Essen ausgeben, Küchendienst organisieren, Schatz vergraben, Kamerafrau einweisen, Streitereien schlichten, zum Schlafen, Aufstehen, Waschen und Aufräumen ermahnen, probten wir tatsächlich und brachten unsere Textarbeit voran. Aber etwas stimmte nicht. Ein allgemeiner Mangel an Struktur, ein fehlendes Gespür für Ausgelassenheit im Wechsel mit Konzentration, für persönliche Freiheiten im Verhältnis zum gemeinsamen Handeln gefährdeten ständig das Große und Ganze. Niemand aus der Gruppe schien auch nur im Entferntesten an ein Ergebnis zu denken. Wie zu große Kinder gaben die Schüler jedem Affekt nach und wenn es kurze Phasen der Disziplin gab, dann nur auf Druck und für kleinste Inhalts- und Zeiteinheiten. Einen eigenen Fokus zu entwickeln und ein eigenständiges Interesse am gemeinsamen Projekt, war ihnen aufgrund einer großen inneren und alles umfassenden Unruhe nicht möglich. Unruhig und gehetzt, so lebten sie und so waren sie.

Unruhig und gehetzt, so kannte ich sie aus der Schule und doch hätte ich nicht gedacht, dass es anderswo auch so sein würde. Meine erwachsenen Mitstreiter waren von den permanenten Unterbrechungen, der unkontrollierten Fahrigkeit der Gruppe, von ihren Ansprüchen und der Unselbstständigkeit geradezu schockiert, waren sie davon ausgegangen, junge Erwachsene vor sich zu haben. Wie paralysiert fuhr die Kamerafrau sofort nach ihrem Dreh wieder ab. Ben lief den ganzen Tag, Zigarette um Zigarette rauchend, umher, um irgendetwas zu regeln, und T. war erschöpft und genervt von seinem Küchenjob, der einfach kein Ende nehmen wollte. Bereits am Samstagabend waren wir völlig ausgepumpt und bei der Zwischenbesprechung hatten wir kaum mehr Kraft zum Sprechen. Ich war wieder dabei, meine Stimme zu verlieren, und krächzte nur noch, aber auch die anderen waren wortkarg; nur Ingrid zeigte sich begeistert von der Musikalität und Lebhaftigkeit der Gruppe.

Am nächsten Morgen kündigte sie und fuhr ab, ohne sich von den Schülern persönlich zu verabschieden. Als wir am Nachmittag desselben Tages alle abreisten, fragte ich, wo der Schatz, den sie Tags zuvor gehoben hatten, denn sei. Keiner wusste etwas vom Verbleib der Beute und sie blieb verschwunden. Sie waren also echte Freibeuter, Gesangslehrerin weg, Schatz weg und die Stimme auch – alles weg. Alles wurde weniger, je mehr man hineingab. So beendeten wir unseren Aufenthalt in Ferch. Wir scheuchten die Gruppe mehrere Stunden lang durch die Bungalows, bis sie wieder in Ordnung waren. Wir warfen die Schlüssel beim Hausmeister ein und verabschiedeten uns. »Schön war's«, sagten wir und dachten: Nie wieder!

Am Montag blieb ich zu Hause und schwieg. Am Dienstag rief Schwartz an und forderte Rapport. Ich flüsterte ihn ins Telefon. »Wann kommen Sie, ich brauche Sie«, sagte er, »flüstern Sie halt, vielleicht flüstern die Schüler zurück.« Vergnügt verabredete er sich mit mir für den folgenden Tag, um die Vorbereitungen für die 100-Jahr-Feier, die Pläne für einen Schulgarten, die Unterbringung eines geschenkten Kostümfundus und eine Ausstellung beim »Rat für die Künste« zu besprechen. Ich fühlte mich schlapp, ging aber hin. Tatsächlich besprachen wir unser gemeinsames Lieblingsthema – die Vision einer Schule, in der Unterricht ausschließlich in fächerübergreifenden temporären Projekten zu übergeordneten Themen stattfände. Vielleicht lag es daran, dass ich mich krank fühlte, aber an diesem Tag hatte ich zum ersten Mal ernsthafte Zweifel an der Machbarkeit des Ganzen, zumindest unter den gegebenen Umständen und in der aktuellen Besetzung des Kollegiums. Ich verließ das Direktorat mit vielen Notizen. Viel musste noch im Laufe dieses Schuljahres getan werden – neben dem regulären Unterricht, versteht sich. Und auch hier schien hinten nachzuwachsen, was vorne wegfiel – je mehr ich tat, desto mehr wollte getan werden. Gedankenversunken stieg ich die Stufen des Nebengebäudes hinauf. Oben wartete eine Schülerin wegen des mündlichen Abiturs auf mich – das gab es ja auch noch, Abitur! Es läutete. Die Türen sprangen auf und der übliche ohrenbetäubende Lärm brach los, ich spürte ihn wie eine Welle kommen und auf mich prallen. Die verrückte Klingel läutete noch einmal. Schüler schubsten und drängten ohne Hemmung vor Kontakt. Und plötzlich rauschte Wasser.

Es rauschte in riesigen, unaufhaltbaren Mengen aus unsichtbaren Schleusen. Mir fielen die Ohren zu und ich setzte mich auf eine Stufe. Mir war kalt und ein bisschen übel. Als ich angesprochen wurde, konnte ich nichts verstehen, es war zu laut. Ich sah auf und da war kein Wasser. Das Rauschen war in mir. Ich blieb sitzen bis alle Schüler in den Klassenräumen waren und noch einige Minuten länger. Dann ging ich nach draußen, winkte einem Taxi und schrieb auf ein Blatt »Charité«.

Die ärztlichen Untersuchungen ergeben eine »Abflachung in den Höhen« und ein »allgemein geschädigtes Gehörbild, wie von jemandem«, sagt der Doktor, »der in einem stark lärmbelastetem Beruf arbeitet, etwa im Straßenbau.« Das sei leider irreparabel, alles andere aber würde sich legen, »wenn Sie Ihre Situation verändern«. Er spricht laut und deutlich. Der Mann ist Spezialist und ich verstehe ihn. Er verpasst mir eine Spritze und Tabletten und schreibt auf, wann ich wiederkommen soll. Auf einen extra Zettel schreibt er: »Sind Sie zufrieden mit dem, was Sie tun?« Zwei Mal wird der Arzt die Krankschreibung verlängern, er möchte, sagt er, keinen Hörsturz riskieren und jedes Mal fragt er: »Was werden Sie verändern?«

Für die Beantwortung dieser Frage habe ich sechs Wochen Zeit. Das Symptom, das bin ich – ein Lehrer, der nicht mehr sprechen kann und Geräusche hört, wo keine sind. In den ersten Wochen verfolgt mich ein Bild: Ich sehe mich als Waggon auf einem Gleis. Der Waggon fährt und fährt. Er kann nicht anhalten noch abbiegen und fährt immer weiter auf einem Gleis, dessen Länge er nicht kennt. Wie bin ich da nur hingekommen, fragte ich mich immer und immer wieder, wo habe ich eine letzte Weiche verpasst?

Als ich wieder anfing zu arbeiten, ging ich nur noch mit Oropax in die Schule. Im Unterricht nahm ich es heraus, zum Stundenende setzte ich es wieder ein. Als Erstes gab ich der Schulleitung bekannt, dass ich meine Bewerbung zurückgezogen habe. »Hab' ich mir schon gedacht«, orakelte Schwartz kühl, worauf ich ihm den Umsetzungsantrag vorlegte, denn ich brauchte seine Unterschrift. Er schob ihn zur Seite und ich wusste: ab jetzt herrscht kalter Krieg. Was ich von ihm brauchte, war ein Kreuzchen und die Unterschrift. Beim dritten Mal füllte er den Antrag vor mir aus: »Antrag stattgegeben« kreuzte er an und schrieb dazu »wenn Ersatz vorhanden«. So war das Gesetz der Schule, Stattgeben, wenn Ersatz vorhanden. Und hier begann die Quadratur des Kreises: Um Aussicht auf Erfolg zu haben, musste ich mir selbst eine Schule suchen. An den Schulen, an denen ich vorsprach, fragte man: Sind Sie denn frei? Eine Freistellung wiederum konnte ich nur erwarten, wenn ich eine Schule angab, und so weiter. Ich wusste nicht weiter, sprang über meinen Schatten und bat Schwartz – denn nur er konnte etwas bewirken – um Unterstützung. Ich sagte, Denken Sie an Ihre Fürsorgepflicht und er antwortete: »Nirgends haben Sie solche Freiheiten wie hier.« Ich rief die Schulrätin an und fragte, ob sie meinen Antrag erhalten und ihm bereits stattgegeben habe. »Sie machen einen Kardinalfehler«, sagte sie und legte auf. Die Tage vergingen und ich scheute mich, noch einmal anzurufen und die Schulrätin an ihr Versprechen zu erinnern. »Überlegen Sie sich das mit der Funktionsstelle«, hatte sie gesagt, » wenn nicht, lass ich Sie laufen.«

Gott sei Dank war Katja da. Ben war ausgestiegen, er hatte mich mit dem Projekt allein gelassen. Er hatte eine E-Mail geschickt, in der er schrieb, sein privater Kummer sei so groß geworden, dass er nicht mehr weiterkönne. Er war es gewesen, der meine Einwände hinsichtlich der geringen Anzahl möglicher Proben mit einem großzügigen »Ach was« beiseitegefegt hatte, der Spielverpflichtungen festgelegt und 28 Neuköllner Jugendlichen einen großen Auftritt versprochen hatte, inklusive Gastspiel in den Niederlanden. Das Freibeuter-Projekt startete im November, im März hatten wir eine Zwischenvorstellung und im Juni den Aufführungstermin. Als Ausgangspunkt hatten wir eine Projektidee, eine alte Turnhalle und eine Probe pro Woche. Keiner wusste, wie das Stück gehen würde, was zu erzählen sei und wie. Im Juni hatten wir für mehrere Tage hintereinander nachmittägliche Proben festgelegt. Ich unterrichtete vormittags, probte nachmittags und nachts schrieben Katja und ich das Stück. Am vierten Tag stand ein technischer Durchlauf an. Die Oper hatte uns zwei Techniker geschickt; irgendwann hatten sie schon einmal eine Anlage für ein Rockkonzert aufgebaut; mithilfe dieser Jungs sollte unsere schmuddelige Turnhalle zur Büh ne werden. Ich sagte so-und-so, sie darauf: »Kein Problem!«

Es wurde aber eines und zwar ein langwieriges. Die Schüler waren gefordert, in Stellproben eine Disziplin zu üben, die sie nicht hatten. Sie bewegten sich, als seien sie mit klebriger Masse überzogen und waren irrsinnig laut. Nach diesen zermürbenden Stunden, in denen alles, was wir erarbeitet hatten, nur noch öd und leer wirkte, verließ uns der erste Techniker; er ging gruß- und wortlos. Das Gelächter der Schüler in solchen Situationen – schließlich erleben sie hin und wieder, dass auch Lehrer den Unterricht verlassen – hat nichts Befreiendes. Ich wüsste gern, ob sie selbst den höhnischen und bitteren Klang in ihrem eigenen Gelächter hören. Es ist schon ziemlich schwer, in einer solchen Situation nicht zu sagen: Wir gehen auch. Stattdessen wieder den zu Ton treffen, jeden Satz mehrmals zu beginnen, klare Ansage zu machen, Verständnis zu haben, und um die Ausdauer eines jungen Mannes, der sein Geschäft nicht versteht, aber gutmütig und vor allem einfach da ist, zu buhlen. Aber wo ich mich von allen guten Geistern, die mir und den Schülern etwas versprochen hatten, verlassen sehe, ist jetzt Katja. Ruhig steht sie neben mir und schenkt uns die letzten wertvollen Wochen ihres Sabbathjahres. Sie hat gesehen, dass es alleine nicht mehr zu schaffen war, und gemeinsam halten wir den Widerstand gegen Erschöpfung und Enttäuschung aufrecht.

Dann kam die Aufführung. Und vor der Aufführung die Generalprobe. Und wieder fand ein Wunder statt. Wir rieben uns die müden Äuglein und verfolgten atemlos, wie alles Öde, Leere und Zähe sich in ein packendes Spiel verwandelte, ein Spiel von Aufbruch, Freundschaft und Verrat, von den Guten, den Bösen und dem Streben nach Macht und immer wieder zwischendurch von einer großen Schläfrigkeit. Am Tag der Aufführung, einem Samstag, erlebten etwa 200 Freunde und Angehörige im Publikum das alles begeistert mit, das Quartiersmanagement genehmigte uns Geld für einen Film zum Stück und die Schülerzeitung schrieb, »ein Meisterwerk«. Das alles war sehr schön. Nach der Aufführung, den Gratulationen und einem Glas Prosecco aber waren plötzlich alle weg. Katja, T. und ich räumten alleine auf, wir gingen um drei Uhr schlafen. Am Montag würden die Projekttage beginnen.

Als ich am Montag mit einer Schülergruppe die verschiedenen Gebäude von Reinhard Kiehl, dem Erbauer unserer Schule und ehemaligen Stadtbaurat von Neukölln besuchte, ging es mir nicht gut. Herr Kiehl war ein bedeutender Mann gewesen und wir hatten ein Gespräch mit einer Dame vom Stadtbauamt im Neuköllner Rathaus, um Genaueres zu erfahren. Während der anschließenden Auswertung unserer Informationen fragte mich eine Schülerin, warum ich so merkwürdig atmen würde. Ich hatte das Gefühl, keine Luft mehr zu bekommen, und machte offenbar komische Geräusche beim Einatmen. Beim Abendessen legte mein Freund das Besteck neben den Teller, sah mich ungewohnt ernst an und fragte, warum ich so komisch atmen würde. Ich schrieb ein Fax an die Schule, in dem ich mich für den Rest der Woche abmeldete. Dann zog ich die Vorhänge in meinem Zimmer zu und legte mich im Schlafsack auf das Sofa. Drei Tage lang verließ ich den Schlafsack nur, um hin und wieder Tee zu kochen, ein Brot zu machen und um meinen Hausarzt anzurufen. Ich nahm kein Telefonat an und verriegelte die Tür; meine Familie respektierte meine selbst verordnete Klausur. Nach drei Tagen stand ich auf, konnte wieder atmen und kündigte zu Hause an, dass ich zum neuen Schuljahr nicht mehr nach Neukölln gehen werde, unabhängig davon, ob der Versetzungsantrag genehmigt würde.

Ich konnte mein weiteres Leben nicht mehr von der undurchsichtigen Entscheidung einer Behörde abhängig machen, die sich mir nie gezeigt hatte. Die Telefonstimme des Senatsvertreters, der mir vor vier Jahren, während der Auflösung des Gymnasiums in Hellersdorf gesagt hatte, es handele sich um eine gutes Gymnasium in Neukölln, an das ich versetzt würde, hatte ich noch im Ohr. Ein gutes Gymnasium, das könne er aus eigener Anschauung sagen. Aus eigener Anschauung – wann kann, wann soll das gewesen sein?

Es ist eine Eigenheit dieses Berufs, dass man ständig unter Menschen ist und dabei sehr einsam sein kann. Die Tür schließt sich und der Lehrer ist allein mit seiner Klasse. Was findet dort statt? An dieser Schule müssen Prozesse stattgefunden haben, die dazu führten, dass der Einzelne sich mehr und mehr in sich selbst zurückzog. Denn der verstärkte Druck hatte nicht, wie zu erwarten wäre, zu mehr Solidarität unter den Lehrerinnen und Lehrern geführt, zu mehr Austausch und Verständnis, sondern zu einem verpanzerten Einzelgängertum, zu Vorbehalten und Misstrauen untereinander. Darunter litten die meisten, fanden aber nicht mehr heraus. Das Problem einer Gesellschaft, eines Stadtteils, einer Institution, einer Gruppe war zum Problem des Einzelnen geworden und dafür war es zu schwer. Ich denke, dass die Verweigerung der Schulbehörde, einerseits spezifische Problematiken zu erkennen und zu definieren und sie andererseits konkret und in kooperativen Modellen anzugehen, dass diese Verweigerung intern weitergegeben wird bis zum letzten Glied – dem einsamen Lehrer.

Nehmen wir eine Schule wie diese, 570 Schülerinnen und Schüler, 28 Lehrerinnen und Lehrer. Ein Blick auf die Krankmeldungen müsste alarmieren, er liegt im Durchschnitt bei etwa drei bis fünf Langzeit- und weiteren vier bis fünf Tagesausfällen. Um die Dramatik einer solchen Situation zu erfassen, muss man nicht einmal den Schreibtisch verlassen. Ich frage mich: Wer evaluiert diese Zahlen? Müssten sie nicht dafür sorgen, dass sofort ein ganzes Team von Supervisoren ausrückt, um Diagnosen zu stellen, gar um Hilfe zu leisten? Niemand kommt. Auf welchem bürokratischen Weg versickern diese stummen Zeugen tragischer Berufsbiografien? Nichts weniger als unterlassene Hilfeleistung ist das, was sich hier weder erklärt noch rechtfertigt. Die Logik des Apparats gibt sich nicht zu erkennen. An seiner Ignoranz prallt der Anspruch auf Begleitung, auf Interesse am Menschen ab, der Apparat ignoriert das Große – massive Veränderungen in der Sozialisation ganzer Gebiete –, genauso wie das Kleine in Gestalt seiner Angestellten und Beamten.

Strafen

Die letzten Wochen vor den Sommerferien waren heiß. Herr Schwartz trug das Hemd über der Hose und gegen Mittag bekamen die Schüler regelmäßig hitzefrei. Hitzefrei, ein Wort, das nach Kindheit klingt, knisternd schön wie eine geheime Verabredung. Die Schüler spürten den Zauber und sie schrien weniger.

An einem solchen Tag hatte ich morgens die Badesachen eingepackt, ich wollte nach der Schule zum See radeln. Unten, in dem Raum zwischen den beiden Treppenhäusern, rannte Hans vorbei und rief mir einen Gruß zu. Hans rannte, hetzte immer. Nur wenn er von sich erzählte, von früher, dann vergaß er die Zeit. Er erzählte gern vom Leichtathletikkader der DDR, dessen Mitglied er war. Später wurde er dann Lehrer für Sport und noch etwas später auch für Informatik. Auch Lehrer war er gern. Seine Klasse war unmöglich, aber das sah er ganz anders. Mit seiner starken Stimme verschaffte er sich noch im größten Geschrei Gehör. Hans war immer in der Schule, morgens als Erster und nachmittags als einer der Letzten. Ich habe ihn nie in ziviler Kleidung gesehen, er trug immer »Sport«. Im letzten Sommer waren es dann bedenklich kurze Hosen, ärmellose T-Shirts. Aus beidem ragten seine langen dünnen Gliedmaßen aus Stoff-Öffnungen heraus, die zu weit waren und viel zu tiefe Einblicke freigaben. Die Waden steckten fast bis zum Knie in straff hochgezogenen faltenlosen Socken, die in großen bunten Turnschuhen verschwanden. Er trug diesen Aufzug täglich, einzig die Farbe der Höschen variierte. Es war die Sommeruniform von Hans F., Sportlehrer der ASO. Und so werde ich ihn wohl in Erinnerung behalten, denn sieben Wochen nach diesem Tag war Hans tot. Man fand ihn an einem Mittwochnachmittag am See. Seine Tauchausrüstung lag neben ihm. Nur einer Woche nach dem Ende der Sommerferien hatte sein Herz versagt. Es hatte, 56-jährig, seinen Dienst aufgegeben und da lag er, Sauerstoff und Anzug wie Grabbeigaben neben sich.

Aber als ich Neukölln Stunden später nach einem zu langen Tag verließ, müde und allein, schob ich das Rad zum Ufer des Landwehrkanals, statt bis zum Teufelssee zu fahren. Ich setzte mich auf das gelbe, trockene Gras am Rand des Kanals, legte mir ein Badehandtuch über den Kopf und wartete ab, bis das Störgeräusch im Innern nachließ. Das Handtuch dämpfte Sätze, die wie Sprungfedern aus einer Matte von Tagesgeräuschen herausragten. Es schützte mich auch vor den Blicken der Passanten, wenn ich, was immer öfter vorkam, Brocken solcher Gespräche halblaut wiederholte.

Was so lang gedauert hatte, war eine Klassenkonferenz. Ich hatte die Mitteilung in meinem Fach gesehen und direkt wieder vergessen. Natürlich fand sie trotzdem statt. Zehn Tage zuvor hat Shiu, ein Schüler der 7b einen derartigen Faustschlag auf den Hinterkopf bekommen, dass das eine Schädelprellung zur Folge hatte. Zugeschlagen hatte ein Schüler aus der 7a. Ein dicker, blasser Junge, der grundsätzlich weite Jeans und Bomberjacke trägt und von der Klasse zum Klassensprecher gewählt worden war. Ahmetcan ließ sich, so war mein Eindruck, gerne bewundern; ich wusste allerdings nicht, wofür. Vielleicht würden wir es heute herausfinden, denn außer Shiu und seiner Mutter und Ahmetcan und seinem Vater – der während der gesamten Konferenz kein einziges Wort sprechen, niemanden je direkt anschauen wird – war neben uns Lehrern noch Ahmetcans Freundeskreis anwesend: Ahmet, Oguzan, Tolga, Erkan, Özgür und Adam.

Durch sie stellte sich heraus, dass Ahmetcan in seiner Ehre als Sportler schwer gekränkt worden war:

– Ich hab hier ein Attest vom Arzt wegen dem Kiefer. Der hat mir voll eine draufgegeben und da steht dass ich was draufgekriegt habe, voll auf den Kiefer, sagt Ahmetcan.

Das Attest ist undatiert. Wir wissen nicht, was wir mit einem undatierten Attest anfangen sollen. Kontakt zum Arzt aufnehmen? Wann? Wer? Und dann?

– Zu meiner Verteidigung, sagt Hans F., der mittlerweile tot ist, zu meiner Verteidigung muss ich sagen, dass ich an diesem Tag, er lacht kurz und bitter, w-i-e-d-e-r eine Vertretung hatte, sodass ich also mit über 40 Jungs also Fuß-, oder war es Völkerball, also gespielt habe und sodass in Folge davon ich die über 40 Jungs nicht überwachen konnte in den verschiedenen Kabinen. Nicht wissen konnte, was die 40-nochwas Jungs da treiben, nicht?

Verständlich, nickt Jean Schultz-Wagner und fragt, ob da noch eine Rechnung offen gewesen sei.

Er sei da ja hin, um zu helfen, Tolga konnte schon seit Minuten kaum an sich halten, ausgerechnet Tolga, wegen dem wir bereits eine Woche vorher eine Klassenkonferenz hatten. Ein Mädchen, das in der Folge einer schweren Hüftoperation den Unterricht für einige Zeit nur im Rollstuhl besuchen konnte, hatte Tolga so gegen die Wand gefahren, dass sie auf direktem Weg zurück ins Krankenhaus gebracht worden war.

Tolga also wollte helfen:

– Ich hab das gesehen, dass man den festhalten muss. Die anderen auch, wir haben gesehen, dass man Ahmetcan jetzt festhalten muss.

– Warum festhalten, war denn klar, dass er auf Shiu losgeht?

– Nein, aber damit das nicht weitergeht. Wir wollten helfen, deswegen sind wir hin …

– Die auseinanderbringen, sagt Özgür.

– Ja, und deswegen hast du dann getreten, sagt Shiu.

– Hast du? fragt Shius Mutter.

– Ich wollte die auseinanderbringen, wir waren so viele, so ein Durcheinander, kann sein, dass Shiu dann unter mich gekommen ist.

Adam meldet sich zu Wort:

– Ich wollte gerne mal sagen, dass ich nicht mitgemacht habe bei der Sache.

Shiu meint aber sich zu erinnern, dass auch Adam ihn getreten habe.

– Ich war nicht in dieser Umkleidekabine.

Zu Adam gibt es eine kleine Geschichte zu erzählen. Zu Beginn des Schuljahres bekommen wir vom Sekretariat Listen ausgehändigt, auf denen neben den Namen der Schüler ihre Geburtsdaten und ihre Wohnanschrift vermerkt sind. Eine weitere Spalte enthält den Hinweis »d.H.« oder »n.d.H.«, deutscher oder nicht deutscher Herkunft. Aus diesen Vermerken erfährt man weder etwas über die kulturellen Hintergründe der Schüler noch über ihr Sprachvermögen. Ich sollte die Richtigkeit und Vollständigkeit der Liste überprüfen. Bei Adam gab es kein n.d.H. und auch kein d.H., deshalb fragte ich nach seiner Staatsangehörigkeit. Er habe keine, seine Eltern seien Palästinenser. Aufgewachsen sei er in Berlin. Ich werde nicht vergessen, welches Strahlen sich auf seinem Gesicht ausbreitete, als ich beiläufig sagte, na dann bist du doch eigentlich Deutscher.

Wo war Adam?

Ahmetcans Vater, der Vater des Jungen, wegen dem wir hier sitzen, des Jungen, der über ein undatiertes Attest verfügt, das einen blauen Fleck am Kiefer dokumentiert, dessen, der festgehalten werden muss, wenn jemand was Freches sagt, jenes Jungen, der sich an nichts erinnern kann, außer an seinen Kiefer und daran, dass er beleidigt worden sei, ohne sich aber an den Inhalt dieser Beleidigung zu erinnern, oder einfach nur daran, wer denn beleidigt worden sei, er, seine Mutter, eine ganz Ahnenreihe vielleicht oder einfach nur ein Körperteil, der Vater dieses Jungen wird die ganze Konferenz über nicht ein Wort sagen. Und wir werden nicht wissen, warum er nichts sagt, denn wir werden vergessen haben, zu fragen, ob er denn verstehe, was gesprochen wird oder ob er seine Sicht der Dinge darstellen wolle. Ob er nicht vielleicht die Chance wahrnehmen wolle, sich bei Shiu und dessen Mutter zu entschuldigen dafür, dass sein Sohn ihrem Sohn fast den Schädel zerhauen hätte mit der bloßen Faust. Zu einer Entschuldigung wird es nicht kommen und auch wir, das muss ich entschuldigungslos sagen, werden keine Situation dafür geschaffen haben, wenn alles hier vorbei sein wird an diesem schönen Sommertag da draußen. Die Konferenz ist jetzt an dem Punkt angelangt, an welchem Jean Schultz-Wagner sagt: »Das ist toll, dass ihr hingegangen seid, um zu helfen. Das habt ihr gut gemacht.«

Durch die Art von Rückenwind mutig werdend, flüstert mir Erkan etwas zu, er sitzt ganz nah.

Das ist doch voll übertrieben!

Was ist denn übertrieben?

Na alles! Mit der Polizei und dass wir jetzt hier sein müssen und so.

Angefangen hatte alles mit einer Bemerkung Shius, nehmen wir an, über Ahmetcans »fetten Arsch«. Bemerkungen über tatsächlich oder angeblich fette Ärsche sind an der ASO Alltag, Sprüche der eindeutig harmlosen Sorte. Shiu aber hatte dafür postwendend in der Umkleide Gruppenkeile bezogen. Vielleicht war er danach nicht kleinlaut genug gewesen, vielleicht war eine Laus über Ahmetcans empfindliche Leber gelaufen, vielleicht wollte jemand ein Happy-Slapping-Handyvideo drehen, wir wissen es nicht und haben es auch nicht erfahren, jedenfalls hatte irgendetwas zu diesem finalen Faustschlag von Ahmetcans Rechter auf Shius Hinterkopf geführt. Na und?!

Dass der Kopf dabei verletzt wurde (»Man hat ja nicht mal was gesehen!«) verbuchten die Jungs unter »blöd gelaufen«. Oder war es eher die Tatsache, dass Shius Mutter zur Polizei ging? Dass sie die Sache nicht auf sich beruhen ließ, obwohl vielleicht sogar ihr Sohn sie darum gebeten hatte? War es das, was blöd gelaufen war? Und jetzt diese Übertreibung, dieser Aufwand wegen zwei Jungs, die sich mal ein bisschen kappeln?

Die Fassungslosigkeit über das Aufbauschen dieses alltäglichen Vorgangs, der eigentlich auch niemanden außer den direkt Beteiligten etwas anzugehen habe, stand Erkan in seine vor ehrlicher Empörung weit aufgerissenen grünen Augen geschrieben. Und jetzt auch noch das: Der Direktor fragt die anwesenden Schüler, ob sie den ersten Artikel des deutschen Grundgesetzes vortragen können. Er sieht einen nach dem anderen an. Sie schauen wie die Lämmchen und zucken mit den Schülterchen. Herr Schwartz schweigt, er sieht jetzt Ahmetcans türkischen Vater an, dann Shius deutsche Mutter. Er schaut durch Schwartz hindurch, sie blickt zu Boden. Schwartz lässt das Schweigen groß und wirkungsvoll werden. Donnernd zitiert er sodann die Unantastbarkeit der Würde des Menschen. Mehrmals sagt er Würde, grenzt sie ab gegen Ehre, sagt, sie IST unantastbar. Nicht sie soll sein, muss sein, nein, das Gesetz sagt: Die Würde des Menschen ist unantastbar. Still gehen sie hinaus, damit wir intern verhandeln können. Adam bleibt in der Tür noch mal stehen. Er dreht sich um und bittet ohne jede Weinerlichkeit darum, nicht zu vergessen, dass er weder anwesend noch beteiligt gewesen sei.

Ein großer Teil des Kollegiums ist sich einig und wird der sechsköpfigen Bande um Ahmetcan, die wiederholt als Zeugen und Helfer in Erscheinung getreten sind, einen schriftlichen Tadel ausstellen. Ahmetcan wird im neuen Schuljahr für zehn Tage vom Unterricht ausgeschlossen, über Shiu wird nicht weiter gesprochen.

Diskussionen gibt es um das Amt des Klassensprechers. Ich schlage eine Enthebung Ahmetcans aus dem Amt des Klassensprechers noch mit dem heutigen Tag vor. Es wäre ein symbolischen Akt, für alle lesbar. Ein Teil des Kollegiums sieht darin eine Verletzung demokratischer Grundrechte. Das Amt des Klassensprechers, so Frau D., werde nicht »qua autoritärer Verfügung« durch den Lehrer, sondern »per Mehrheits-Wahlrecht im Kreise der

Schüler« vergeben. Jean Schultz-Wagner schlägt vor, die Sache ins neue Schuljahr zu verlegen und vielleicht dann wählen zu lassen, wenn Ahmetcan gerade vom Unterricht ausgeschlossen sei. Es folgten heiße Debatten, sogar ein Versammlungsverbot wird alternativ vorgeschlagen. Am Ende fand sich keine Mehrheit für diese »autoritäre Verfügung«. Die Schüler und ihre Eltern werden hereingerufen und erfahren, welche Erziehungsmaßnahme ihnen zugedacht ist. Die anstehende Klassensprecherwahl jedoch schwebt im Raum wie ein Gespenst und flüstert: Und wenn sie ihn wieder wählen? Und wenn sie ihn jetzt erst recht und unbedingt haben wollen und wieder zu ihrem Held und Häuptling machen?

Aber es ist vorbei, wir können nicht mehr, alles drängt nach draußen, muss Luft holen, mit den Armen rudern und sich erinnern, dass es noch ein anderes Leben gibt.

Draußen im Foyer wird bereits Jean mit seinen Jungs stehen und Erkan wird wegen seines Tadels in Tränen aufgelöst sein. Zu Erkan wird er leise sagen: »Ich weiß doch, dass du dich geändert hast, aber die anderen wissen es nicht.« Jean, der Vertrauenslehrer. Ich gehe die Treppe runter, Adam kommt mir entgegen, er ist allein, er lächelt. Gern hätte ich ihm gesagt, dass ich ihm glaube. Aber das geht jetzt nicht mehr, Jean hat es vermasselt.

Du sollst mein Lehrer sein

Die achte Klasse verlegte ich in die Turnhalle. Auch mit ihr war ich in der Moschee gewesen und hatte sie, die sie mit den Schreckgespinsten der apokalyptischen Fantasie ihre liebe Not hatten, Pinar vorgestellt. Pinar ist gläubige Muslima und Studentin der Politologie, sie arbeitet ehrenamtlich in einer der großen Moscheen Berlins, die sich um Öffnung und Vermittlung bemühen. Im Gespräch ergab eine Frage die nächste und die Zeit reichte nicht aus, um

Fragen zum Leben, zum Tod und zur Religion zu beantworten. »Wenn ich mit Dingen in Berührung komme, die meine Schwester angefasst hat, und sie hat gerade ihre Tage, bekomme ich eine schlimme Krankheit. Welche Krankheit ist das und wenn ich mich wasche und bete, bekomme ich sie dann trotzdem?« Oder: »Manchmal ist mir das schon passiert, dass ich eingeschlafen bin im Koranunterricht. Da komme ich schon so müde aus der Schule und dann verstehe ich kein Arabisch und alles. Ich wollte es wirklich nicht, es ist einfach passiert. Meine Schwester hat mich geschlagen und hat gesagt, es ist eine große Sünde einfach einzuschlafen, man kann das nicht mehr gutmachen. Bin ich jetzt für immer in Sünde?« Oder auch: »Ich bin in der Graefestraße zu Hause. Dort bin ich geboren und dort wohnen wir seit immer. Ich kenne dort kein einziges Kind, das deutsch spricht. Wir sprechen alle türkisch oder arabisch und die Türken sind halt gegen die Araber und anders herum. Und wir alle spucken auf die Straße, ehrlich, ich merke das gar nicht mehr. Ich weiß, es ist ungezogen, aber es passiert einfach. Mein Vater haut mir eine rein, wenn mir das zu Hause passiert und auch in der Schule finden die Lehrer das doof, aber es ist so in mir drin.« Pinar beruhigt (»Der Prophet sagt ...«), sie ermahnt (»Lernt euch zu benehmen und mit anderen zu vertragen!«) und sie motiviert: »Lest! Lest Bücher!« Sie sagt: »Ihr kommt aus alten Hochkulturen. Wir waren bereits die weltbesten Astronomen, da haben die Europäer noch in den Bäumen gehaust! Das osmanische Reich war ein zivilisierter Vielvölkerstaat, während sich hier die Barbaren noch die Köpfe eingehauen haben.« Die Schüler sind hingerissen: Wir, die Wiege der Kultur, die Spitze der Wissenschaft? Aber während sie noch schwelgen, verteilt Pinar verbale Ohrfeigen, schneidend wie das Knallen einer Peitsche: Lernt! Der Prophet stellt den Wert des Lernens über den des Betens! Werdet bescheiden, was denkt ihr, wer ihr seid? Und immer und immer wieder: Lernt zuerst, euch zu benehmen! Die Schüler hängen an ihren Lippen. Es ist, als seien sie ganz verrückt nach Zurechtweisungen und Aufträgen, nach einer klaren Ansage, die weiß, was gut und schlecht ist und sich dabei auf Höheres, den Höchsten berufen kann. Pinar bietet eine ganz spezielle Art zugewandter Strenge, eine moralische Kontrastschärfe, die uns mitteleuropäischen Dialektikern und Zweiflern nicht gegeben ist und die mir sehr orientalisch zu sein scheint. Pinar redet und redet und die Kinder hören zu. Niemand redet dazwischen, keiner schaltet ab. Dieses Gespräch, auf dem Boden der Moschee im Schneidersitz im Kreis sitzend, überzeugt mich – auch formal.

Jeder Versuch einer Nachahmung verbietet sich, aber ich denke, es ist Zeit für eine Veränderung. Ich entscheide mich für einen Ortswechsel und verlege den Unterricht vom Kunstraum in die Turnhalle. Für die *Freibeuter* war eine große Leinwand angeschafft worden, die sich trotz ihrer enormen Größe mit den Turnringen hochziehen lässt; sie gibt als Trennwand der Halle ein menschliches Maß. Außerdem inspiriert sie mich zu meinem neuen Thema: Als Schattenspiel sollen die Schüler die Geschichten mit dem Inhalt spielen, der ihre schlimmsten Visionen von Strafe abbildet. Das machen sie gerne und wunderbar. Caglar baut ein scheußliches Menstruationsmonster, das über den jungen Helden (ihn) herfällt und diesen löchert. Jazar erfindet für seine Figur einen von Husten- und Spuckanfällen unterbrochnen Rap, bei dem seine Figur jedes Mal schwarze Flecken auf der Leinwand hinterlässt, so lange, bis die Leinwand schwarz und die Figur ausgelöscht ist.

Eine Doppelstunde, 90 Minuten lang hat es gedauert, bis die Schüler ihre neue Lernsituation und deren überzeugende Lässigkeit annehmen konnten. Diese Stunde verging mit orientierungslosem Herumlaufen, Schwatzen und Geschrei, dann richteten sie sich in unterschiedlich großen Gruppen zwischen zwei und sechs ein wie auf künstlichen Inseln und überließen sich ihren Arbeiten. Hin und wieder will jemand aufführen, dann unterbrechen alle für eine Weile ihre Arbeit und sehen sich ein neues Stück an. Es gibt Lob und Kritik, dann geht es weiter. Man braucht keine Laborschule sein und keine Hängematten aufhängen, man sollte den Schülern aber trauen, ihnen und sich selbst Neues zutrauen und es ist wichtig, ihre Ängste zu kennen. Dabei hilft es, sie zur rechten Zeit mit den Leuten bekannt zu machen, die sie selbst als ihre Lehrer wählen.

Can, das heißt Leben

»Warum läuft Herr K. Amok?«, ist eigentlich die falsche Frage, sagt Can, die Frage ist, warum tun es eigentlich andere nicht? Can geht in die elfte Klasse, er muss etwa 17 sein. Die Fassbinder-Filme kennt er alle, kann sie sogar zitieren. Später will er Mathematik studieren. Was fasziniert einen jungen Deutschtürken an Fassbinder und dessen Deutschlandbild? Ein Land nach dem Krieg, seine Physiognomien und Phantomschmerzen – die gibt es doch heute so nicht mehr. Eher schon könnte Can selber die Vorlage für einen zeitgenössischen Fassbinder-Protagonisten abgeben. Sein junges tragisches Leben hat dieses unterzuckerte Flackern einer fast, aber immer nur fast glamourösen Instabilität und es hat die Kreativität und Bissigkeit, die Fassbinders Figuren für ihre Leben und das Überleben schlechthin brauchen.

Cans überdurchschnittlicher Wissensdurst ist geprägt von einer aufgeregten, irrenden Suche nach Schönheit und Bedeutung. Seine Leistungsbereitschaft ist enorm, springt aber irrlichternd hin und her zwischen den verschiedensten Bereichen, an die er dank seiner umfassenden Begabung andocken kann. Nichts bringt ihn zur Ruhe, weder sein exzessives Karatetraining noch all die aufgesogene Literatur aus allen Zeiten und Sparten. Ganz anders seine Geschwister. Cagatay in der neunten, Cagla in der siebten Klasse. Cagatay war still und schwer zu erreichen, Cagla fehlte oft. War sie da, wirkte sie mitunter wie eine Achtjährige. Sie roch scharf nach Urin, hatte aber eine fast unheimliche Süße, die einer kindlichen Schlafwandlerin. Im letzten Schuljahr sah ich Can dreimal in der Woche. Im Kunstunterricht war er ein fantastischer Bildbetrachter, scheiterte aber in der praktischen Arbeit regelmäßig an seinem eigenen Anspruch. In der Theatergruppe tat er sich schwer, seine Rolle zu finden und, immer sprunghafter werdend, entschied er sich mehrmals um. Schließlich teilte er mir seine »endgültige Entscheidung« mit – er würde in allen Bereichen, außer im Schauspiel, mitarbeiten. Das war Anfang Mai, danach habe ich ihn nicht mehr gesehen. Er fehlte im Unterricht und in der Gruppe, er fehlte in der Klausur und der Nachholklausur. Zwischenzeitlich bekam ich zweimal per Mail eine Nachricht: Komme bald wieder.

Eine Woche vor Notenschluss sehe ich Can im Lehrerzimmer stehen. Gereizt stelle ich ihn zur Rede, er selbst sollte mir sagen, ob er noch nachschreiben würde. Wie er da steht, bleich und mager. »Lass den Jungen in Ruhe, zu Hause brennt die Luft«, raunt mir eine Kollegin im Vorbeigehen zu. Can dreht sich um und geht. Die Kollegin, empört (über ihn? Seine Geschichte? Mich?), informiert mich knapp: Das Jugendamt habe Cagla an einen geheimen Ort außerhalb Berlins gebracht, Cagatay in ein Heim, und wo Can derzeit wohne, wisse niemand so recht, wahrscheinlich nicht einmal er selbst. Die Klausur, Can, spreche ich ihn von hinten an, als ich ihn endlich finde, ist nicht wichtig. Er dreht sich um, jetzt sehe ich erst in welch schlechtem Zustand er tatsächlich ist, dann fängt er an zu weinen. Himmel, ein türkischer Mann, der weint, man muss ihn hier wegholen. Wir stehen im Foyer, vor aller Augen und es kann nicht sein, was nicht sein darf. Ihm scheint es völlig egal zu sein, er steht und weint hemmungslos, weint, dass es ihn schüttelt.

Während unserer Treffen in den folgenden Monaten entsteht ein Bild verdichteten Leidens in einem Zuhause, das von körperlicher und seelischer Grausamkeit, von Missbrauch, Sucht und Stumpfheit geprägt ist. Aus dieser Familie konnte sich Can im Gegensatz zu seinen Geschwistern hinausretten, zu seinem Nachhilfelehrer, der ihm neben der Mathematik beibrachte, »wie man lebt«. Bei diesem erwachsenen Freund hat Can gelernt, dass man kocht, wenn man essen möchte, dass man sonntags rausgeht, dass man Bücher und Zeitungen liest und dass es neben Privatsendern und verbotenen DVDs auch Kino und Filme gibt. Von ihm habe er gelernt, dass ein Mensch eine Türe hinter sich schließen darf, ohne dass sie eingetreten oder ausgehängt wird, und dass es Gespräche ohne Brüllerei und Drohungen gibt.

Sein Nachhilfelehrer hat ihm auch gezeigt, wie man das alles besser aushält, indem man einen Puffer zwischen sich und diese Welt schiebt. Nach einem selbst verordneten kalten Entzug hatte Can Erfolg mit einem weiteren in einer Klinik. Er steht unter ärztlichem und therapeutischem Schutz, lebt aber völlig eigenständig in einem hellen großen Zimmer einer Wohngemeinschaft. Vor Kurzem hat er die Vergehen seines Vaters zur Anzeige gebracht. Cagla lebt nach wiederholten Selbstmordversuchen immer noch, er weiß es, sie hat ihn neulich angerufen. Vielleicht kommt sie demnächst sogar nach Berlin und er darf sie kurz sehen. Can braucht noch Unterstützung im Kampf gegen die Gespenster, aber, zitternd zwar, dass er kaum eine Tasse Tee halten kann, er verteidigt seine errungene Freiheit und trotzt ihnen. Er macht weiter, geht zur Schule, geht zur Nachhilfe und in zwei Jahren wird er sein Mathestudium aufnehmen. Neukölln überleben manche nur durch Wunder, anders als bei Fassbinder. Denn Can, das heißt Leben.

Zum Ende hin

Als ich ging, blieben mir noch ein paar Dinge aufzuräumen. Eine Sache war der Film-Ton. An manchen Stellen war er unverständlich und vor allem die Songs, Highlights in einem an Höhepunkten nicht armen Stück, sollten nachvertont werden. Also machten wir einen Termin aus, zu dem die vier Musiker in T.s Studio kommen sollten; er nahm sich einen Tag frei dafür.

Während wir auf die vier warteten, sah ich nochmals meine Mails durch. Ich fand eine Mitteilung von Naile, die sie eine halbe Stunde zuvor abgeschickt hatte: Umständlich erklärte sie, ihr Vater sei »jetzt doch nicht« damit einverstanden, dass sie zur Aufnahme komme. Er habe sie begleiten wollen, habe aber jetzt seinen Plan geändert und alleine dürfe sie auf keinen Fall kommen. »Ich wünsche Ihnen aber sehr schöne Aufnahmen«, schreibt sie. Nur, Naile ist die Sängerin.

Noch während ich am Computer sitze, kommt eine weitere Mail. Burak schreibt mir jetzt, zehn Minuten vor unserem Termin, er könne nicht kommen weil er auf seine kleine Schwester aufpassen müsse. Sie habe Ohrenschmerzen. »Es tut mir wirklich sehr leid«, schreibt er. »Sofort kommen, sonst gibt es Ärger«, antworte ich ihm, dann wähle ich Nailes Nummer. Durch die offene Tür des gegenüberliegenden Raums sehe ich T. die Mikrofone aufbauen. Nailes Mutter, die kaum Deutsch spricht, ist am Telefon. Ich bitte sie, mich mit ihrem Mann sprechen zu lassen; sie hält die Hörermuschel zu; durch das von der Hand verursachte Geraschel dringen Stimmen. »Nein, ist nicht da mein Mann«, sagt sie zu mir. Ich frage nach Naile, »Moment, bitte, ja?«; das Ganze wiederholt sich. Als Minuten später das Handgeräusch aufhört und ich erwarte, gleich mit wem zu sprechen, wird der Hörer aufgelegt. Ich wähle erneut die Nummer und lasse das Telefon im Haus Gülgen mehrmals hintereinander so lange klingeln, bis sich das Besetztzeichen einstellt. Niemand nimmt ab. Währenddessen kommt Fabian. Er hat Norberts Gitarre dabei, denn Norbert ist krank, er hat eine Angina. Burak ruft an und fragt, ob er jetzt kommen soll. Ich antworte, das sei die falsche Frage, sollte er doch bereits längst hier sein. Ohne darauf einzugehen fabriziert er einen kilometerlangen Text über seine Schwester, deren Ohren, über Eltern, Verwandte und komplizierte Verabredungen. Was soll's denke ich, was soll der ganze Aufwand, »Ciao Burak«, falle ich ihm ins Wort, »mach' es gut«, und lege auf. Ich merke, dass ich froh bin, ihn nicht mehr zu sehen; Burak hatte sich immer zurückgesetzt und »ungerecht« behandelt gefühlt. Es gibt Kaffee für uns drei, dann fährt Fabian zurück nach Neukölln.

Die meisten Eltern, das wusste ich, verfolgten unser Tun mit Skepsis. Sie fürchteten die bürgerlichen Flausen, die ihren Kindern die Köpfe verdrehen und sie plötzlich Schauspieler oder Künstler werden lassen wollten. Da türkische Jungen aus traditionsorientierten Familien – vor allem wenn sie die Erstgeborenen sind – nicht in ihren Freiheitsrechten eingeschränkt werden, ließ man sie gewähren. Die türkische Familie kennt eine Staffelung von Maßnahmen, die über Söhne auf Abwegen verhängt werden, sie setzen sie nach Bedarf nach dem Schulabschluss ein. Um aus Jungen Männer zu machen und ihnen unpassende Ideen auszutreiben gibt es drei Methoden: Erstens: Man schickt sie in die Türkei zu Verwandten. Zweitens: Man schickt sie in die Türkei zum Militärdienst. Drittens: Man schickt sie in die Türkei zum Heiraten, oder: Man lässt eine Braut aus der Türkei kommen. Der »Brautpreis Deutschland« (Necla Kelek) ist nach wie vor, zumindest in den ländlichen Gebieten, eine hoch angesehene Währung.

Was die Mädchen angeht, so fällt der Militärdienst als Erziehungsmethode zwar weg, aber das Gespenst der arrangierten Hochzeit ist umso bedrohlicher. Es sind die Eltern, denen die Zukunft der Kinder offensteht, sie können in jeden Sommerferien entscheiden, ob die Töchter bleiben oder nach Deutschland zurückfahren – und die Töchter wissen das. Diese Mädchen schlagen nicht über die Stränge.

Was sich nicht fügt, wird fügsam gemacht

Naile, das kleine Stottererkind, ist kaum einen Meter fünfzig groß und braucht Minuten für einen Satz oder zwei. Eine Kakophonie ist das, Wörter werden produziert in einem fast handwerklichen Sinn. Es dauert eine Weile bis das Kehl- und Kiefer-Werk, Buchstabe um Buchstabe und Silbe für Silbe formt. Bei Naile hören wir reine Phonetik, die knallharte Produktion und Reproduktion von Knack- und Zischlauten, die die tumbe Zunge, dieser fette Muskel nicht so klingen lassen will, wie Naile das will. Man wird Publikum, anders geht es nicht, und Zeuge einer Anstrengung, deren Intimität sie völlig schamlos teilt; das beeindruckt mich jedes Mal wieder. Das Stottern kommt mir vor wie Eingeklemmtsein zwischen zwei Sprachen, beide fremd geblieben. Auch jetzt habe ich wieder ein Mädchen in einer Neunten, bei der es so ist. Warum sträube ich mich gegen die Bewunderung, die mir dieses Sprechen abnötigt? Auch Esra wendet die Augen nicht ab, wenn sie spricht, macht mich zur Zeugin ihrer Anstrengung und unternimmt keinen Versuch, die Anstrengung abzukürzen, Unbeirrbarkeit hatte immer schon eine starke Wirkung. Noch in dem Gefühl, mit der Stottererin aufs Intimste verbunden zu sein, wendet diese sich ab, sobald sie zu Ende gesprochen hat, als sei nie etwas gewesen. Und ich noch ganz in ihrem Bann. Die stotternden Mädchen sind Sand im Getriebe der viel und schnell Sprechenden, und allein dafür bewundere ich sie.

In meiner hyperaktiven und lauten Theatertruppe war Naile die Königin. Von vornherein war sie diejenige, die von allen in den zentraler Sprech- und Singrolle gesehen wurde. Sie war es, auf die die Jungen mit fantastischen Geschichten reagierten und auf die die Mädchen, die alles supergut machten, eifersüchtig waren, ohne sich jemals mit ihr anzulegen. Keiner hat sich je mit Naile angelegt, sie jemals nachgeäfft oder vorgeführt. Natürlich war nicht das Stottern an sich der Grund für den Status der Naile Güllgen, sondern das, was man Bühnenpräsenz nennt. War sie auf der Bühne, sah das Publikum nur noch sie. Ihre Zartheit, ihre Verstörtheit, ihr Temperament und ihre Schlichtheit wurde mit jeder Geste und jedem Wort unsere eigene. Ihr Witz war nie laut, ihr Auftritt nie auf Kosten anderer. Genau das Ephemere ihrer Besonderheit, das Nicht-Große gönnte dem Zuschauer das Gefühl, er allein habe etwas Wunderbares gesehen, eine Entdeckung gemacht, die zu flüchtig sei, um absichtsvoll zu sein. Naile sorgte für theatralische Momente, die scheinbar zu fein waren und die zu unlogisch, um planbar zu sein, zu lustig, ohne erfassbare Komik, und zu anrührend, ohne benennbare Motive. Nailes Fähigkeit, kleinste Äußerungen auf der Bühne zu Botschaften von existenzieller Tragweite werden zu lassen, bewegte uns alle. Was sie auslöste beim Publikum war nicht weniger als ein Glücksgefühl, von dem jeder einzelne übermannt wurde, der mit der heimlichen Überzeugung, mehr gesehen zu haben als andere, die Vorstellung verließ.

Die Eltern kamen und bejubelten unsere Aufführungen, bei denen eine zirkusartige Stimmung herrschte. Eltern, Großeltern, Tanten, Onkels, Cousinen und natürlich Geschwisterkinder jeden Alters kamen ins Schultheater, begeisterten sich und geizten nicht mit Lob. Aber während der Vorbereitungen waren sie wirklich keine Hilfe. Den größten Teil der Vorbereitungszeit für ein Probenwochenende verwendete ich darauf, dessen Notwendigkeit vor beunruhigten Vätern und Müttern zu rechtfertigen und klarzustellen, dass es sich nicht um einen privaten Ausflug mit ungewissem Verlauf, sondern um eine schulische Veranstaltung handele und sie damit bindend sei. Nailes Vater war im letzten Jahr mehrmals regelrecht in Panik ausgebrochen. Es fing damit an, dass er glaubte, seine Tochter nicht mehr aus den Augen lassen zu dürfen und sie zu den Proben begleitete. Anfangs freute ich mich und schrieb es seinem Interesse zu, denn er war ursprünglich Musiker gewesen; ich hoffte, ihn als Mitglied zu gewinnen. Aber dann merkte ich, dass seine observierende Art Naile belastete und andere Mädchen befangen machte. Ich schob schulrechtliche Gründe vor, um ihm den Zutritt zu den Proben zu verweigern. Kurz darauf bat mich Naile um ein Gespräch, sie dürfe nämlich nicht mehr mitmachen. Auch ihre Geigenstunden seien gestrichen, ihr Vater habe verfügt, dass jetzt »Schluss sei mit dem Quatsch« und sie solle jetzt die Schule ohne Musik und Darstellendes Spiel zu Ende bringen. Danach stehe eine Ausbildung in der Kanzlei eines Steuerberaters an. »Aber Sie haben Musik Leistungskurs«, sage ich, »und bei mir sind Sie im Grundkurs. Man kann nicht mitten im Schuljahr Kurse beenden.« – »Ich w-w-w-weiß. Und i-i-i-ich wwwwwwwwill auch nicht. Ich ha-a-a-ab'«, sie hängt, schaut mich ganz ruhig an, dann spricht sie es flüssig aus: »Ich hab' doch nichts anderes.«

Naile würde sich dem Willen ihres Vaters nicht widersetzen. Hier konnte es nur um einen Aufschub gehen, eine Gnadenfrist. Aber die sollte sie haben. »Wir werden mit Ihrem Vater sprechen. So wie er sich das vorstellt, geht das nicht.« Natürlich ginge es so. Ich bat Schwartz, Herrn Gülgen davon zu überzeugen, dass er nun schon so viel in die Ausbildung seiner Tochter investiert habe, dass er das letzte Jahr auch noch durchhalten solle. Mit Abitur würde sie viel leichter einen Ausbildungsplatz beim Steuerberater finden. Es gelang. Sechs Wochen später erzählt mir Naile, sie verbringe die Ferien in einem schönen Hotel in Ankara mit Swimmingpool. Ihr Onkel ist Chefkoch im

Hotel und sie wird nach dem Abitur bei ihm lernen. Was freudig und stolz klingt, wird plötzlich ernst. Sie hat Angst davor, schon diese Ferien nicht mehr mit zurück nach Deutschland zu dürfen, flüstert sie.

Naile ist inzwischen mit Enes zusammen. Das einfache Glück einer ersten Liebe kennt das Mädchen nicht. In den *Freibeutern* spielt Enes von Anfang an, lange bevor die beiden privat ein Paar werden, einen, der hinter Naile her ist. Am Ende des Stücks gestehen sie sich ihre Liebe; sie stehen sich gegenüber, fassen sich an den Händen und stimmen den Titelsong an: »Freibeuter, das sind wir, wollen hier weg, ja weg von hier ...« Im Publikum sitzt die versammelte Verwandtschaft und man fragt sich, wie das alles mal wieder zusammenpasst.

Nailes Geschichte ist nur eine von vielen, und dass sie ihr hässliches Ende am Telefon finden würde, weil die Mutter in ihrer Not den Hörer auflegt, an dessen anderem Ende ich, Nailes Lehrerin bin, der sie noch vor zwei Wochen in einer alten Turnhalle in Neukölln um den Hals gefallen und »Danke! Danke« geflüstert hatte, hätten wir beide nicht gedacht. Jetzt freilich würde ich immer wieder damit rechnen, dass ich nicht mehr erkannt werde oder dass manche Verbindung gerade so lange hält, wie ein Institution und deren Hierarchie dafür sorgt. Wer bin ich danach außer einer deutschen, fremden, ungläubigen und neugierigen Frau?

An meinem letzten Schultag im Sommer 2007 hatte ich zusammen mit einer älteren Kollegin, Frau H., Aufsicht beim schulinternen Fußballturnier. Ich fragte sie, ob sie in ihren Ferien verreisen würde. Sie sagt, sie könne sich das nicht leisten. Ich frage, ob ich mich geirrt hätte in der Annahme, sie sei alleinstehend. Nein, das hätte ich nicht. Habe sie nicht eine volle Stelle mit dem entsprechenden Gehalt? Ja schon, sagte sie, aber sie habe eben auch ein Haus. Verstehe, sagte ich, sie müssen das abbezahlen. Nein, nein, das habe sie geerbt, von ihrer Mutter habe sie das geerbt. Na umso besser!, sagte ich. Die Mutter aber, die hätte sie nicht einmal gefragt, ob sie das überhaupt wolle. Ach so, sagte ich und sie darauf: Ja eben. Dann machte sie eine bedeutungsvolle Pause. »Das ist eine Falle«, sagte sie. Bei dem Wort Falle sah sie mich zum ersten Mal an, vorher hatte sie immer auf das Fußballfeld gesehen, als ob wir geheime Botschaften austauschen würden. Aber jetzt war sie bei ihrem Thema angekommen, Frau H. sprach leise und schnell. Eine leichte Röte stieg ihr in das zarte Gesicht. Seit 17 Jahren, sage und schreibe, sei sie nicht mehr verreist gewesen. Nein, das Haus zu verkaufen, das käme gar nicht in Frage, denn es sei ein Garten dabei. Der allerdings mache die Sache so teuer, allein der Gärtner koste die Woche um die 70 Euro, komme noch das ganze Pflanzmaterial dazu. Und noch einmal, sie sah mich mit geweiteten Augen hinter ihrer randlosen Brille an: »Es ist eine Falle.« Pause. Es lagen Leid und Empörung in ihrer Stimme. Diese Logik verwirrte mich. Trotzdem war ich irgendwie ganz angerührt davon, einmal ein Gespräch mit einer Kollegin zu führen, das sich nicht im Klagen über die sich immer weiter auswachsende Arbeit erschöpfte und auch nicht im Auslassen über einen Schüler oder einen anderen Kollegen. Die Schüler machten ihren Fußball sowieso hervorragend alleine, außerdem waren die Sportkollegen auch noch da.

Ich schwärmte davon, wie schön es sein kann, günstig zu verreisen. Darin sei ich Spezialistin. Sie sah mich nur zweifelnd an, langsam ging mir der Stoff aus. Nach einer kürzeren Pause, in der sie wieder unverwandt aufs Spielfeld blickte, fragte sie mich, ob das jetzt sicher sei, dass ich ginge. Ich verneinte, wahrheitsgemäß antwortete ich, dass ich noch keine schriftliche Bestätigung erhalten hätte. Wissen Sie, sagte sie etwas gedehnt, wissen Sie, das ist schon sehr komisch gewesen für einige der älteren Kollegen hier. Da kommt jemand mit ein paar Stunden in einem Nebenfach und plötzlich hat derjenige nur noch

Vorteile. Jemand. Aha. Vorteile, dachte ich, welche Vorteile sie wohl meint? Etwa den, dass ich seit drei Jahren den Fachbereich Kunst kommissarisch leitete, »für lau« wie der Neuköllner sagt und ohne jede Stundenreduzierung? Oder meinte sie den Vorteil, dass ich aufgrund meines unfreiwilligen Amts in der erweiterten Schulleitung saß und damit endlose Stunden in Ausschüssen, Konferenzen und Arbeitsgruppen verbrachte? Oder meinte sie den Vorteil, dass ich für das Logo des Bezirksmanagements, die Plakatgestaltung der Neuköllner Maientage oder die Lichtanlage für die Aula, die Beschaffung einer Videoausstattung, für die dann doch immer das nötige Kleingeld fehlt, zuständig zu sein schien? Oder meinte sie den Vorteil, dass ich die Schule irgendwie beim Kulturfest 48 Stunden Neukölln zu vertreten hatte, beim Rat für die Künste und bei verschiedenen Kooperationsmodellen, von der Neuköllner Oper bis zu den Kunsthistorikern in Dahlem. Mir schwoll der Kamm und trotzdem: Jetzt wollte ich mehr wissen.

Na, man müsse sich das mal vorstellen, da hatte sie (ja, sie sprach in der dritten Person von mir und zu mir), da hatte sie schon das schönste Fach und dann, also Theater ist ja auch etwas Schönes, nicht, dann auch noch das. Was? Das, dass sie nun noch die Theatergruppe leitete. Nochmal was Feines. Aus Fassungslosigkeit, nicht aus dem Impuls, Frau H. Öl ins Feuer zu geben, sagte ich matt, es sei ja jedem freigestellt, Kunst zu studieren. Ha, sagte Frau H., dass man so was studiert und dann plötzlich so eine Karriere damit machen könne, da staune man eben schon im Kollegium. Ich musste grinsen – eine solche Karriere! Sieben Jahre Studium, Master, Staatsexamina, um dann die Karriereleiter ganz nach oben an ein Gymnasium in Neukölln zu erklettern!

Es hatte sich also herumgesprochen, dass ich von der Schulrätin auserwählt war und dass mir die Verantwortung und Aufsicht über das Fach Kunst an den Gymnasien Nord Neuköllns übertragen werden sollte. Ich aber hatte mich für den anderen Teil des Angebots entschieden und – seit dem heutigen Tag wusste ich es – meine Kaution bezahlt; in Form einer nicht erfolgten Gehaltsaufbesserung (ich Närrin) und, rückblickend, jahrelanger Missgunst von so manchem Kollegen. Das Ding mit der Fachbereichsleitung hatte offenbar – und das war mir tatsächlich entgangen – nicht nur mich, sondern auch so manchen anderen beschäftigt. Zum Beispiel Frau H., die sich jetzt noch mal so richtig Luft machte. Man hätte ja immer gehofft, dass sich das mit den innerschulischen Problemen auf eine ganz andere Art von alleine lösen würde, dass man vielleicht doch schließen würde und die letzten Jahre auf eine bessere Schule käme. Dass da jetzt plötzlich solche Stellen ausgeschrieben würden, das würde jetzt doch sehr dagegensprechen. Offenbar war Frau H. der Meinung, ich sei die Verantwortliche für die Schaffung dieser Stelle. Das sei nicht recht und eigentlich gemein. Ich sagte ihr, ich hätte die Bewerbung längst zurückgezogen und brachte sie damit kurzfristig aus dem Konzept. Sie setzte neu an: Es sei ja auch ein Privileg, sich an eine andere Schule weg von hier zu bewerben. Und! Es sei auch ein Privileg, 41 zu sein. Sie sagte wahrheitsgemäß nicht 21, und ich staunte, woher sie aus dem Kopf mein aktuelles Alter wusste, das ich nicht als besonders privilegiert erlebte. Ich griff nach ihrer Hand. Es reichte jetzt. Ich wünschte ihr alles Gute, ging nach unten, um endlich meiner Aufsichtspflicht gewissenhaft nachzukommen und sah, wie Umut aus der Zehn fs Sekunden vor dem Abpfiff ein Eigentor schoss.

EPILOG

Neukölln wird das nächste Szeneviertel Berlins, schreiben die Magazine. Die Schule steht seit einem Jahr unter privatem Wachschutz. Der Bürgermeister von Neukölln geht in Rotterdam in die Lehre und seine Partei folgt ihm nicht dorthin – alles ist in Bewegung; wir wissen nicht, wohin.

Ohne es wirklich zu merken, bin ich Teil eines Projekts, – Teil einer Bewegung? – geworden. Hat man einmal damit begonnen, disfunktionale Strukturen, seien sie politisch, institutionell oder soziale, nicht mehr als gegeben, sondern als gemacht zu definieren, dann ist es Zeit, neue zu schaffen. Eindrücke und Prozesse wollen ausgetauscht werden und man möchte wissen, ist es exemplarisch, was ich erlebt habe? Ist es Einzelfall oder Serie, ein zufälliges Versehen, Vergessen und Verwahrlosen? Oder ist diese Erfahrung vielleicht eine Lektion, eine Lektion aus der Froschperspektive unserer Städte, vor der sich die Zukunft auftürmt, unkontrolliert, monströs? Erfurt und Rütli markieren als schwarze Meilensteine meine kurze Lehrerlaufbahn. Ein Massaker, ein Brandbrief, eine Kapitulation. Beides passierte nicht grundlos. Schule muss verändert werden – nur wie? Und wer soll das tun?

Wir brauchen Hilfe und wir bekommen sie. Sobald wir uns nach draußen wenden, rennen wir offene Türen ein. Experten und Privatleute zum Unterricht einzuladen, bedeutet, Unterricht als Gruppenveranstaltung zu denken; Lehrende brauchen nicht immer Lehrer sein. Lehren können Menschen wie Frau V., die seit 1936 im Brunnenviertel lebt, lehren können die Forstarbeiter eines Holzbildhauer-Workshops, Greenpeace-Mitarbeiter und natürlich Menschen wie Pinar. Jeder, der einen Beruf oder eine Geschichte und die Gabe der Vermittlung hat kann – zumindest in Kooperation – lehren. Das Kooperieren sollten wir auch innerhalb der Schulen anstreben. Ich vermute, wir waren noch nie so allein in den Klassenzimmern und in Zeiten einer allgemeinen Desozialisierung ist Teamteaching ein wunderbares Gegengift – wenn man sich einigen kann. Das Sich-einigen-Können gehört vielleicht nicht zu den herausragenden Stärken unseres Berufsstands. Liebe Kollegen, es ist an der Zeit, Meinungen zu bündeln. Ein Kollegium, das mit einer Stimme spricht, ist nicht so leicht von unproduktiven Veränderungen zu überzeugen. Wir müssen aufpassen, dass wir nicht vor lauter Sprechen und die Welt erklären das Zuhören vernachlässigen. Wir müssen geschlossener auftreten, die Stimme eines Teams, eines Kollegiums, im besten Falle die Stimme eines Berufsstands wird Gehör finden. Ich habe das Glück, mit einer Schulleitung zu arbeiten, die einen Lokalpolitiker, der kam, um uns vorzurechnen, warum er unser Schulhaus schließen müsse, mit den Worten hinauskomplimentierte: »Wir setzen hier auf kreatives Denken. Das bedeutet, nach neuen Lösungen auf neuen Wegen zu suchen. Alles andere ist Bürokratismus.«

In Berlin ist inzwischen jedes zweite Neugeborene kein sogenannter »Bio-Deutscher«. Na und? Wir brauchen eine Integrationswilligkeit auf beiden Seiten, die Kinder der Einwanderer sind unser aller Kinder und wir sollten gut mit ihnen umgehen. Den Schwächeren helfen, die Stärkeren zum Helfen anregen. Für die Schulen heißt das: Quoten schaffen, für Durchmischung sorgen. Für die Haushalte hieße es, weniger Geld für Individuelles, mehr für Institutionelles – weniger Kindergeld, aber kostenlose, qualitativ hochwertige Schulspeisung, weniger Steuervergünstigungen, mehr Sprachförderung, Kinderturnen und Musikunterricht.

Sehr geehrte Bildungspolitiker, bitte arbeiten Sie mehr mit uns zusammen. Schaffen Sie den Prüfungswahnsinn ab, verschlanken Sie den Lehrplan und sorgen Sie für Schuldächer, durch die es nicht mehr durchregnet. Gut wäre, Sie ließen sich hin und wieder an der Basis sehen.

Dann werden Sie ganz von selbst ein paar Dinge streichen und andere möglich machen.

Im Wahlkampf Symbol für Glaubwürdigkeit und Bürgernähe, nennen viele Junge es das wichtigste Thema: Bildung. Zuständigkeiten, Finanzen, Regelungen werden permanent reformiert. Viele setzen inzwischen auf anderer Ebene an und erzielen Erfolge: In München übernehmen Privatleute Patenschaften für einzelne Hauptschüler, in Berlin sind es kulturelle Einrichtungen, die mit einzelnen Schulen kooperieren. Künstler, Wissenschaftler, Universitäten und kulturelle Institutionen, Kirchen, Unternehmer und Stiftungen sehen im Einbeziehen von Jugendlichen Potenzial. Es funktioniert – »Rhythm is it« hat es bewiesen und viele andere Projekte machen es nach: Bildet Patenschaften – sie setzen dort an, worum es geht, bei den Kindern und Jugendlichen.

Abitur 2008. Mit drei Jungen aus dem Abiturjahrgang habe ich ein Stück gemeinsamen Wegs durch das Brunnenviertel. Ihre Eltern, die meisten haben nie wirklich Deutsch gelernt, sind Einzelhändler, Busfahrer, Reinigungspersonal. Die drei gehen zu Fuß, ihre Schulkameraden wurden von Freunden abgeholt, die ihre BMWs in die türkische Flagge gehüllt hatten und laut hupend im Konvoi das Schulgelände verließen. Ich frage, was sie vorhaben. Studieren, was sonst? Maschinenbau, Elektrotechnik, politische Wissenschaften. Mit dem Gefühl, einen Moment erlebt zu haben, in dem Schule Größe zeigt, steige ich auf mein Fahrrad und trete in die Pedale.

Mein Dank gilt

den Schülerinnen und Schülern, Kolleginnen und Kollegen, von denen ich lernen durfte.

meinem Lebensgefährten Thomas Meier, seiner Ausdauer, Geduld und unerbittlichen Genauigkeit in den vielen Stunden des Vorlesens. Ohne ihn hätte ich weder Neukölln unbeschadet überstanden, noch wäre ich dort wieder weggekommen. Von ihm habe ich mehr über Menschen und ihr Beweggründe gelernt als von irgendjemand sonst. Danke auch für die zahllosen Touren durch Fels und Eis, die mich immer wieder ans Lebendigsein erinnern.

meiner Freundin Katja Lang, ihrem offenen Ohr, ihrem Sprachgefühl, Humor und großen Gelächter. Ich wünschte, es würde nie aufhören.

meinen Eltern für lebenslange, bedingungslose Liebe.